本書爲

2017年國家社會科學基金重點項目
“出土戰國文獻匯釋今譯暨數據庫建設”（17AYY014）

和

教育部
“古文字與中華文明傳承發展工程”

的研究成果之一

本書獲2020年度國家出版基金資助

出土戰國文獻匯釋今譯叢書（第一批）

主　編　張玉金

睡虎地秦墓竹簡匯釋今譯（上、下卷）	張玉金　等　著
嶽麓書院藏秦簡（貳）匯釋今譯	張玉金　李明茹　著
放馬灘秦簡《日書》匯釋今譯	張玉金　黄　瑩　著
新蔡葛陵楚簡匯釋今譯	張玉金　溫鑫妮　著
龍崗秦簡匯釋今譯	吳辛丑　張　晨　著
周家臺秦墓簡牘等三種匯釋今譯	吳辛丑　林　慧　著

国家出版基金项目
NATIONAL PUBLICATION FOUNDATION

語言服務書系·出土戰國文獻匯釋今譯叢書

龍崗秦簡匯釋今譯

吳辛丑　張　晨　著

暨南大學出版社
JINAN UNIVERSITY PRESS
中國·廣州

圖書在版編目（CIP）數據

龍崗秦簡匯釋今譯/吳辛丑，張晨著．—廣州：暨南大學出版社，2022.12
（語言服務書系．出土戰國文獻匯釋今譯叢書）
ISBN 978－7－5668－3278－8

Ⅰ.①龍…　Ⅱ.①吳…②張…　Ⅲ.①竹簡文—彙編—中國—秦代②竹簡文—注釋③竹簡文—譯文　Ⅳ.①K877.5

中國版本圖書館 CIP 數據核字（2022）第 024748 號

龍崗秦簡匯釋今譯
LONGGANG QINJIAN HUISHI JINYI
著　者：吳辛丑　張　晨

出 版 人：張晉升
項目統籌：杜小陸
策劃編輯：杜小陸　黃志波
責任編輯：亢東昌
責任校對：林　瓊　陳皓琳　馮月盈
責任印製：周一丹　鄭玉婷

出版發行：暨南大學出版社（511443）
電　　話：總編室（8620）37332601
營銷部（8620）37332680　37332681　37332682　37332683
傳　　真：（8620）37332660（辦公室）　37332684（營銷部）
網　　址：http：//www.jnupress.com
排　　版：廣州良弓廣告有限公司
印　　刷：深圳市新聯美術印刷有限公司
開　　本：787mm×1092mm　1/16
印　　張：12.5
字　　數：268 千
版　　次：2022 年 12 月第 1 版
印　　次：2022 年 12 月第 1 次
定　　價：79.80 圓

總　序

出土戰國（包括秦代，下同）文獻共有9種，即戰國金文、戰國簡牘文字（包括郭店楚簡、上博楚簡、信陽楚簡、望山楚簡、九店楚簡、包山楚簡、葛陵楚簡、清華竹簡、五里牌楚簡、仰天湖楚簡、楊家灣楚簡、夕陽坡楚簡、曹家崗楚簡、香港中大竹簡、曾侯乙墓竹簡、睡虎地秦簡、放馬灘秦簡、周家臺秦簡、龍崗秦簡、里耶秦簡、嶽麓秦簡、北大秦簡、睡虎地秦牘、青川秦牘、嶽山秦牘）、戰國帛書、戰國玉石文字、戰國漆木文字、戰國貨幣文字、戰國封泥文字、戰國璽印文字、戰國陶文。

對於出土戰國文獻的整理研究，目前已經取得了許多研究成果：

一、戰國金文整理研究的成果

如中國社會科學院考古研究所編《殷周金文集成》（1984—1994），劉雨、盧岩編著《近出殷周金文集錄》（2002），鍾柏生等編《新收殷周青銅器銘文暨器影彙編》（2006），劉雨、嚴志斌編著《近出殷周金文集錄二編》（2010），吳鎮烽編著《商周青銅器銘文暨圖像集成》（2012）、《商周青銅器銘文暨圖像集成續編》（2016）和《商周青銅器銘文暨圖像集成三編》（2020），等等。

二、戰國簡牘文字和帛書整理研究的成果

楚簡方面的成果如河南省文物研究所編《信陽楚墓》（1986），湖北省荆沙鐵路考古隊編《包山楚簡》（1991），湖北省文物考古研究所、北京大學中文系編《望山楚簡》（1995），商承祚編著《戰國楚竹簡彙編》（1995），荊門市博物館編《郭店楚墓竹簡》（1998），湖北省文物考古研究所、北京大學中文系編《九店楚簡》（2000），陳松長編著《香港中文大學文物館藏簡牘》（2001），馬承源主編《上海博物館藏戰國楚竹書》（2001—2012），河南省文物考古研究所編著《新蔡葛陵楚墓》（2003），李學勤主編《清華大學藏戰國竹簡》（2010—2020），張顯成主編《楚簡帛逐字索引》（2013），陳偉等《楚地出土戰國簡冊（十四種）》（2016），

等等。

楚帛書方面的成果如饒宗頤、曾憲通編著《楚帛書》(1985)，李零《長沙子彈庫戰國楚帛書研究》(1985) 和《楚帛書研究（十一種)》(2013)，饒宗頤、曾憲通《楚地出土文獻三種研究》(1993)，陳茂仁《楚帛書研究》(2010)，等等。

曾簡方面的成果如湖北省博物館編《曾侯乙墓》(1989)，蕭聖中《曾侯乙墓竹簡釋文補正暨車馬制度研究》(2011)，蔣艷《曾侯乙墓簡文注釋》(2011)，等等。

秦簡牘方面的成果如睡虎地秦墓竹簡整理小組編《睡虎地秦墓竹簡》(1990)，湖北省荆州市周梁玉橋遺址博物館編《關沮秦漢墓簡牘》(2001)，中國文物研究所、湖北省文物考古研究所編《龍崗秦簡》(2001)，甘肅省文物考古研究所編《天水放馬灘秦簡》(2009)，朱漢民、陳松長主編《嶽麓書院藏秦簡》(2010—2020)，湖南省文物考古研究所編著《里耶秦簡》(2012—2017)，王輝、王偉編著《秦出土文獻編年訂補》(2014)，張顯成主編《秦簡逐字索引》(增訂本)(2014)，陳偉主編《秦簡牘合集》(2014)，等等。

三、戰國玉石文字和漆木文字整理研究的成果

如趙超《石刻古文字》(2006)，吳鎮烽編著《商周青銅器銘文暨圖像集成》(2012) 中的有關部分，等等。

四、戰國貨幣文字整理研究的成果

如汪慶正主編《中國歷代貨幣大系・先秦貨幣》(1984)，黃錫全《先秦貨幣研究》(2001)，馬飛海主編《中國歷代貨幣大系・秦漢三國兩晉南北朝貨幣》(2002)，等等。

五、戰國封泥文字和璽印文字整理研究的成果

如孫慰祖主編《古封泥集成》(1994)，莊新興編《戰國鉨印分域編》(2001)，傅嘉儀編著《秦封泥匯考》(2007)，陳光田《戰國璽印分域研究》(2009)，吳振武《〈古璽文編〉校訂》(2011)，王偉《秦璽印封泥職官地理研究》(2014)，等等。

六、戰國陶文整理研究的成果

如高明編著《古陶文彙編》(1990)，王恩田編著《陶文圖録》(2006)，袁仲一、劉鈺編著《秦陶文新編》(2009)，等等。

由上述看來，前人和時賢在出土戰國文獻整理研究方面已經取得了許多成果。不過，以往的研究存在以下兩個問題：一是大都是按材料的不同分類分頭進行的，還沒有看到對於出土戰國文獻的綜合整理研究成果；二是不同的學者在釋文方面寬嚴不一，對於同一個古文字有不同的釋文，對於同一個詞語有不同的解釋，對於同一句句意也有不同的理解。這給漢語史研究者以及相關學科的學者帶來極大的不便。

漢語史學者以及相關領域的研究者急需展示出土戰國文獻的綜合整理研究成果，這個成果要能夠囊括目前已經整理發表的全部出土戰國文獻資料；釋文方面要寬嚴一致；對於同一個古文字要有同樣的釋文，對於同一個詞語要有一致的解釋；對詞語要有簡明的訓釋，對句意要有準確的翻譯；對於古文字學者們的異說要有簡明的介紹。“出土戰國文獻匯釋今譯叢書”的出版，正是因應了學術界的這個需求。

本叢書的總體框架是：

一是摹本：對於所選取的出土戰國文獻，在原始資料的基礎上做出摹本，以方便讀者閱讀。

二是釋文：採各家之長，寫出釋文。用現代標點，對所做出的釋文加以斷句。若有異說，簡明列出。

三是匯釋：對其中的疑難字詞加以注釋。若有異說，簡明列出。

四是今譯：把出土戰國文獻譯成現代漢語，供讀者參考。若有不能翻譯的，則存疑。

本叢書在學術思想、學術觀點、研究方法等方面均有創新。

在學術思想上，本叢書認爲出土戰國文獻整理研究不但是古典文獻學、古文字學的重要研究内容，而且對於其他以出土戰國文獻爲材料進行研究的學科而言都具有基礎性意義。因爲研究對象具有獨特性——用古文字書寫，所以不僅要用文獻注釋學的理論方法進行研究，還要用古文字學的理論方法進行考察；不僅要有文獻整理能力，還要具備古文字的考釋能力以及音韻學、訓詁學、詞彙學、語法學、歷史學、文化學等方面的理論知識，這是學術思想方面的特色和創新。

在學術觀點上，本叢書認爲許多學者對出土戰國文獻的研究，在文字考釋、詞語訓詁、語句通釋等方面往往有分歧，因此要有對不同説法的統一檢驗標準。本叢書認爲，對於異説的檢驗要以四個標準進行，即形、義、音、法。所謂形，即看一種考釋是否符合古文字的字形，在字形上是否説得通；所謂義，即看一種考釋是否經得起詞彙學理論知識的檢驗，是否符合上下文的文義；所謂音，即是否經得起音韻學理論知識的檢驗；所謂法，即是否經得起語法學理論知識的檢驗。如果從這四個方面來檢驗，都説得通，就應該是比較好的考釋，就可以採信。對於古文字考釋的異説從形、義、音、法四個方面進行檢驗，這是學術觀點方面的創新。

在研究方法上，本叢書不僅運用古文獻注釋方法（標點、注釋、今譯，特别是匯釋以往的各種異説)，還運用古文字考釋法（形體分析法、假借破讀法、辭例推勘法、歷史比較法、文獻比較法）以及訓詁方法（以形索義法、因聲求義法、比較互證法)、古漢語詞彙學研究方法、古漢語語法學研究方法，這是研究方法方面的特色。

本叢書的出版，不僅對於古文字學、戰國文字學研究有價值，對於漢語史學以及需利用古文字材料的各門學科有學術價值，對於相關學科的教學和普及也有應用價值。

張玉金

2022年2月28日

目錄 contents

凡　例

一、本書以龍崗秦墓簡牘爲整理研究對象，分爲釋文、匯釋、校記、今譯四部分。

二、釋文以武漢大學出版社出版的陳偉主編《秦簡牘合集·釋文注釋修訂本(叁)》（龍崗秦墓簡牘）的釋文爲底本，對照其圖版，互校不同版本的釋文，參考諸家的成果，進行校訂，並做出嚴格隸定的釋文。

三、針對“編纂體例上欠統一”“誤用簡號”“不符合嚴式隸定”“未隸定文字補正”“已隸定文字補正”“殘缺簡文擬釋”等情況，做出校記。

四、基本沿用《秦簡牘合集·釋文注釋修訂本（叁)》的竹簡編號和順序。簡號如有改動，簡序如有調整則加以說明。如有綴合用“＋”號標示綴合簡。

五、簡牘中提示分篇、分章、分條的墨點、墨團、墨塊照錄。其他符號一般不保留。合文和重文號一般直接析書。

六、通假字、異體字、古字等隨文注出今日通用的文字，外加（）。確認的錯字隨文注出正確字，寫在〈〉號內。字迹模糊，根據殘筆和文意可以確認的字寫在【】內。根據文意或他本可以確切補出的脱文，寫在〖〗內。筆畫不清或已殘缺無法辨識的字，用□號表示，一個“□”對應一個字。竹簡残斷處、不能定其字数者，释文中一律以？标出。

七、匯釋時，先用撰者比較認同的觀點進行注釋，再分列他說，按觀點相近或相關的順序排列，若引用觀點各不相同則按文章發表的時間先後排列。撰者的意見以按語形式呈現。

八、匯釋時，引用書籍標注簡稱（作者和年份）、頁碼，引用論文則不標頁碼。引用文獻簡稱與全稱的對應情況詳見書末參考文獻（匯釋中若引述最初整理者的釋文、注釋，一般稱“整理者”“再整理者”）。

九、今譯部分，以直譯爲主，盡量避免意譯和文白夾雜，適當補充相關內容。部分簡文殘缺嚴重者則不出譯文。

概 述

龍崗秦漢墓地位於湖北雲夢縣城關東南郊，是一處地勢平坦的緩坡。它與位於城關西北郊的睡虎地墓地遙相對應，北距楚王城遺址約450米，西南與珍珠坡墓地相連。1989年底，湖北省文物考古研究所、孝感地區博物館、雲夢縣博物館配合工程建設，在這裏發掘了9座秦漢墓，其中6號墓出土了一批簡牘。竹簡出土於棺內的下半部分，出土時，大多殘缺散亂。現場清理編號293個（含殘簡的10個號）。竹簡內容均爲法律條文，其中大部分與禁苑管理有關。木牘一枚，出自墓主腰部，內容是司法文書。

關於這批簡牘的時代，整理者（1994：120－121）認爲："簡文屢見'黔首'而不見'百姓'，有不少關於馳道管理的律文，並有'從皇帝而行及舍禁苑'的內容。聯繫《史記・秦始皇本紀》有關記載，可以看出龍崗簡較睡虎地秦簡爲晚，其中主要的法律條文行用於秦始皇二十七年（前220）至秦二世三年（前207）的14年間。墓葬年代自比律文頒布爲晚，初步定爲秦代末年。"

龍崗秦墓簡牘自出土後經過多次整理。1994年，由劉信芳和梁柱執筆的《雲夢龍崗6號秦墓及出土簡牘》發表於《考古學集刊》第8集，第一次公布了這批簡牘的全部圖版以及初步整理的釋文、注釋。其後，兩位先生對竹簡進一步研核，並參考其他學者的意見，於1997年出版《雲夢龍崗秦簡》一書，並附有竹簡摹本。

1995年至1997年，再整理者對龍崗秦墓簡牘再次進行整理。整理成果《龍崗秦簡》於2001年出版。這次整理在竹簡綴合上，取得較大突破，並糾正了一些原整理中的綴合誤處。在簡序編排上，也與先前有很大的不同。此外，還重新製作了簡牘摹本。

2011年，西南師範大學出版社出版了李明曉、趙久湘所著《散見戰國秦漢簡帛法律文獻整理與研究》一書，對簡帛法律文獻進行了全面的收集、釋讀、校勘和考辨，並按時代分爲戰國、秦、漢三部分。其中秦簡篇收錄了龍崗秦墓簡牘，簡文內容編排及注釋主要依據《龍崗秦簡》（2001），並在此基礎上有所完善，但注釋內容過於簡明。

2014年12月，《秦簡牘合集》由武漢大學出版社出版。《合集》分四卷六冊，第二卷《龍崗秦墓簡牘・郝家坪秦墓木牘》對龍崗秦墓簡牘進行了詳盡的釋讀，在注釋中不僅列舉了之前諸家的說法，還收集了許多學界新的觀點。此外，還利用了芝加哥大學顧立雅中國古文字研究中心提供的紅外綫數字相機，對收藏於湖北省博物館的龍崗秦簡進行觀察拍攝，在字迹的清晰度上，此次攝取的紅外影像明顯優於先前的常規照片，簡中許多之前未釋讀的字可根據紅外影像釋出。

2016 年 3 月武漢大學出版社又出版了《秦簡牘合集：釋文注釋修訂本》，對 2014 年版進行了修訂，內容沒有太大變化。其中第三輯收錄了龍崗秦墓簡牘、周家臺秦墓簡牘與嶽山秦墓木牘。

一、龍崗秦墓竹簡匯釋今譯

龍崗秦墓竹簡長28釐米、寬0.5～0.7釐米、厚約0.1釐米。簡上有上、中、下三道編繩。整理者（1994：90）、陳偉主編（2016：7）推測這批竹簡原爲一冊。竹簡係先書寫文字，後結編綸。簡文墨書秦隸，書寫於竹黃面，整簡可達24字。簡背未見字迹。簡的上部字迹一般較清晰，下部多漫漶甚或朽穿而無法辨認。簡文的書寫風格統一，字的筆畫一律由左向右傾斜，結構布局甚有章法，筆道勁快，似係一人所書。雙面、雙行書寫。

【釋文】

諸叚（假）兩雲夢池魚及有□雲夢禁中者①，得取灌葦、茅②☑Q02_01_001

【匯釋】

①叚：**後作“假”，租借、租賃**（再整理者，2001：69）。整理者（1994：105；1997：27）：同“假”。

兩雲夢，**有四說：一、兩個雲夢**。再整理者（2001：69）：在《漢書·地理志》中，確有兩個雲夢。一在南郡編縣，班注曰：“有雲夢官。”一在江夏郡西陵縣，班注亦曰：“有雲夢官。”“雲夢官”應當是管理禁苑的官府、官吏。另見胡平生（1997）。**二、雲夢澤**。整理者（1994：105；1997：27）：雲夢，雲夢澤。原爲楚貴族遊獵之所，入秦爲禁苑。其地望在今雲夢縣境一帶。**三、秦代的左雲夢和右雲夢**。趙平安（1999A）：兩雲夢當指秦代左雲夢和右雲夢。古封泥有“左雲夢丞”，與此相對應有“右雲夢丞”。雲夢地域遼闊，置左、右雲夢應是完全可能的。《漢書·地理志》的“雲夢官”，與秦左、右雲夢一脈相承。蓋編縣雲夢官相當於秦“左雲夢”，西陵雲夢官相當於秦“右雲夢”。因此，“兩雲夢”是指兩處雲夢官，而不是說有兩個雲夢。王輝、程學華（1999：205－206）：秦印中的“左雲夢丞”是雲夢禁苑之左丞，雲夢方數百里，故有多丞。周曉陸、路東之（2000：55）也將“兩雲夢”與秦封泥“左雲夢丞”聯繫起來，認爲據“左雲夢丞”，可知秦時“雲夢官”設有左右二員。傅嘉儀（2007：148－149）：秦封泥有“左雲夢丞”“右雲夢丞”，雲夢丞以左右分曹。**四、指兩個雲夢官署或雲夢禁苑**。馬彪（2013：351）說。

池魚，**有四說：一、釋爲“池魚”。讀“魚”爲“籞”，池籞，特指官有的池湖、苑囿**。再整理者（2001：69）從李家浩說釋爲“池魚”。“籞”又可寫作“篽”。《說文》竹部：“篽，禁苑也。”段注：“《宣帝紀》詔：‘池籞未御幸者，假與貧民。’蘇林曰：‘折竹以繩綿連禁禦，使人不得往來。律名爲籞。’應劭曰：‘籞者，禁苑也。’”**二、釋爲“池魚”。“兩雲夢池”連讀，“魚”讀爲“漁”。**馬彪（2013：351－352）將“魚”讀爲“漁”，指經營漁業。“叚兩雲夢池魚”與《後漢書·和帝紀》“入陂池漁采”語法結構一致。**三、釋爲“畀䧘”，讀爲“印璽”。**整理者（1997：27）改寫爲“畀䧘”，讀爲“印璽”，是指出入雲夢禁中之憑信。**四、釋爲“節以”。**整理者（1994：99）說。

“有”下一字，**有兩說：一、釋爲“事”。**陳偉主編（2016：9）：看殘筆、文意，或是“事”字。簡6“禁苑吏、苑人及黔首有事禁中”，簡7“諸有事禁苑中者”，可參看。**二、釋爲“到”。**整理者（1994：105；1997：27）釋爲“到”，再整理者（2001：69）同。

禁中：**皇家禁區，這裏似爲“禁苑中”之省，與簡6“禁中”同**（再整理者2001：69）。胡平生（1997）：“禁苑中”之省。馬彪（2006）：龍崗秦簡“禁苑中”一詞出現7次，“禁中”一詞出現5次，“禁苑”與“禁中”雖然在語氣上有所不同，但其具體所指代的是同一事物的不同側面。禁苑之內有禁，禁苑之外亦有禁，禁苑之屏障亦有禁。“禁中”一詞的出現，從文字學的角度看來雖然很可能是“禁苑中”之省，但從法律學的角度出發，又不能不說“禁中”已經成爲法律概念。秦漢時期凡皇帝“動靜”所在之地皆設禁，故警戒綫之內皆曰“禁中”。馬彪（2013：352）：這裏指禁苑。

②灌，**有四說：一、指灌木。**馬彪（2013：351）說。**二、讀爲“雚”，草名。**陳偉主編（2016：10）：釋“灌”不誤。聯繫下文看，恐當讀爲“雚”，草名。《墨子·旗幟》：“凡守城之法，石有積，樵薪有積，管茅有積，雚葦有積。”孫詒讓閒詁：“《說文》艸部云：‘萑，蓷也。’‘葦，大葭也。’萑部云：‘雚，小爵也。’音義並別。此雚當爲萑，經典省作萑，或掍作雚，非是。”**三、讀爲“獲”，獵物，打獵所得的東西。**胡平生（1997）：似从水从蒦，疑讀爲“獲”。**四、意義不明，闕疑。**整理者（1994：105；1997：27）：其下二字不可辨識，是指灌木還是假作“獾”，闕疑備考。再整理者（2001：69）：“取”後一字，暫釋爲“灌”，意義不明。

“灌”下二字，**有兩說：一、葦、茅。**陳偉主編（2016：10）釋作“葦、茅”，云：葦、茅，兩种植物。葦，蘆葦。《詩·豳風·七月》：“七月流火，八月萑葦。”孔穎達疏：“初生爲葭，長大爲蘆，成則名爲葦。”茅，《說文》：“菅也。可縮酒，爲藉。”此外，茅可用以覆蓋囷倉（睡虎地秦簡《秦律十八種·內史雜》簡195），並與雚葦一樣具有軍事上的用途（《墨子·旗幟》）。**二、未釋。**整理者（1994：105；1997：27）、再整理者（2001：69）未釋。

【今譯】

凡是租借兩處雲夢苑中官有池湖、苑囿的人，以及有公務需要進入雲夢禁苑的人可以拿取其中的灌木、蘆葦、菅草……Q02_01_001

【釋文】

竇出入及毋（無）符傳而闌入門者①，斬其男子左止②，□女【子】③
☐Q02_01_002

【匯釋】

①竇出入，**有四說：一、從地下水道出入。竇：名詞，地下水道**。陳偉主編（2016：11）："竇"在這裏可能指地下水道。《周禮·考工記·匠人》"竇其崇三尺"，鄭玄注："宮中水道。"孫詒讓正義："竇若今陰溝，穿地爲之，以通水潦者。"《荀子·正論》"今人或入其央瀆，竊其豬彘"，楊倞注："央瀆，中瀆也，如今人家出水溝也。"劉師培斠補："瀆"當作"竇"，穴之大者名央竇。《管子·小稱》載豎刁等作亂，齊桓公被困於一室，"有一婦人，遂從竇入，得至公所"。是竇出入之例。**二、经孔穴出入。竇：名詞，孔穴**。整理者（1994：109；1997：32）：《禮記·禮運》："順人情之大竇也。"鄭玄注："竇，孔穴也。"**三、從城壁水道出入。竇：名詞**。馬彪（2013：351）：瀆，穴、溝。此處指城壁的水道。**四、自行打洞出入。竇：動詞，打洞，鑿洞**。整理者（1997：32）：鑿孔穴出入。再整理者（2001：69）：竇，孔，此處可能用爲動詞，指打洞，鑽洞。"竇出入"可能是自行打洞出入，也可能是經由原有的孔穴出入。劉金華（2002）：於垣墻打洞而入。

符：**通過關卡用的憑證，名詞**。再整理者（2001：70）：《說文》竹部："符，信也。漢制以竹，長六寸，分而相合。"段注："《周禮》'門關用符節'，注曰：'如今宮中諸官詔符也。'"

傳：**符信，名詞**。整理者（1994：32）：《漢書·文帝紀》十二年三月"除關無用傳"，顏注引張晏曰："傳，信也，若今過所也。"顏師古曰："古者或用棨，或用繒帛。棨者刻木爲合符也。"崔豹《古今注》："凡傳皆以木爲之，長五寸，書符信於上，又以一板封之，皆封以御史印章，所以爲信也。如今之過所也。"

傳與符的區別有四點：李明曉、趙久湘（2011：8－9）：傳與符的主要區別在於：一是符有齒，傳無齒，不必契合相驗；二是符分左右，要先寄右符到邊關，用以合符，傳則衹一份，由出入關境人員自行攜帶；三是符有編號，傳沒有，不受總數的限制；四是符的尺寸小，與普通木簡相似，傳則爲長方形，比符寬了一倍，相應記載的內容也比較詳細。

闌入：**無通行憑證擅自闖入**。再整理者（2001：70）：《漢書·成帝紀》"闌入尚方掖門"，顏注引應劭曰："無符籍妄入宮曰闌。"整理者（1994：106）：《漢書·汲黯傳》"闌出財物"，顏注引臣瓚曰："無符傳出入爲闌也。"

②左：**左邊**。胡平生（1997）釋出。今按：看原簡圖片，釋"左"應無疑。

止：**後作"趾"，腳**。整理者（1994：109；1997：32）未釋出。胡平生（1997）、再整理者（2001：70）皆釋爲"趾"。陳偉主編（2016：11）：看圖版，大致可辨是"止"。睡虎地秦律和張家山漢律皆作"止"。

斬止：**砍掉小腿以下器官的刑罰**。再整理者（2001：70）：舊注多認爲即周代的刖刑。睡虎地秦簡《法律答問》簡1："五人盜，臧（贓）一錢以上，斬左止。"《漢書·刑法志》載文帝除肉刑："當斬左止者，笞五百；當斬右止，及殺人先自告，及吏受賕枉法，守縣官財物而即盜之，已論命復有笞罪者，皆棄市。"陳偉主編（2016：12）：張家山漢簡《二年律令·津關令》簡488—489："越塞闌關，論未有□。請闌出入塞之津關，黥爲城旦舂；越塞，斬左止爲城旦。"可參。

③女子：**女犯**。胡平生（1997）釋出，再整理者（2001：69）、陳偉主編（2016：10）從之。今按：原簡圖片中倒數第二字，筆畫殘缺，與龍崗秦簡中的"女"寫法有別，可參看簡60"奴"字"女"旁的寫法。而最後一字不可辨識。

【今譯】

從地下水道私入（禁地）以及沒有通行憑證擅自闖入禁地的人，男犯斬掉其小腿以下部分，女犯……Q02_01_002

【釋文】

傳者入門[①]，必行其所當行之道[②]，□□行其所當行[③]☐Q02_01_003

【匯釋】

①傳者，**有三説：一、持有符傳者**。胡平生（1997）：本簡不是一條律文的起首，它的前面應另有文字，大意是"（持有符）傳的人"。再整理者（2001：71）：因前文殘缺，不能確知文意，此處的"……傳者"可能指持有符傳的人。**二、傳送公文者**。整理者（1994：109；1997：32）：傳送公文者，參《秦律十八種·傳食律》（簡180—182）。**三、承擔傳送任務者**。陳偉主編（2016：12）：傳者也可能是指承擔傳送任務的人。里耶秦簡16－5："廿七年二月丙子朔庚寅，洞庭守禮謂縣嗇夫、卒史嘉、叚（假）卒史穀、屬尉：令曰：'傳送委輸，必先悉行城旦舂、隸臣妾、居貲贖責（債）。急事不可留，乃興繇（徭）。'今洞庭兵輸內史，及巴、南郡、蒼梧輸甲兵，當傳者多。節（即）傳之，必先悉行乘城卒、隸臣妾、城旦舂、鬼薪白粲、居貲贖責（債）、司寇、隱官、踐更縣者。田時殹，不欲興黔首。嘉、穀、尉各謹案所部縣卒、徒隸、居貲贖責（債）、司寇、隱官、踐更縣者簿，有可令傳者兵，縣弗令傳之而興黔首，興黔首可省少弗省而多興者，輒劾移縣，縣亟以律令具論當坐者，言名夬（決）泰守府。"可參看。

②其：**代詞**。所：**助詞**。整理者（1997：32）説。

當：**應當**。再整理者（2001：71）説。

當行：**（符合法律規定）可以行走**。再整理者（2001：71）：秦漢法律中之"當"與"不當"皆指按照法律的規定可以做或不可以做。古代道路貴賤有別，不同地位、身份的人各有規定的道路。

道：**道路**。再整理者（2001：71）説。

③"行"字上，原簡難以辨別。整理者（1997：32）以爲有一字，再整理者

（2001：71）認爲“行”上有兩字，擬釋第二字爲“不”。

劉金華（2002）：本簡或謂傳者入門當行其所當行，止其所當止事。

【今譯】

（持有）符傳（進入皇家禁地）的人入門後，必須走符合法律規定可以行走的道路。（如果不）走符合法律規定的道路……Q02_01_003

【釋文】

詐（詐）僞假人符傳及襲人符傳者①，皆與闌入門同罪☐Q02_01_004

【匯釋】

①“詐（詐）僞”的斷讀**有三說：一、“詐”“僞”之間不停頓，與下文連讀。**整理者（1994：109；1997：32）說。**二、“詐”“僞”之間加頓號，與下文連讀。**楊懷源、孫銀瓊（2010）：“詐僞”不是一個詞，“詐”“僞”之間宜加頓號。簡12、簡151同此例。**三、“詐僞”後加頓號，與下文斷開。**再整理者（2001：71）說。

詐（詐）僞，**有三說：一、欺騙作假，在此兼指“假人符傳”與“襲人符傳”二事。**陳偉主編（2016：13）：詐、僞義近，秦漢簡牘往往對舉或連言。张家山漢簡《二年律令·津關令》简514：“其詐（詐）貿易馬及僞診，皆以詐（詐）僞偶出馬令論。”张家山漢簡《奏讞書》簡54—55：“蜀守瀐（讞）：佐啓主徒。令史冰私使城旦環爲家作，告啓，啓詐（詐）簿曰治官府，疑罪。廷報：啓爲僞書也。”這裏“詐僞”應兼指“假人符傳”與“襲人符傳”二事，看下注所引《二年律令·津關令》簡496—497可知。**二、指用欺騙的方式獲得符傳或僞造符傳。**再整理者（2001：72）：沈家本《歷代刑法考·漢律摭遺卷四·詐僞》曰：“詐者，虛言相誑以取利，如《唐律》之詐欺取財是也。僞者，造私物以亂真，如私鑄之類是也。統言之則一端，析言之則二事。”楊懷源、孫銀瓊（2010）：“詐”是以欺騙的方式得到符傳，“僞”是僞造符傳，“假人符傳”是向人借用符傳，“讓人符傳”是把自己的符傳借給別人，分別是四種不合法的情況。**三、作僞。**湯志彪（2012）：當理解爲“作僞”。

襲，**有四說：一、釋爲“襲”，接受。**陳偉主編（2016：13）：字从龍从衣，當釋爲“襲”。《二年律令·津關令》簡496—497：“相國上內史書言，請諸詐（詐）襲人符傳出入塞之津關，未出入而得，皆贖城旦舂；將吏智（知）其請（情），與同罪。御史以聞。制曰：可，以闌論之。”《奏讞書》簡17—18：“臨菑（淄）獄史闌令女子南冠繳（縞）冠，詳（佯）病臥車中，襲大夫虞傳，以闌出關。”可參看。《左傳》昭公二十八年：“九德不愆，作事無悔，故襲天祿，子孫賴之。”杜預注：“襲，受也。”《文選·顏延之〈赭白馬賦〉》：“襲養兼年，恩隱周渥。”李善注引賈逵《國語》注：“襲，受也。”假是向他人借或借給他人，襲是他人所給。**二、釋爲“讓”，轉讓。**再整理者（2001：72）：讓，將自己的權利、利益或職位轉讓給別人。

讓人符傳，把自己的符傳給別人使用。**三、釋爲“讓”，借給。**李明曉、趙久湘（2011：9－10）：應該是借給別人符傳。**四、釋爲“讓”，讀爲“攘”，偷盜。**整理者（1997：32）：《尚書·呂刑》：“奪攘矯虔”，鄭玄注：“有因而盜曰攘。”方勇（2008）：“攘”有偷盜之義，如《管子·君臣下》：“治軒冕者，不敢讓賞。”“讓”通爲“攘”，表示竊取之義。《論語·子路》：“吾黨有直躬者，其父攘羊，而子證之。”“攘”爲偷盜之義。該簡的文意爲“以欺詐方式得到符傳或僞造符傳的、向別人借得符傳或者偷盜別人符傳的人都和擅自闖入門禁的人同罪”。

【今譯】

欺騙作假把符傳借給他人與接受他人符傳的，都與擅自闖入門禁者同罪。Q02_01_004

【釋文】

門關合符及以傳書閱入之[①]，及諸偑〈佩〉入司馬門久[②]☐Q02_01_005

【匯釋】

①門關，簡文原寫作“關₌”，“關”下還有兩點。**對該符號的解釋有兩種：一、“關”下兩點爲合文符。**陳偉主編（2016：14）：“關”下兩點恐是合文符，析讀作“門關”。**二、“關”下兩點爲重文符。**整理者（1997：28）、再整理者（2001：72）皆釋爲“關關”，並在第一個“關”字下點斷。再整理者（2001：72）謂其大意是“（來到）關門，關吏合符核對……”

門關：**出入的關卡。**陳偉主編（2016：14）：《周禮·地官·掌節》“門關用符節”，鄭玄注：“門關，司門，司關也。”《周禮》之文可與簡文互證。

傳書，**有兩說：一、出入關卡的憑證。**再整理者（2001：73）：本簡的“傳書”是“符傳”之“傳”，是通過關卡的憑證，它對持傳人的情況，如職務、姓名、事由、起止地點、經由路綫、隨行人數等有簡明扼要的介紹，關吏應閱讀傳書，加以核查。**二、通關文書。**整理者（1994：106；1997：28）：《秦律十八種·行書》簡184：“行傳書、受書，必書其起及到日月夙莫（暮），以輒相報殹（也）。”《說文》段注：“傳，驛也。……文書亦謂之傳。”

閱：**查閱。**陳偉主編（2016：14）：《管子·度地》“常以秋歲末之時閱其民”，尹知章注：“謂省視。”《二年律令·津關令》簡498：“御史請諸出入津關者，皆入傳，書□□里、年、長、物色、疵瑕見外者及馬職（識）物關舍人占者，津關謹閱出入之。”可參看。

②諸：**凡是。**整理者（1994：106）釋出。再整理者（2001：72）闕釋其右部。陳偉主編（2016：14）：看圖版字形輪廓，並考慮文例，釋“諸”蓋是。

偑，**有三說：一、釋爲“偑”，認爲同“佩”或“佩”字之誤，指佩戴標誌。**胡平生（1997）：“偑”即“佩”，阜陽雙古堆漢簡《詩經》簡089“佩”字亦寫作

“佩”。秦漢時官吏都佩有印信綬帶，疑本簡的“佩”爲入關門後發給的一種佩戴的標識物，如後世牙牌之類。再整理者（2001：72）：《奏讞書》簡213“佩”字即寫作“佩”。一說“訁□佩”是佩名，猶玉佩、環佩等。**二、釋爲“伶”，讀作“令”，奉命。**趙平安（1999）：此字當釋“伶”，讀作“令”。“諸伶入司馬門……”是指奉命進入司馬門的情況，和“關合符及以傳書閱”一樣，都在准入者之列。**三、釋爲“佩”，指諷諫者。**整理者（1997：28）：“佩”或指諷諫者，諸書或作“风”，或作“讽”。

司馬門：**皇家建築設施的外門，有衛兵把守**（再整理者，2001：72）。整理者（1994：106；1997：28）：《史記·項羽本紀》：“留司馬門三日”，《集解》：“凡言司馬門者，宮垣之內，兵衛所在，四面皆有司馬，主武事。總言之，外門爲司馬門也。”《藝文類聚》卷六三：“賈誼書曰：天子宮門曰司馬門。”秦漢掌司馬門官員爲公車司馬。胡平生（1997）：似應指禁苑之司馬門。凡皇家設施之外門，兵衛所在，皆可稱爲司馬門，漢初諸侯宮門亦稱司馬門。

久，有兩說：**一、標記、標誌。**再整理者（2001：72）：標記，睡虎地秦簡中屢見“久”“刻久”。裘錫圭（1992：538－539）：秦時公家器物多有“久識”，記錄器物之“久”的文籍，就是秦簡《法律答問》所說的“久書”。久書的性質與符券等相近。魏德勝（2003：233－235）：“久”本義爲“灸”，引申爲“烙上標記”的意思，進一步引申爲名詞義“標記”。睡虎地《秦律十八種》簡104“不可久者”之“久”是“烙”義，簡86“有久職者”之“久”是標記之意，《法律答問》簡146的“久書”，指記錄了公家器物上的標記的文書。專修大學（2003）：大概是木製通行證。王三峽（2005）：秦漢時盛行“久刻職物”，“久”多指在木器以及活體動物上，用烙鐵烙火印。王三峽（2006）：秦漢簡帛醫書中的針灸義，多用“久”而少用“灸”字。灸灼之痕經久難滅，故引申出標記、長久等義。用烙火印的方法給公家器物做標記，是秦漢時代的普遍做法，這就是“久刻職物”中的“久”。用“久”的方式在出入宮禁門衛、標志身份的木牌上做標記，是很自然的事。將這種帶有“久”灼之痕的出入宮禁門衛、標志身份的木牌稱爲“久”或者“入門衛木久”，既合乎邏輯事理，也符合詞義引申的規律。“入司馬門久”應當就是屬於《二年律令·賊律》簡52“亡書，符券，入門衛木久，塞門、城門之鑰，罰金各二兩”中“入門衛木久”之類的憑證。簡5文意是：通過關塞或門衛，當“合符”，查驗“傳書”，或者查驗是否佩戴了“入司馬門久”。**二、未釋。**整理者（1994：106；1997：28）未釋。

【今譯】

在出入的關卡處，（官吏）合符核對，查閱其出入關卡的憑證，讓來人入關，或者查驗是否佩戴進入司馬門的印有標記的木牌……Q02_01_005

【釋文】

禁苑吏、苑人及黔首有事禁中①，或取其□②□□▨Q02_01_006A

【匯釋】

①禁苑吏、苑人：**禁苑中的官吏、工作人員**（再整理者，2001：73）。

黔首：**百姓**。劉信芳、梁柱（1990）："黔首"在龍崗簡中出現9例，不見"百姓"，而睡虎地秦簡則衹見"百姓"，不見"黔首"。《史記·秦始皇本紀》：秦始皇二十六年，"更民名爲'黔首'"。可知龍崗簡較睡虎地簡爲晚。整理者（1994：108；1997：31）：二字不清晰，據現場清理記錄隸定。

②"其"下一字，陳偉主編（2016：15）疑爲"貕"，云：左旁殘泐，右旁當即"原"字，可參看簡34"貕"。字或即"貕"。

【今譯】

禁苑的官吏、禁苑的工作人員以及百姓有事需進入禁苑中，或者拿走……Q02_01_006A

【釋文】

諸有事禁苑中者①，□□傳書縣、道官□鄉②□□③▨Q02_01_007

【匯釋】

①事：整理者（1994：109；1997：32）據簡6"有事禁中"酌定。

有事，**有兩說：一、有公務，**馬彪（2013：356）說。陳偉主編（2016：16）："有事"一語秦漢簡多見，如睡虎地《秦律十八種·倉律》簡44"宦者、都官吏、都官人有事上爲將，令縣貣之"，簡45"有事軍及下縣者，齎食，毋以傳貣縣"，張家山《二年律令·津關令》簡500"相國、御史請關外人宦爲吏若徭使、有事關中"。馬彪之說蓋是。**二、有祭祀之事。**劉金華（2002）：《左傳》僖公九年："天子有事於文武，使孔賜伯舅胙。"本簡或謂禁苑有祭祀之事，則須以公文書告知當地官府，以使知情。

②傳書：**傳送的公文書信**。再整理者（2001：73）：傳送公文書。睡虎地秦簡《秦律十八種·行書》："行傳書、受書，必書其起及到日月夙莫（暮），以輒相報殹（也）。"一說依簡文10文例："取傳書鄉部稗官"，"傳"釋爲"符傳"亦通。今按："傳書"在這裏應該爲名詞性短語，指需要傳送的公文書信。可參看簡10A"取傳書鄉部稗官"。

縣、道官：**縣和道的主管官府。道，少數民族聚居的縣**（再整理者，2001：73）。整理者（1994：108；1997：32）“縣”“道”之間未點斷，下同。《漢舊儀》：“內郡爲縣，三邊爲道。”整理者（1997：32）：《漢書・百官公卿表》：“列國所食縣曰國，皇太后、皇后、公主所食曰邑，有蠻夷曰道。”

③□□：整理者（1994：108；1997：32）、再整理者（2001：73）脫錄。陳偉主編（2016：16）據殘存筆畫補出。

再整理者（2001：74）：本簡文意似上可與簡 1 相承接，下可與簡 8、簡 9、簡 10、簡 11 等相連，唯缺字太多，已無法作進一步探討。

【今譯】

凡有公務須進入禁苑的，…… 傳送的公文書信，縣、道官府 …… 鄉……Q02_01_007

【釋文】

制：所致縣、道官，必復請之[①]。不從律者，令、丞▨Q02_01_008

【匯釋】

①“制”的斷讀有兩種：**一、在“制”下斷讀**。胡平生（1997）在“制”下加逗號。整理者（1997：39）從胡平生說在“制”下加句號。再整理者（2001：74）在“制”下加逗號，認爲“制”字從上讀。劉釗（2002）認爲“制”後可加冒號。**二、將“制”與後文連讀**。整理者（1994：115）、陳偉主編（2016：16）說。

制，**有三說：一、釋爲“制”，法規規定**。劉釗（2002）：“制”古代可指帝王的命令，又可指制度或法律規定。簡文“制”即制度規定，“制”字下可用冒號。簡文可語譯爲：“法律規定：縣、道官府接收到送達或轉來的文書，必須再次請求復查。不按法律照辦的，縣令、縣丞……”仇潤喜（2014：17）：制：又稱制書，是帝王詔書的一種。古代帝王的命令性言辭稱“命”，秦時改稱爲“制”。唐代，“制”用於大賞罰、大除授、改革舊政、寬赦降俘。宋代專用於拜三公三省等職和罷免大臣。**二、釋爲“制”，意義不明**。再整理者（2001：74）：此處意義不明。**三、釋爲“刻”，將“刻所”連讀，理解爲“驗收租賦之所”**。整理者（1994：115）說。

致：**發送、送達**（再整理者，2001：74）。

請：**請示**。再整理者（2001：74）：睡虎地秦簡《秦律十八種・內史雜》簡 188：“有事請也，必以書，毋口請，毋羈請。”

令、丞：**縣令、縣丞**。

【今譯】

法規規定：所發送到縣、道官府的（文書），必須再次請示復查。不按法律照辦的，縣令、縣丞……Q02_01_008

【釋文】

縣、道官，其傳[①]□☐Q02_01_009

【匯釋】

①傳，**有兩說：一、釋爲“傳”，傳送**。整理者（1997：37）、再整理者（2001：74）釋出。**二、釋爲“傅”**，整理者（1994：113）說。

【今譯】

縣、道官府，其傳送……Q02_01_009

【釋文】

取傳書鄉部稗官[①]。其□及□[②]☐Q02_01_010A

【匯釋】

①鄉部，**有三說：一、鄉的轄區、鄉里**。劉國勝（1997）：漢代鄉的轄區稱鄉部。整理者（1994：106；1997：28）：《漢書・百官公卿表》：“十里一亭，亭有長。十亭一鄉，鄉有三老、有秩、嗇夫、遊徼。”**二、鄉一級官府**。再整理者（2001：75）：鄉部，鄉一級官府。《漢書・貢禹傳》“鄉部私求，不可勝供”，顏注：“言鄉部之吏又私有所求，不能供之。”**三、官職名**。今按：《二年律令・錢律》“盜鑄錢及佐者，棄市。同居不告，贖耐。正典、田典、伍人不告，罰金四兩。或頗告，皆相除。尉、尉史、鄉部、官嗇夫、士吏、部主弗得，罰金四兩”中“鄉部”表官職名，或相當於鄉部嗇夫。可參看。

稗：整理者（1994：106）釋爲“稷”。胡平生（1997）、劉國勝（1997）改釋，整理者（1997：28）從之。

稗官：**小官**。再整理者（2001：75）：《漢書・藝文志》“小說家者流，蓋出於稗官”，顏注引如淳曰：“《九章》‘細米爲稗’，街談巷說，其細碎之言也。王者欲知閭巷風俗，故立稗官使稱說之。”顏師古曰：“稗官，小官。《漢名臣奏》唐林請省置吏，公卿大夫至都官、稗官各減什三，是也。”睡虎地秦簡《秦律十八種・金布律》：“官嗇夫免，效其官而有不備者，令與其稗官分，如其事。”劉國勝（1997）：“稗官”見於睡虎地秦簡《秦律十八種・金布律》簡83，整理小組注“稗官”爲“屬下的小官”。“鄉部稗官”指鄉部鄉佐屬下的小官。趙岩、張世超（2010）：可能指鄉嗇夫，屬吏或兼括二者。馬彪（2013：356）：小官，秘書官。

②“其”下一字，整理者（1997：28）擬釋爲“田”，再整理者（2001：74）

從之。張金光（2004：78）：田與耕種有關。陳偉主編（2016：17）：此字僅存左部小半，是否爲“田”字存疑。

整理者（1997：28）、再整理者（2001：74）將本簡與下簡綴連。陳偉主編（2016：17）：據圖版難以確認兩簡茬口相合，而且下簡“務”下一字處似乎有編繩，如果將兩簡綴連，第一、二道編繩的簡距過長，與其他簡形制不合，文意上也難以確定兩簡的關係，故分置。

【今譯】

從鄉里的小官處領取需要傳送的公文書信……Q02_01_010A

【釋文】

☑□【作】務□[①]☑Q02_01_010B

【匯釋】

①作務，**有兩說：一、從事手工業生產**。整理者（1997：31）：《漢書・尹賞傳》“無市籍商販作務”，王先謙《補注》引周壽昌曰：“作務，作業工技之流”，睡虎地秦簡《秦律十八種・關市律》簡97：“爲作務及官府市。”《爲吏之道》簡29叁：“作務員程。”今按：從秦漢時期的用例看來，“作務”最早表示“從事手工業生產”，大概在唐宋時期開始引申爲表示廣義上的勞作之義。龍崗秦簡中的“作務”也應釋爲從事手工業生產。**二、各種生產活動和工作**。再整理者（2001：75）：睡虎地秦簡《秦律十八種・關市律》簡97：“爲作務及官府市。”整理小組據周壽昌說注爲“從事手工業”，或偏於狹義，似應包括各種生產活動和工作。

“務”下之字，**有三說：一、釋爲“勿”**。整理者（1997：28）說。**二、疑是“焉”字**。陳偉主編（2016：18）：從殘存筆畫看，此字確不是“勿”，或是“焉”字。**三、未釋存疑**。再整理者（2001：75）：此字形體與他簡“勿”字明顯不合。

整理者（1997：28）將本簡與簡272綴合。再整理者（2001：75）認爲本簡與簡272文意不能承接，可能與簡11相綴連。陳偉主編（2016：18）將本簡與簡272分置。

【今譯】

……從事手工業生產……Q02_01_010B

【釋文】

☑于禁苑中者，吏與參辨券[①]☑Q02_01_011

【匯釋】

①參辨券：**可一分爲三的券證**。整理者（1997：33）：睡虎地秦簡《秦律十八

種·金布律》簡80—81："縣都官坐效、計以負償者，已論，嗇夫即以其值錢分負其官長及冗吏，而人與叁辨券，以效少內，少內收責之。"再整理者（2001：75－76）：等分爲三份的券書，一份存檔備查，一份交門衛，一份交進入禁苑的人。參辨券和一分爲二式的券書性質相同，適用於禁苑管理或其他行政管理事務。在懸泉置漢簡裏，使用"楷櫝"收斂死亡士卒，也使用參辨券將死者及遺物送歸故里。張春龍（2007）：里耶校券的形制爲兩面均削成中間高的兩面坡狀，製作時應當是書寫並刻齒後再兩面對半剖開。一號井中的空白校券多爲兩瓣，已剖分，衹有底端兩三釐米相連，也有剖成三分者。陳偉主編（2016：18）：秦漢簡牘中與數目有關的券上，除去文字記錄外，爲防止刮削篡改，還在簡牘的側面進行契刻，不同的刻齒形態對應不同的數字。據對里耶秦簡的最新研究，秦代與漢代表示數字的刻齒形態有很大差異，秦代不同形態刻齒所代表的數字意義已基本可知。刑義田（2016）：單以目前新出牛馬灸識和符券材料看，在這些方面秦尊右，漢尚左應該算是已有若干證據。由此而推，秦代地方郡縣三辨券的左券即應在當事人之手，右和中券應分別在鄉嗇夫、令史或其他主管其事的官吏手上，最後由主管吏將中辨券上呈，藏於縣廷。漢代則相反，右券在當事人，中、左券則在官府之手；如果是兩辨券，左在官，右券交當事人。居延簡中有不少由居延都尉發交金關的符券，全部都是"左居官，右移金關"。

馬彪（2009；2013：229－232）依據居延簡7.31等資料，將簡196A、簡196B、簡11、簡197、簡122依次遙綴，簡文連讀作："黔首……不幸死，未葬……于禁苑中者，發與三辨券……者棺葬具，吏及徒去辨……盜楷櫝，罪如盜□□□□□□□□□□□▨。"

【今譯】

（因事務需要）到禁苑中去的人，官吏發給他可一分爲三的券書作爲憑證……Q02_01_011

【釋文】

有不當入而闌入[①]，及以它誰（詐）僞入而□□□▨Q02_01_012

【匯釋】

①不當入：**依法不得進入**。再整理者（2001：76）：《漢書·王嘉傳》顔注："嘉掌守殿門，止不當入者，而失闌入之，故坐免也。"本簡殘缺闌入的地方。秦漢法律根據闌入的禁地的重要程度，處以輕重不同的刑罰。如漢律規定，闌入宮門爲城旦，闌入殿門棄市，闌入禁苑較宮門輕二等。

【今譯】

有依法不得進入而擅自闖入，以及使用其他欺騙作僞的方式進入……Q02_01_012

【釋文】

盜入禁苑□[①]▨Q02_01_013

【匯釋】

①盜入禁苑，**有兩説：一、以偷盜爲目的進入禁苑**。再整理者（2001：76）：疑指以偷盜爲目的而進入禁苑，似與“闌入”有别，簡20“以盜入禁”可能與簡21“苑律論之”連讀，是“盜入禁苑”有法律明文懲處。**二、偷偷進入禁苑**。李明曉、趙久湘（2011：12）：“盜”或指偷偷，“盜入”指偷偷進入。

【今譯】

以偷盜爲目的而進入禁苑……Q02_01_013

【釋文】

六寸符皆傳[①]▨Q02_01_014A

【匯釋】

①六寸，整理者（1994：109）以爲是一個字，云：字下部从“寸”，疑“奪”字。胡平生（1997）改釋，整理者（1997：32）從之。陳偉主編（2016：20）：龍崗簡的形制是留有天頭和地腳。本簡“六”字的上部位於天頭，下部因編繩所壓而殘泐，與“寸”的間距較小，疑是訛脱而後補之字。

六寸符：**符之制，長六寸**。胡平生（1997）：六寸符，乃符之定制。《史記·秦始皇本紀》記：“數以六爲紀，符、法冠皆六寸。”漢用秦制，漢簡中“六寸符”文例習見。

傳：整理者（1997：32）釋爲“貲”，再整理者（2001：76）改釋爲“傳”。

胡平生（1997）：本簡可能是對六寸符損壞、遺失或借與他人等行爲，罰出甲、盾之類的懲處規定。

【今譯】

六寸長的符……Q02_01_014A

【釋文】

▨□□□□▨Q02_01_014B

【釋文】

▨□□▨Q02_01_014C

【釋文】

從皇帝而行及舍禁苑中而□□□□□①▨Q02_01_015A

【匯釋】

①從：**隨從**（再整理者，2001：77）。

皇帝：**帝王**。整理者（1997：31）：《史記·秦始皇本紀》："採上古'帝'位號，號曰皇帝。"再整理者（2001：77）：秦王嬴政二十六年初併天下，改尊號曰"皇帝"。

舍：**住宿、休息**。再整理者（2001：77）：《莊子·山木》"舍於故人之家"，成玄英疏："舍，息也。"

"中"，整理者（1997：31）、胡平生（1997）釋出。

"中"下一字，**有三說：一、釋爲"而"**。陳偉主編（2016：20）據紅外影像改釋爲"而"。**二、釋爲"者"**。胡平生（1997）、再整理者（2001：77）釋爲"者"字。**三、未釋**。整理者（1997：31）未釋。

"而"下第一字，**有三說：一、疑是"有"字**。陳偉主編（2016：20）：字形下部與"皆"字有别，或疑是"有"字。**二、疑是"皆"字**。胡平生（1997）、再整理者（2001：77）疑是"皆"字。**三、未釋**。整理者（1997：31）未釋。

"而"下第二字，**有三說：一、疑是"授"字**。胡平生（1997）說。再整理者（2001：77）從之，認爲本簡殘缺的文字可能是授予准許進入禁苑的憑證之類的內容。**二、釋爲"發"**。趙平安（1999）認爲此字應釋"發"，下部从"支"，《戰國縱橫家書》85"發"字下部从"支"，與此同。**三、釋爲"癹"**。整理者（1997：31）隸定爲癹，疑是"癹"字之誤，讀爲"芟"，訓爲"修除，芟掃"。認爲簡文或爲有關皇帝舍禁苑而芟掃道路的律文。

"而"下第三字，陳偉主編（2016：20）疑是"焉"字，可比照簡195"焉"。

陳偉主編（2016：20）：從圖版看，本簡在"中而"下第四字之後有殘斷，整理者、再整理者均將之與另外一段殘簡綴合，綴合處上下兩段殘簡均有筆畫，但不成字，恐綴合有誤。茲分置。

【今譯】

隨從皇帝出行並在禁苑中休息……Q02_01_015A

【釋文】

▨其非①▨Q02_01_015B

【匯釋】

①其非：整理者（1997：31）、再整理者（2001：77）未釋，陳偉主編（2016：20）據紅外影像釋出。

【釋文】

皇帝□[1]，將者令徒[2]☐Q02_01_016

【匯釋】

①“帝”下一字，**有三說：一、疑是“邋”字**。陳偉主編（2016：21）：此字形體與“過”有別，而與簡203“邋（獵）”似是同一字。**二、釋爲“過”**。再整理者（2001：77）：通過，可能指皇帝通過某處，如馳道等。**三、未釋**。整理者（1994：108；1997：31）。

②將：**帶領**（再整理者，2001：78）。

徒：**服徭役者**。再整理者（2001：78）：《荀子・王霸》“人徒有數”，楊倞注：“人徒，謂胥徒，給傜役者也。”或說指刑徒。《史記・陳涉世家》：“秦令少府章邯免酈山徒。”陳偉主編（2016：21）：或指傜徒，或指士卒。

【今譯】

皇帝……帶領者命令服傜役的人……Q02_01_016

【釋文】

亡人挾弓、弩、矢居禁中者，棄市。[1]☐Q02_01_017

【匯釋】

①亡人：**逃亡的奴婢和罪犯**（胡平生，1997）。陳偉主編（2016：21）：張家山漢簡《二年律令》有《亡律》（簡157—173），可參看。

挾，**有三說：一、釋爲“挾”，攜帶、挾持**。胡平生（1997）：《說文》手部：“挾，俾持也。”段注：“俾持，謂俾夾而持之。亦部夾下曰：盜竊懷物也。俗謂蔽人俾夾。然則俾持正謂藏匿之持，如今人言懷挾也。”再整理者（2001：78）：攜帶，挾持。《漢書・王莽傳》：“民不得挾弩。”**二、釋爲“迹”，蹤迹**。整理者（1994：107）說。**三、釋爲“捇”，“掖”字之訛，藏掖**。整理者（1997：29－30）：應是“掖”字而字形稍訛。《後漢書・張衡傳》“禮至以掖國作銘”，李賢注：“掖謂挾之而投於城外也。”後世以“藏掖”爲辭，簡文“掖”的用法略與之同。

居：**處於，停留**（再整理者，2001：78）。

市：整理者（1994：107；1997：29）未釋，胡平生（1997）釋出。

棄市：**在市場中當眾處死**。再整理者（2001：78）：《釋名・釋喪制》：“市死曰棄市。市，眾所聚，言與眾人共棄之也。”整理者（1997：29－30）：《禮記・王制》：“刑人於市，與眾棄之。”《漢書・景帝紀》顏注：“棄市，殺之於市也。”睡虎地秦簡《法律答問》簡71：“士五甲無子，其弟子以爲後，與同居，而擅殺之，當棄市。”又簡172：“同母異父相與奸，可（何）論？棄市。”

今按：關於秦代棄市具體的行刑方式，主要有兩種看法：一、認爲秦代棄市爲斬刑。沈家本（1985：139）：《周禮・掌戮》："掌戮掌斬殺賊諜而搏之。"鄭玄注曰："斬以鈇鉞，若今要斬也，殺以刀刃，若今棄市也。"是漢之棄市乃斬首之刑。《高紀》："偶語者棄市。"索隱："按《禮》云'刑人於市，與眾棄之'，故今律謂絞刑爲棄市是也。"此秦法也，秦法棄市爲何等？刑書無明文，以漢法推之，當亦斬刑。魏晉以下，棄市爲絞刑。程樹德在《九朝律考》一書中認爲從秦漢直至魏晉，棄市始終是斬刑。二、認爲秦代棄市爲絞刑。張建國（1996）：秦漢的棄市指絞殺。曹旅寧（2000）：天水放馬灘1號秦墓出土的《墓主記》記載"丹"被棄市後又復活，證明秦代棄市非斬首之刑，比較合理的解釋就是絞刑，因此丹雖被絞但未氣絕。李均明（2003B）：先秦已經有絞刑，秦漢時期改稱爲"棄市"。

【今譯】

逃亡的奴婢和罪犯攜帶弓、弩、矢待在禁地的，（按律判刑）在市場中當眾處死……Q02_01_017

【釋文】

城旦舂[①]。其追盜賊、亡人，追盜賊、亡人出入禁苑，【追】者得□□[②]
▨Q02_01_018

【匯釋】

①城旦舂，整理者（1994：117；1997：42）皆連下讀，再整理者（2001：79）在連下讀時指出：一説"城旦舂"下點讀，三字從上讀。陳偉主編（2016：22）在"城旦舂"下點斷，從上讀。

城旦舂：**刑徒名，男子爲城旦，女子爲舂**。再整理者（2001：78－79）：《漢舊儀》："城旦者，治城也；女爲舂，舂者，治米也，皆作五歲。完，四歲。"整理者（1997：28）：《漢書・惠帝紀》："有罪當刑及當爲城旦、舂者，皆耐爲鬼薪白粲"，顏注引應劭曰："城旦者，旦起行治城；舂者，婦人不豫外徭，但舂作米，皆四歲刑也。"《史記・秦始皇本紀》集解引如淳曰："《律説》：'論決爲髡鉗，輸邊築長城，晝日伺寇虜，夜暮築長城。'城旦，四歲刑。"李偉民（1998：2021）：秦漢時強制犯人修築城牆和舂米勞役的刑罰。男犯修築城牆，叫作"城旦"；女犯舂米，叫作"舂"。城旦舂按附加刑的不同，分爲三類：第一類，完城旦舂。即僅剔去鬢須，不再施加其他肉刑。第二類，刑城旦舂。又分黥城旦舂、黥劓城旦舂。第三類，髡鉗城旦舂。即剃髮，頸項帶刑具鐵鉗。關於城旦舂的刑期有四歲刑和五歲刑之説，眾説不一。秦漢時城旦舂不限於築城、舂米，也從事其他勞動。北周始定名爲徒，隋唐以後，各代沿用徒刑之名。

②賊：整理者（1997：117）釋爲"貣"，下一"賊"字同，云：《説文》貝部："從人求物也。"胡平生（1997）改釋爲"賊"，整理者（1997：42）從之。

盜賊，**有三説：一、竊賊與強盜**。再整理者（2001：79）説。云：《晉書・刑法志》：“無變斬擊謂之賊……取非其物謂之盜。”**二、盜和賊同義**。劉進有（2016）：先秦時，盜和賊的含義沒有絕對界限。有時，盜還具有賊的含義。如《尉繚子·武議》提到：“夫殺人之父兄，利人之貨財，臣妾人之子女，此皆盜也。”**三、盜賊包括羣盜、強盜和賊殺傷人者**。陳偉主編（2016：22）：《二年律令》簡140—141：“羣盜殺傷人、賊殺傷人、強盜，即發縣道，縣道亟爲發吏徒足以追捕之，尉分將，令兼將，亟詣盜賊發及之所，以窮追捕之，毋敢□界而環（還）。”對讀上文，可見“盜賊”包括羣盜、強盜和賊殺傷人者。

人，整理者（1997：42）、胡平生（1997）釋出。

追，**有三說：一、釋爲“追”，追捕**。陳偉主編（2016：23）釋出，云：《二年律令》簡183：“捕罪人及以縣官事徵召人，所徵召、捕越邑、里、官、市院垣，追捕、徵者得隨迹出入。”簡494—495：“相國、御史請緣關塞縣道羣盜、盜賊及亡人越關垣、離（籬）格（落）、塹、封、刊，出入塞界，吏卒追逐者得隨出入服迹窮追捕。”可比看。今按：原簡圖版中此字“辶”字底比較清楚，釋“追”應無疑。**二、釋爲“亡”，逃亡**。整理者（1994：117）說。**三、疑是“耎”字，禁苑的壖地**。胡平生（1997）、再整理者（2001：79）說。

“得”下之字，**有三說：一、“得”下蓋爲“隨迹出入”“隨出入”一類文字**。陳偉主編（2016：23）認爲比照《二年律令》簡183、簡491，“得”下蓋爲“隨迹出入”“隨出入”一類文字。**二、“得”後一字是“逋”字**。胡平生（1997）說。**三、“得”後或是“逋逃”等字**。再整理者（2001：79）：“得”後第一字从“辵”旁，或是“逋逃”等字。

【今譯】

……城旦舂。其追捕竊賊、強盜和逃亡者，在追捕竊賊、強盜和逃亡者的過程中，進出禁苑，追捕者能抓到……Q02_01_018

【釋文】

=追捕之①。追事已，其□禁（?）□□□當□□□□☐②Q02_01_019

【匯釋】

①=：整理者（1997：21）釋文作“□=”，認爲“=”前面還有一字。再整理者（2001：79）：此處有一重文號。陳偉主編（2016：23）：這一符號當承上簡末字而來，表示重文抑或合文不明。

②“其”字下，整理者（1997：21）釋作“其矢其□□罪當□□□□☐”。再整理者（2001：79）釋作“其在（?）禁（?）□□當出（?）者（?）將（?）出（?）之（?）☐”。陳偉主編（2016：23）：據圖版，本簡在“其”字之下的第三字處有殘斷，整理者、再整理者作有拼綴，但茬口未能密合，拼接是否可靠難以肯定，姑從之。“當”字之上有編繩，編繩之上一字下部不清晰，上部與“而”字很接近。

如果“而”是作爲偏旁，或與“耎”字有關。

再整理者（2001：79）：下簡有可能與本簡相綴合，但茬口不合。兩斷簡文字意義上可以承接：追捕盜賊的公事結束後，應當立即離開禁苑，如果不及時離開，以盜入禁苑的有關法律論處。陳偉主編（2016：23）：本簡疑與上簡相次。前揭《二年律令》簡 494—495 後云：“事已，得道出入所出入，盈五日不反（返），伍人弗言將吏，將吏弗劾，皆以越塞令論之。”可參看。

【今譯】

對他加以追捕，追捕之事結束後，其……禁……當……Q02_01_019

【釋文】

吏具伍①，亟入②。事已③，出，Q02_01_068【吏】復閱具徒④。徒有Q02_01_181少不出者⑤，以盜入禁Q02_01_020苑律論之。伍人弗言□與同【罪】⑥。☐Q02_01_021

【匯釋】

①具：**辦理，具備**。再整理者（2001：99）：此處指做好相應的準備，即辦理好入門的手續。《廣韻》遇韻：“具，備也，辦也。”《淮南子·原道》：“小大修短，各有其具。”高誘注：“具，猶備也。”陳偉主編（2016：24）：此處“具”的對象是“伍”。

伍，**有兩説：一、釋爲“伍”，古代軍隊的編制，五人爲一隊**。陳偉主編（2016：24）據紅外影像改釋爲“伍”。《二年律令》簡 140—143：“吏將徒，追求盜賊，必伍之。”簡 494—495：“相國、御史請緣關塞縣道羣盜、盜賊及亡人越關垣、離（籬）格（落）、塹、封、刊，出入塞界，吏卒追逐者得隨出入服迹窮追捕。令將吏爲吏卒出入者名籍，伍以閱具，上籍副縣廷。事已，得道出入所出入，盈五日不反（返），伍人弗言將吏，將吏弗劾，皆以越塞令論之。”可參看。**二、釋爲“必”，一定，與“亟入”連讀**。整理者（1997：31）、再整理者（2001：99）説。

②亟入：**亟，趕快。入，指進入皇家禁地**（再整理者，2001：99）。

③事已：**工作完畢**（再整理者，2001：99）。

④吏，**有三説：一、釋爲“吏”，官吏**。陳偉主編（2016：24）：此字上部殘，據文意擬釋爲“吏”。**二、釋爲“史”，意義不明**。整理者（1997：44）説。**三、未釋**。再整理者（2001：129）。

閱具：整理者（1997：44）、陳偉主編（2016：24）連讀。再整理者（2001：129）於其間加頓號。

閱具：**按伍查點人數**（彭浩、陳偉、工藤元男，2007：311）。陳偉主編（2016：24）：“閱具”一詞，前揭《二年律令》簡 495“伍以閱具”，整理小組注云：“閱具，《漢書·朱博傳》音義引《字林》：‘數也。’”今按：《詩經·谷風》：“我躬不閱，遑恤我後。”《管子·度地篇》：“常以秋歲末之時閱其民。”閱，都有認識、檢查的意義。《小爾雅》："閱，具也。"《說文》："閱，具數於門中也。"《廣雅》："閱，數也。" 這裏用爲在門內考察、計算事物之義，可參看。

徒，**有兩說：一、吏的隨從**。吳美嬌（2015）說。**二、士卒**。陳偉主編（2016：91）：睡虎地秦簡《封診式·遷子》"令吏徒將傳及恒書一封詣令史"，整理小組注："吏徒，押解犯人的吏和徒隸。" 里耶秦簡 8－1517 也有"吏徒"語，陳偉等（2012，前言 3、344－345）認爲"吏徒"指軍吏和士卒，與"吏卒"相當。今按：本簡中的"徒"或許相當於後世所言的差役。在其他出土文獻中"吏徒"一詞也經常出現，在這些用例中"吏徒"中的"徒"可以從事文書傳遞工作，如睡虎地秦簡《封診式·遷子》："令鋈丙足，令吏徒將傳及恒書一封詣令史，可受代吏徒，以縣次傳詣成都，成都上恒書太守處，以律食。" 能夠追捕盜賊，維護縣內治安，如張家山漢簡《二年律令·捕律》簡 140—143："……吏將徒，追求盜賊，必伍之，盜賊以短兵殺傷其將及伍人而毋能捕得，皆戍邊二歲……" 能管理官家牲畜，如張家山漢簡《二年律令·田律》簡 253—254 云："馬、牛、羊、𩢸彘、彘食人稼穡，罰主金馬、牛各一兩。四𩢸彘若十羊彘當一牛，而令撟稼償主。縣官馬、牛、羊，罰吏徒主者……" 而龍崗秦簡中提到的"徒"有時要宣讀文書，對禁苑進行巡視，如簡 66"令吏徒讀徼行□☑"；有時還要處理禁苑內人員的喪葬事宜，如簡 197"者棺葬具，吏及徒□辨☑"。如此再將"吏徒"中的"徒"解釋爲"士卒"已經不能涵蓋所有文例了。筆者認爲"吏徒"中的"徒"常常隨"吏"一起從事各類工作，行動比較自由，他們的身份也並不是刑徒，或許相當於後世所言的差役（即封建時代派民戶輪流供官府驅使的徭役），其承擔的工作比較繁多瑣細。

⑤少：整理者（1997：33）、再整理者（2001：79）未釋。陳偉主編（2016：24）：簡文寫作"尐"。上端稍殘，大致可辨。

⑥伍人：整理者（1994：110）釋爲"匿入"。劉國勝（1997）改釋，整理者（1997：33）改從之。

伍人：**編在同伍中的人**。再整理者（2001：80）：古代軍隊以五人爲伍，戶籍以五戶爲伍，編在同伍的人叫伍人。伍伍作保，相互監督，一人有罪，伍人連坐。《漢書·尹賞傳》："乃部戶曹掾史，與鄉吏、亭長、里正、父老、伍人……" 顏注："五家爲伍。伍人者，各其同伍之人也。"《史記·商君列傳》："令民爲什伍，而相牧司連坐。" 又睡虎地秦簡《法律答問》："可（何）謂'四鄰'？'四鄰'即伍人謂也。" 陳偉主編（2016：25）：這裏"伍人"即承上文"吏具伍"而言。

"與"上一字甚殘，劉國勝（1997）釋爲"者"，再整理者（2001：80）從之並在其下加逗號。

罪，**有兩說：一、釋爲"罪"，處罰**。整理者（1994：110；1997：33）說。陳偉主編（2016：25）：此字左半殘缺，不過大體可以肯定上部从"网"，下部殘筆與"非"字亦相合，整理者所釋當可信。**二、釋爲"灋"，法律**。再整理者（2001：80）釋出，云：與同法，法律習語，與犯罪者連坐，按同罪處置。《法律答問》簡 20："律曰'與盜同法'，又曰'與同罪'，此二物其同居、典、伍當坐之。"

與同罪：**判處相同的處罰**。朱紅林（2008：104－116）："與同罪"與"與同灋"看似相近，實際上差别很大。"與同灋"强調的是適用法律的相同，而"與同罪"强調的則是適用處罰的相同。"與同罪"是在適用同一法律的前提下進行的判處，"與同灋"則是在原本不適用同一法律的前提下進行的判處。"與同灋"隱含的一個前提是，相比附的兩個案例各自與之相適應的法律條文本已存在，至少司法機關已經認識到兩者應該有各自與之相適應的法律條文，但爲了對此案例從重判處，而特意採用與彼案例相適應的法律條文對此案例進行判處。

整理者（1997：33－34）：簡20與簡21文意可連續。再整理者（2001：79）：簡20可能與簡21比連。再整理者（2001：99）：簡68內容與簡19、簡20、簡21相近，可參看。陳偉主編（2016：25）：簡68、簡181、簡20大致可拼合成一枚整簡，衹是"吏""少"二字首端略有殘損。而在該簡復原後，其與簡21前後銜接的關係也更加明顯。

【今譯】

官吏爲以五人爲伍的隨從人員辦理好（進入禁苑的手續），一定要盡快進入皇家禁苑。工作完成後離開，Q02_01_068吏再次按伍查點人數，發現Q02_01_181隨行人數減少有未出來的，以偷入禁苑Q02_01_020的相關法律治罪。編在同伍中的其他人不說出是誰，與之有相同的處罰。Q02_01_021

【釋文】

智（知）請（情）入之[①]，與同罪。☐Q02_01_022

【匯釋】

①智請：**讀如"知情"，了解內情**。再整理者（2001：80）：知情，法律用語，指了解內情。《唐律疏議·雜律》："諸詐乘驛馬，加役流；驛關等知情，與同罪。"整理者（1994：112；1997：36）：智，知。或謂"知請"讀如"知情"。胡平生（1997）：當讀如"知情"。張家山漢簡《奏讞書》"言請"即"言情"，"非請"即"非情"。

【今譯】

了解內情（即進入禁地者是不應進入的），卻聽任其進入，知情人與犯法者判處相同處罰。Q02_01_022

【釋文】

毆（驅）入禁苑中[①]，勿敢擅殺[②]。擅殺者☐Q02_01_023

【匯釋】

①毆：**古"驅"字，驅趕**。整理者（1997：29）：古驅字。《周禮·夏官·方相氏》："以索室毆疫。"睡虎地秦簡《日書》甲簡157背—158背："毆其央，去其不祥。"再整理者（2001：81）：《說文》："毆，古文驅，从攴。"段注："鞭、箠、策所以施於馬而驅之也，故古文从攴。"陳偉主編（2016：26）：《廣雅·釋宫》："驅，犇也。""犇"，奔的古字。

②擅殺：**非法擅自殺死**。再整理者（2001：81）：睡虎地秦簡《法律答問》簡69："擅殺子，黥爲城旦舂。"本簡前文已殘缺，疑被"驅入禁苑，勿敢擅殺"的是"官私馬牛"之類的家畜。劉金華（2002）：疑本簡意爲苑外野獸入禁苑中，便不可殺，擅殺者必罪之。

【今譯】

……被驅趕進入禁苑中，不得擅自殺死。擅自殺死者……Q02_01_023

【釋文】

☐□僞假人縣[①]☐Q02_01_024

【匯釋】

①"僞"上一字，整理者（1997：23）與再整理者（2001：81）脫錄。陳偉主編（2016：26）補出，云：據紅外影像，該字尚存一斜筆的末端。簡文數見"詐（詐）僞"一詞，"詐"字所从"乍"旁斜筆的下端與該字殘存筆畫一致。疑該字即"詐（詐）"。

人，**有兩說：一、釋爲"人"，他人**。陳偉主編（2016：26）說，云：睡虎地秦簡《秦律十八種·工律》簡104—107："毋擅叚（假）公器，者（諸）擅叚（假）公器者有罪，毀傷公器及□者令賞（償）。"本簡蓋云以詐僞方式把縣官器假予他人。**二、釋爲"入"，進入**。整理者（1997：23）與再整理者（2001：81）說。

【釋文】

☐禁苑田傳[①]☐Q02_01_025

【匯釋】

①田傳：**田地傳簿**。張金光（2004：78）將本簡與10A號簡"取傳書鄉部稗官。其□及□☐"聯繫起來，云：鄉部田官可簽發傳書，這個傳書就包括了"禁苑田傳"在內，是到苑中從事耕田農事等活動的合法憑證。持此入禁苑，勿論其罪。今按：張金光的說法有其道理，但簡10A與簡25能否連綴還存在問題，難成定說。"傳"有"書傳"之義，"禁苑田傳"中的"田傳"可能是指記錄禁苑田地數量、優劣等的傳簿。與簡151"田及爲詐（詐）僞【寫田】籍，皆坐臧（贓），與盜□

☐”中官府對各戶占有土地情況做登記的“田籍”性質相同，都是官府掌握土地情況的憑證。

整理者（1997：40）將簡25、簡51、簡203、簡271綴連，其文曰：“𤰈而爭而不剋者☐禁苑田傳☐爲城旦☐官□☐。”再整理者（2001：81）認爲四個殘片拼在一起，茬口不吻合，意義不相接，今分別編號，陳偉主編（2016：26）從之。

【今譯】

……（記錄）禁苑田地數量、優劣等的傳簿……Q02_01_025

【釋文】

沒入其販假殹（也）錢財它物于縣、道官。[①]☐Q02_01_026

【匯釋】

①沒入：**沒收**（再整理者，2001：81）。

販假，**有三說：一、“假”讀爲“賈”，“販賈”表買賣義**。湯志彪、孫德軍（2011）：“假”讀爲“賈”，“販賈”就是買賣的意思，在簡文裏應該是指買賣的物品。史書有“販賈”一詞。《史記·大宛列傳》：“大夏民多，可百餘萬。其都曰藍市城，有市販賈諸物。”那麽，上引簡文當理解爲，“沒入其”買賣的物品，而錢財及它物也一併收繳給縣、道官。張家山漢簡《二年律令·市律》有“市販匿不自占租，坐所匿租臧與盜，沒入其所販賣及賈錢縣官，奪之利”的話，其中“沒入其所販賣”一句，恰可與本簡對照。**二、販是指買賤賣貴；假是指租賃**。整理者（1997：36）：販假，又見簡169。《說文》：“販，買賤賣貴者。”趙平安（1999）：販，此處用爲動詞，是“買賤賣貴”的意思。“假”可以理解爲“租賃”。**三、販是指出賣；假是指出借**。再整理者（2001：81）說。

殹：整理者（1997：36）、再整理者（2001：81）在“殹”後皆加逗號，與下文斷開。陳偉主編（2016：27）將“殹”與下文連讀，云：這裏的“殹”相當於用於句中的“也”字，應與下文連讀。

【今譯】

沒收其買賣所獲得的錢財及其他的物品，交給縣、道官府。Q02_01_026

【釋文】

諸禁苑爲耎（壖）[①]，去垣卌里[②]，禁毋敢取耎（壖）中獸[③]，取者□罪□盜禁中【獸】[④]。☐Q02_01_027

【匯釋】

①爲：**設置，建造**（再整理者，2001：82）。

堧：**隔離地帶**。胡平生（1997）：通“堧”，亦作“甄”“壖”。本指城邊或河邊的空地，後特指宮殿、宗廟、禁苑等皇家禁地的墻垣外專設的，作爲“隔離地帶”的一片空地，壖地邊緣，或建有墻垣。

②垣，**有兩說：一、釋爲“垣”，墻垣**。胡平生（1997）：“去□卌里”，似可理解爲禁苑外圍的隔離縱深四十里，所闕之字，很可能是指禁苑的墻垣。陳偉主編（2016：27）：據圖版和紅外影像，大致可辨是“垣”字，可比照簡 39“垣”。**二、釋爲“苑”，禁苑**。整理者（1994：106－107；1997：29）：原簡“苑”字漫漶，據殘存墨痕及上下文酌定。再整理者（2001：82）亦釋爲“苑”。

③禁毋：**不准**。關於“禁”字的**連讀問題，主要有兩種看法：一、將“禁”字屬下讀**，再整理者（2001：82）說。陳偉主編（2016：27）：再整理者的斷讀當是。馬王堆帛書《五十二病方》238 行：“服藥時禁毋食彘肉、鮮魚。”張家山漢簡《二年律令・田律》簡 249：“禁諸民吏徒隸，春夏毋敢伐木山材。”爲類似表述。今按：張家山漢簡《二年律令・津關令》簡 493：“□、制詔御史，其令諸關，禁毋出私金器、鐵。其以金器入者，關謹籍書。出，復以閱，出之。籍器、飾及所服者不用此令。”亦可參看。**二、將“禁”字屬上讀**，整理者（1997：29）說。楊懷源、孫銀瓊（2010）亦將“禁”字屬上讀，認爲“禁”是對“諸禁苑爲壖，去苑卌里”的說明，“禁”與後文連讀則語義矛盾。

④“取者”下一字，**有兩說：一、釋爲“其”**。胡平生（1997）釋作“其”，再整理者（2001：82）從之。今按：從殘存字形來看，更似“其”字。**二、疑爲“有”字**。陳偉主編（2016：27）：此字形殘泐，已不可辨。依文意，或是“有”。

罪：**罪行**。整理者（1997：29）：睡虎地簡“罪”皆作“辠”，而龍崗簡一律作“罪”。《說文・辛部》：“秦以辠似皇字，改爲罪。”段注：“始皇易形聲爲會意。”龍崗簡較睡虎地簡時代爲晚，知許慎之說有據。

“罪”下一字，**有兩說：一、疑爲“比”字**。陳偉主編（2016：28）：據紅外影像，疑是“比”，比照義。睡虎地秦簡《法律答問》簡 72：“臣強與主奸，可（何）論？比毆主。鬭折脊頸骨，可（何）論？比折支（肢）。”可參看。**二、釋爲“與”字**。胡平生（1997）說，再整理者（2001：82）亦釋作“與”。

獸，**有三說：一、釋爲“獸”**。陳偉主編（2016：28）：此字圖版簡面完整，但是筆畫殘泐嚴重。與同簡上文“獸”字相比，兩字的左上部形體比較接近，頗疑此字也是“獸”。**二、釋爲“同”**。胡平生（1997）：“中”下可試補“同”字。再整理者（2001：82）亦釋爲“同”。**三、未釋**。整理者（1994：106；1997：29）。

【今譯】

各禁苑外圍都設有隔離地帶，距禁苑墻垣四十里（爲禁區），不准獵取隔離地帶內的野獸，在其中狩獵者……（與）獵取禁苑中野獸的同罪……Q02_01_027

【釋文】

諸禁苑有耎（壖）者，□去耎（壖）廿里①，毋敢毒〖殺魚〗，敢毒殺【魚】□②▨Q02_01_028

【匯釋】

①“去”上一字，**斷讀有兩說：一、屬下讀。**劉國勝（1997）：疑是“與”字，屬下讀。陳偉主編（2016：28）也將其屬下讀。**二、屬上讀。**整理者（1997：30）說。

②毒，**有四說：一、釋爲“毒”，毒殺。**劉釗（2002）：此字釋爲“毒”，“毒殺”指毒殺野獸而言。“每”字和“毒”字在秦漢時期的寫法極爲接近，“毒”衹比“每”字多出一横，所以“每”“毒”常常相混。古代田律中經常有禁止毒殺野獸的律令，如《周禮・迹人》“禁麛卵者與其毒矢射者”，睡虎地秦簡《秦律十八種・田律》（簡4—5）“毋……毒魚鱉”。于明青（2007：21）：毋敢“毒殺”是指禁止用投毒方式捕殺野獸。陳偉主編（2016：28）：釋“毒”可信。張家山漢簡《二年律令・田律》簡249記有“毋毒魚”。**二、釋爲“每”，假作“罺”，網繩。**整理者（1997：30）說，云：《說文》网部：“罺，网也。”**三、釋爲“每”，讀作“謀”，謀求。**劉國勝（1997）：“每”當讀作“謀”，意爲謀求、貪求。再整理者（2001：83）：每，疑讀爲“謀”，圖謀，謀劃。**四、釋爲“每”，貪冒。**馬彪（2013：345）：《史記・伯夷列傳》司馬貞索隱：“每者，冒也，即貪冒之義。”

“敢毒”二字均有重文號。劉信芳、梁柱（1990）認爲“殺”右下也應有重文符，因該簡右邊有殘而脫。整理者（1997：30）按無重文號處理。再整理者（2001：83）亦認爲“殺”字下應有重文號，簡中漏寫。

魚，**有兩說：一、釋爲“魚”。**陳偉主編（2016：28）：字殘泐，據紅外影像，上部殘筆畫與“魚”相近，當即“魚”字。**二、釋爲“獸”。**劉國勝（1997）說。今按：結合文意和殘缺字形，此字或是“獸”字。

【今譯】

各禁苑有壖墻（作爲隔離地帶）的，距壖墻二十里範圍内，不得毒殺魚……膽敢毒殺魚……Q02_01_028

【釋文】

射耎（壖）中者【禁入】㈠之□有□□殹（也）□□□其□①▨Q02_01_029

【校記】

（一）“者”下二字，諸家皆未釋。放大來看，第一個字下部還有兩斜横，整個字形與“禁”相似，後一字則似“入”的殘筆。簡文語意或爲：“射壖中獸者禁止其入内取獸……”文意可參看簡27：“諸禁苑爲耎（壖），去垣卌里，禁毋敢取耎

（壖）中獸，取者□罪□盜禁中【獸】。”

【匯釋】

①者，**有三說：一、釋爲“者”**。陳偉主編（2016：29）：殘筆頗似“者”字。“射壖中者”，疑指在壖中射獵者。**二、釋爲“獸”**，整理者（1997：30）說。**三、未釋**。再整理者（2001：83）。

“毆”下一字，整理者（1997：30）釋爲“瀀”。

【釋文】

時來鳥[①]，黔首其欲弋射耎（壖）□者勿禁[②]。Q02_01_030

【匯釋】

①時：**時節**（再整理者，2001：83－85）。

鳥，**有三說：一、釋爲“鳥”**。再整理者（2001：83－85）：裘錫圭先生指出，簡文“鳥”字的寫法與睡虎地秦簡“鳥”相似。鳥飛來，似指秋末冬初候鳥由北方飛往南方。《呂氏春秋·仲秋紀》：“涼風生，候鳥來。”**二、釋爲“膢”**。整理者（1997：30）：“膢”，祭名，又稱“貙膢”，一作“貙劉”。《說文》肉部：“膢，楚俗以二月祭飲食也。”二月，《御覽》卷三十三引作“十二月”。《風俗通義·祀典》膢：“楚俗常以十二月祭飲食也。”膢祭時間因地而宜，並不固定。秦代膢祭時間不詳，或在冬季。**三、字从“鳥”从“水”**。胡平生（1997）：此字从“鳥”从“水”，字書未見。在甲骨卜辭中，常見“來艱”“亡來艱”的貞問，簡文可能與“艱”有關。

②弋射：**用帶繩的箭矢射**。《詩·鄭風·女曰雞鳴》：“弋鳥與雁。”疏：“謂繩繫矢而射也。”（再整理者，2001：83）

“耎”下一字，**有兩說：一、釋爲“獸”**。整理者（1997：30）與再整理者（2001：83）皆釋作“獸”。**二、疑爲“外”字**。陳偉主編（2016：29）說。今按：通過字形對比，此字整體筆畫走勢與龍崗秦簡中的“外”相差很大，右部更似“犬”，應爲“獸”字。

原簡在“獸”字下折斷，整理者（1997：30）與再整理者（2001：83）綴合。陳偉主編（2016：29）：拼接處茬口不能吻合，但是文意似可通，姑從之。

【今譯】

……按時節飛來的鳥，百姓想在禁苑隔離地帶用帶繩的箭矢射鳥獸的，不要禁止。Q02_01_030

【釋文】

諸弋射甬道、禁苑外□□□[①]，去甬道、禁苑□☑Q02_01_031

【匯釋】

①甬道，**有兩說：一、指弩道**。整理者（1994：111；1997：34－35）：《史記·秦始皇本紀》“築甬道”，正義引應劭曰：“謂於馳道外築墻，天子於中行，外人不見。”簡文甬道用於弋射，似不應有墻。或者弋射甬道爲甬道之一種，較有墻之甬道不同。整理者（1997：35）：簡文甬道用於弋射，應是有齊肩之矮墻作弋射之憑藉，兼作掩體之用，類似於長城上之女墻。或者闕地爲道。胡平生（1997）：整理者連讀“弋射甬道”爲一詞，認爲甬道用於弋射，並懷疑舊注甬道有墻之說，猜測另有一種“弋射甬道”，是句讀錯誤所致。簡文應指在甬道和禁苑外進行弋射。曹旅寧（2002：168）：禁苑中修築的“弋射甬道”，可能就是弩道。**二、築有隔墻的、專供皇帝車輛行走的大道**。再整理者（2001：84）：《史記·秦始皇本紀》“築甬道”，集解引應劭曰：“築垣墻如街巷。”正義引應劭曰：“謂於馳道外築墻，天子於中行，外人不見。”

“外”下三字，有三種說法：**一、存疑**。陳偉主編（2016：30）：三字不清晰，存疑。**二、將第三字釋爲“縠”**。整理者（1997：35）：“縠”，假作“縠”，是一種野獸。**三、釋爲“卅里毄（繫）”**。胡平生（1997）、再整理者（2001：85）說，云：繫，拘禁、關押。在秦漢法律中，“繫”是加載刑具的；免加刑具的，稱爲“頌繫”。

【今譯】

凡在弩道和禁苑外進行弋射的，……距離甬道、禁苑……Q02_01_031

【釋文】

諸取禁中豺、狼者[①]，毋罪[②]。Q02_01_032

【匯釋】

①豺狼：再整理者（2001：85）將“豺狼”連讀，陳偉主編（2016：30）斷讀。整理者（1994：108；1997：30）全簡未斷讀。

豺：**一種像狼的野獸**。再整理者（2001：85）：《說文》豸部：“豺，狼屬，狗聲。”《呂氏春秋·季秋紀》：“豺則祭獸戮禽。”高注：“豺，獸也，似狗而長毛〈尾〉，其色黄，於是月殺獸，四圍陳之，世所謂祭獸。”

②毋：**一、不要**。整理者（1994：108；1997：30）釋作“毋”。劉釗（2002）將簡32、簡34的“毋罪”語譯爲“勿加罪其身”。之所以不加罪，是因爲豺狼等野獸捕食苑中豢養的動物，並容易傷害人命之故；雉、兔等小動物，雖不傷害人，但繁殖極速，是故不加禁止。陳偉主編（2016：30）從整理者釋讀，云：大西克也（1989）將“毋”“無”在秦漢出土文獻的應用情況分成兩類：一類是動詞用“無”，副詞用“毋”；一類是動詞副詞都用“毋”，可參看。**二、讀作“無”，沒有**。再整理者（2001：85）釋讀作“無”，爲動詞。簡34同。

【今譯】

獵取禁地内豺、狼的人，不要給他判罪。Q02_01_032

【釋文】

鹿一、彘一、麇一、麃一，狐二、麛□[①]☐Q02_01_033A

【匯釋】

①鹿，整理者（1997：27）、再整理者（2001：86）釋出。

彘：**野豬**。整理者（1994：105；1997：27）：《方言》卷八：“豬……關東西或謂之彘。”再整理者（2001：86）：此處指野豬。里耶秦簡 8－461：“毋敢曰豬曰彘。”胡平生（2009）：《方言》卷八：“豬，北燕、朝鮮之間謂之豭，關東西或謂之彘，或謂之豕，南楚謂之豨。”大概“豬”是正讀，其他皆爲地區性稱謂，秦統一後推行正讀，取締其他地區性稱謂。游逸飛（2011）：里耶秦簡 8－455 的意思是“不敢稱‘豬’，稱‘彘’”，疑“豬”原爲楚地方言。龍崗簡稱“彘”不稱“豬”，可以爲證。

麇：**獐子**。整理者（1997：28）：《左傳》哀公十四年“逢澤有介麇焉”，釋文：“獐也。”再整理者（2001：86）：或作“麕”，獐子，形似鹿而小，無角。《詩・召南・野有死麕》：“野有死麕，白茅包之。”

麃：**鹿屬，牛尾，一角**。《爾雅・釋獸》：“麠，大麃，牛尾一角。”（再整理者，2001：86）整理者（1994：105；1997：28）：《史記・孝武本紀》：“獲一角獸，若麃然。”索隱引韋昭曰：“體若麕而一角，《春秋》所謂‘有麕而角’是也。楚人謂麇爲麃。”

狐，**有兩說：一、釋爲“狐”**。再整理者（2001：86）所釋，云：“狐”字，左旁從犬，右旁從瓜。**二、釋爲“犬”**。整理者（1997：27）說。

麛，**有三說：一、釋爲“麛”，鹿之子**。陳偉主編（2016：31）：此字上部與本簡“鹿”及“麃”字所從略同，下从“弭”，當是“麛”。《爾雅・釋獸》：“鹿，其子麛。”《禮記・曲禮下》：“國君春田不圍澤，大夫不掩羣，士不取麛卵。”孔穎達疏：“麛乃是鹿子之稱，而凡獸子亦得通名也。”因簡文殘斷，難以確定此處“麛”的具體含義以及其前標點。**二、釋爲“當”**。胡平生（1997）、再整理者（2001：85）皆釋爲“當”。**三、未釋**。整理者（1994：105；1997：28）。

本簡於“麛”下一字折斷，整理者（1997：27）、再整理者（2001：85）將其與簡 33B 綴合，將“麛”下一字殘筆看作下段首字“完”的筆畫。陳偉主編（2016：31）：看茬口、文意，恐非。今將本段殘簡與下段分置。

【今譯】

鹿一頭、野豬一頭、獐子一頭、麃一頭，狐狸二隻、鹿子……Q02_01_033A

【釋文】

☑完爲城旦舂①，不☑Q02_01_033B

【匯釋】

①完：**保持身體髮膚完好無損**。整理者（1994：105；1997：28）：《漢書・惠帝紀》："民年七十以上若不滿十歲有罪當刑者，皆完之。"顔注引孟康曰："不加肉刑髡鬍。"再整理者（2001：86）：對刑犯不剃去頭髮，不施加肉刑。《說文》"耐"字段注："耐之罪輕於髡，髡者鬍髮也，不鬍其髮，僅去須鬢，是曰耐，亦曰完。謂之完者，言完其髮也。"今按：關於"完"具體的行刑内容學者間分歧很大，彭文芳（2015：198－200）將這些意見進行分類，大體存在四種理解：一、"完"即是"耐"刑；二、"髡"即爲"完"；三、"完"爲保持身體髮膚完好無損之意；四、"完"的意義是變化的，不同時代變化不同。可參看。

【今譯】

保持刑犯身體髮膚完好無損，判爲城旦舂，不……Q02_01_033B

【釋文】

然①。取其豺、狼、貆、貈〈貈〉、狐、貍、㺸、□、雉、兔者②，毋罪。☑Q02_01_034A

【匯釋】

①然，**有兩種斷讀：一、在"然"字下斷讀**。整理者（1997：30）在"然"字下標句號，云：或指膢祭田獵完畢之後。再整理者（2001：86）："然"下有一勾形符號，理應在此斷讀。**二、"然"字下不斷讀**。胡平生（1997）："然"是表示轉折之詞。"然"字下不當斷點。

②豺、狼：整理者（1994：107；1997：30）將"豺狼"兩字連讀。再整理者（2001：86）、陳偉主編（2016：32）將兩字斷開。

貆，**有兩說：一、釋爲"貆"，豪豬**。整理者（1997：30）：貆，《說文》："豕屬也，从豕，原聲。讀若桓。《逸周書》曰：'貆有爪而不敢以撅。'"《山海經・北山經》："（乾山）有獸焉，其狀如牛而三足，其名曰貆。"《集韻》謂貆或从犬。陳偉主編（2016：32）：即"豪豬"，也稱"豪彘"。有關古文字和傳世文獻中的"貆"，可參看陳劍（2008）。**二、釋爲"貆"，疑爲"獾"之異文**。再整理者（2001：86）引朱駿聲《說文通訓定聲》說，疑貆與"獾"同類，或即"獾"之異文。

貈，**有四說：一、釋爲"貈"，認爲是"貈"字之誤**。陳偉主編（2016：32）說。**二、釋爲"貈"，讀爲"貈"**。整理者（1994：99、107－108）：《說文》豸部："貈，似狐，善睡獸也。从豕，舟聲。"**三、釋爲"貈"**。整理者（1997：30）：《淮南子·原道》："貀渡汶而死。" **四、釋爲"豽"，讀爲"貀"或"貉"**。再整理者（2001：86）：貀，或作"貉"。《論語》曰："狐貀之厚以居。"

狐，有兩說：**一、釋爲"狐"**。整理者（1997：30）、胡平生（1997）釋作"狐"。**二、釋爲"伏"**。整理者（1994：107－108）：似可隸定爲"伏"。"伏""狐"於上古或音近。

貍，**有兩說：一、釋爲"貍"，一種野獸**。再整理者（2001：86－87）：《說文》豸部："貍，伏獸，似貙。"《爾雅·釋獸》："貙獌似貍。"《說文通訓定聲》說，貙之小者曰貍。"狐貍"或爲一詞。**二、釋爲"貍"，讀爲"狸"**。整理者（1994：99、107）說，並將此字與"狐"連讀。**三、釋爲"狸"**。整理者（1997：30）直接釋寫爲"狸"，上與"狐"連讀。

㹋，**有兩說：一、釋爲"㹋"，犬類動物**。胡平生（1997）："狐貍"下二字字距特小，可能是書寫中起初寫漏一字，後來利用兩字間空隙補寫上的。首字可能从犬。《說文》犬部："㹋，犬屬。腰以上黃，腰以下黑，食母猴。"再整理者（2001：86）：朱駿聲《說文通訓定聲》："或曰，㹋似牂羊，出蜀北囂山中，犬首而馬尾。" **二、釋爲"㲉"，白狐之子**。整理者（1997：30）：《爾雅·釋獸》："貔，白狐，其子㲉。"

【今譯】

……獵取豺、狼、豪豬、貀、狐、貍、㹋、□、野雞、兔子，不要給他定罪。Q02_01_034A

【釋文】

沙丘苑中□荼者□[①]▨Q02_01_035

【匯釋】

①沙丘苑：**沙丘，古地名，在今河北廣宗西北大平臺**（再整理者，2001：87）。整理者（1994：109；1997：32）：《史記·殷本紀》：紂"益廣沙丘苑臺，多取野獸蜚鳥置其中"。知沙丘自殷代即爲帝王苑囿。《史記·秦始皇本紀》：三十七年，"七月丙寅，始皇崩於沙丘平臺"。正義引《括地志》云："沙丘臺在邢州平鄉縣東北二十里，又云平鄉縣東北四十里。"秦漢行宮多設於禁苑，知沙丘平臺當在簡文沙丘苑中。《淮南子·原道》："遊雲夢沙邱。"知沙丘古與雲夢齊名。

□荼：**結合簡36，或是名詞，指沙丘苑中的某種動物。"荼"上一字，有兩說：一、釋爲"風"**。整理者（1994：109；1997：32－33）、胡平生（1997）、再整理者（2001：87）皆釋爲"風"，關於"風荼"究竟爲何物有以下幾種看法：（1）"風荼"爲黃牛。整理者（1997：32－33）：疑此"荼"爲"犊"。《說文》："犊，黃牛虎文也。""風犊"即放牧的黃牛。《左傳》僖公四年："唯是風馬牛不相及也。"孔疏引服虔云："風，放也。牝牡相誘謂之風。"李明曉、趙久湘（2011：17）則認爲"風荼"，應指走失的黃牛；（2）"風荼"爲虎。胡平生（1997）："風荼"即"封荼”，可能是虎的別名。楚人稱虎爲“於菟”。“荼”“菟”古音相近可通。“風荼”是否確爲“於菟”，有待進一步考察。再整理者（2001：87）亦疑爲“虎”之別名，可讀爲“封菟”“封䖘”，或可釋爲“大虎”，又云：一說“風”讀如“犎”，《爾雅·釋畜》“犦牛”郭注：“即犎牛也，領上肉犦胅起高二尺許，狀如橐駝，肉鞍一邊，健行者日三百餘里。”“荼”讀爲“犻”，“犎犻”爲一種野牛。**二、未釋，存疑。**陳偉主編（2016：33）認爲“荼”上一字左邊殘泐，簡36同字筆畫似亦有殘。與“風”字（如簡5所見）有別，待考。

【今譯】

沙丘苑中……荼者……Q02_01_035

【釋文】

☐荼☐出①，或捕☐吏②，☐Q02_01_036

【匯釋】

①第一字，與上簡“荼”前一字同，整理者（1994：109；1997：32－33）、胡平生（1997）、再整理者（2001：87）皆釋爲“風”。陳偉主編（2016：33）：此字左旁保存較好，應爲左右結構，具體爲何字待考。

“荼”下一字，**有四說：一、釋爲“宂”，突然向外衝。**再整理者（2001：88）：《字彙補》：“宂，古突字。”突，突然向外衝。**二、釋爲“宂”，讀作“竄”，逃竄。**林獻忠（2015）：依文意和圖版字形，我們以爲“宂”或可讀作“竄”。《周語》：“不窋自竄於戎翟之間。”《漢書·蒯通傳》：“常山王奉頭鼠竄，以歸漢王。”《集韻》《韻會》：“取外切，音襊。亦逃也。”竄，即逃竄。合於簡文所言風荼從禁苑中逃竄出來之意。**三、釋爲“寇”，意義不明。**整理者（1997：33）說。**四、未釋存疑。**陳偉主編（2016：33）：該字筆畫不清晰，釋“寇”或“突”均可疑。

②“捕”下一字，**有三說：一、釋爲“謁”，稟告。**陳偉主編（2016：34）：該字右邊殘筆與“者”“旨”均有別。或是“謁”字殘文。**二、釋爲“詣”，送到。**整理者（1994：109）所釋，云：秦律以捉拿犯人送至官府曰捕詣。睡虎地秦簡《封診式》簡22：“而捕來詣。”再整理者（2001：88）亦釋爲“詣”，云：捕，捕捉。詣，送到。**三、釋爲“諸”，意義不明。**整理者（1997：33）改釋爲“諸”，認爲此字右部筆畫不類“詣”。今按：通過字形比對，此字右部筆畫與“諸”“詣”不類，筆畫走勢頗似“謁”，可參看簡220，當即“謁”字。“謁”有“稟告，陳說”之義，本簡文意或爲禁苑中的某種動物逃出，有人捉住它並稟告官府。

【今譯】

……荼……跑出，有人捉住它並稟告官府……Q02_01_036

【釋文】

盜死獸直賈（價）以□[①]Q02_01_037

【匯釋】

①直，**有兩說：一、讀爲“值”，作動詞，估價**。整理者（1997：107）讀爲“值”。趙平安（1999）：“直（值）”爲動詞，“賈（價）”爲名詞，“直（值）賈（價）”是“估價”的意思。**二、讀爲“值”，作名詞，價值**。再整理者（2001：88）：指死獸的價值。秦漢法律處罰偷盜，以所盜物品價值定罪。

賈，**有兩說：一、釋爲“賈”，讀爲“價”，價錢、價值**。整理者（1997：30）：作價出售。再整理者（2001：88）讀爲“價”，云：價，價錢。趙平安（1999）：“直（值）”爲動詞，“賈（價）”爲名詞，“直（值）賈（價）”是“估價”的意思。**二、釋爲“買”**。整理者（1994：107）。

“以”下一字，**有四說：一、未釋，存疑**。陳偉主編（2016：34）：此字欠清晰，待考。**二、釋爲“閅”，報告**。趙平安（1999）：从門从丬，與古文關字寫法相同。關，關白。《漢書・元后傳》：“上曰：‘此小事，何須關大將軍?’”“直（值）賈（價）以關”就是估價並向上報告。趙平安（2009：377－378）：可以隸作閅，抄寫者似乎本爲六國遺民，很可能原屬於齊或三晉。此人入秦後，學習和使用秦文，但因固習難改，書寫時偶爾夾帶古文。再整理者（2001：88）：此字可隸作“閅”，與古文“關”字寫法相同。**三、釋爲“關”，意義不明**。整理者（1997：30）說。**四、釋爲“間”，間隙**。胡平生（1997）釋爲“間”，隙也，指利用可乘之機。

□字之下，整理者（1994：107；1997：30）、陳偉主編（2016：34）以爲無字。再整理者（2001：88）認爲“關”下似還有若干殘文，但皆已慢漶不清。從文意推測，第一字應是“市”。本簡可能是對盜賣死獸者進行懲罰的律文。

【今譯】

……估算所偷盜死獸的價錢以……Q02_01_037

【釋文】

諸取禁苑中柞（柞）、棫、橎、楢產葉及皮[①]☐Q02_01_038

【匯釋】

①柞：**同“柞”，木名，木性堅韌**。《詩・大雅・緜》：“柞棫拔矣。”《本草綱目》李時珍說：“此木堅韌，可爲鑿柄，故俗名鑿子木。”（再整理者，2001：89）

棫：**木名，木性堅韌**。《毛詩》陸璣疏云：“……其材理全白，無赤心者爲白桵，直理易破，可爲櫝車輻，又可爲矛戟矜。”（再整理者，2001：89）整理者（1994：108；1997：31）：《詩・大雅・皇矣》：“柞棫斯拔”，陸璣疏：“柞棫，《三倉》說，棫即柞也。”《說文》木部：“棫，白桵也。”

橎：**木名，木性堅韌**。《集韻》："一曰剛木，不華而實。"（再整理者，2001：89）整理者（1994：108；1997：31）：《說文》木部："橎木也。"

楢：**木名，木性堅韌**（再整理者，2001：89）。整理者（1994：108；1997：31）：《說文》木部："楢，柔木也，工官以爲耎輪。"《山海經·中山經》郭璞注："楢，剛木，中車材。"

產，**有三説：一、新鮮**。陳偉主編（2016：35）：馬王堆帛書《五十二病方》"毒烏豙（喙）者"題下71行有"產齊（薺）赤豆"語。陳劍（2013）認爲似應斷讀理解爲"產齊（薺）、產赤豆"，"產"字貫其下二者而言。"產赤豆"即新鮮的赤豆，與同篇"胻膫"題下326行"陳赤叔（菽）"相對。本簡"產葉"似指前述樹上新鮮的葉子。**二、生長**。再整理者（2001：89）說。**三、地產**。劉金華（2002）：地產之意。《周禮·春官·大宗伯》"以天產作陰德"，注："天產者，動物，謂六牲之屬。地產者，植物，謂九穀之屬。"

整理者（1997：31）在本簡後綴連簡293、簡289。再整理者（2001：89）析分，陳偉主編（2016：35）從之。

【今譯】

凡在禁苑中摘取柞樹、棫樹、橎樹、楢樹上新鮮的樹葉和樹皮……Q02_01_038

【釋文】

·禁苑嗇夫、吏數循行①，垣有壞陜（決）獸道出②，及見獸出在外，亟告縣③。☐Q02_01_039

【匯釋】

①"禁"字上墨點，整理者（1994：108）未標識。整理者（1997：31）標出。胡平生（1997）：此簡端首有一黑色墨點，表示一條律文的起始。

禁苑嗇夫：**禁苑的主管官吏**（再整理者，2001：89）。整理者（1994：108；1997：31）：管理禁苑的官員。睡虎地秦簡《秦律十八種·內史雜》簡190有"苑嗇夫"，與禁苑嗇夫相類。王輝（2008：182－183）：苑之長官稱嗇夫，其副官爲丞，丞之下有吏，又有苑人。秦苑囿由中央機構或內史直接管轄，是其離宮，與縣級別相同。

吏：**禁苑吏之省**。《秦律十八種·徭律》簡117有"苑吏"，與禁苑吏相類（整理者，1997：31）。

數：**頻繁、屢次**。《史記·遊俠列傳》："每至踐更數過。"（再整理者，2001：89）

循行：**巡視，巡察**。《呂氏春秋·季春紀》："循行國邑。"《漢書·文帝紀》："二千石遣都吏循行。"（再整理者，2001：89）

②壞：**倒塌**（再整理者，2001：89）。

陜，**有三説：一、釋爲"陜"，讀爲"決"，決口、破缺**。陳偉主編（2016：

36）說。**二、釋爲"決"，決口、破缺**。此字整理者（1997：31）、胡平生（1997）、再整理者（2001：89）皆直接釋寫爲"決"。胡平生（1997）：《左傳》成公十五年杜注："決，壞也。"再整理者（2001：89）：決，決口、破缺。"壞決"又見《秦律十八種·徭律》，"決"作"陜"。**三、釋爲"及"，意義不明**。整理者（1994：108）說。今按：仔細比對字形，此字左部筆畫確似"阜"，當釋爲"陜"，陳說可信。

道出，**有二說：一、道，由、從義。道出，從墻壁缺口處逃出**。陳偉主編（2016：36）：《秦律十八種·徭律》簡117—119："縣葆禁苑，公馬牛苑，興徒以斬（塹）垣離（籬）散及補繕之，輒以效苑吏，苑吏循之。未卒歲或壞陜（決），令縣復興徒爲之，而勿計爲繇（徭）。卒歲而或陜（決）壞，過三堵以上，縣葆者補繕之；三堵以下，及雖未盈卒歲而或盜陜（決）道出入，令苑輒自補繕之。"整理小組注："有人私加破壞而由之出入。"**二、道，道路。道出，指以缺口爲道逃出**。再整理者（2001：89）說。

道出的斷讀，**有兩說：一、"垣有壞陜"和"獸道出"連讀**。整理者（1997：31）、再整理者（2001：89）、陳偉主編（2016：36）連讀。**二、"垣有壞陜"和"獸道出"分讀**。楊懷源、孫銀瓊（2010）："垣有壞陜"，"獸道出"是兩事，是兩個結構完整的句子，連讀不合語法，當分讀。

③亟：**急、快**（再整理者，2001：89）。

【今譯】

·禁苑的主管官吏、禁苑吏要頻繁巡察，發現禁苑墻垣毀壞垮塌有缺口，野獸從此處跑出，以及看到野獸跑到禁苑外，立即報告所在縣（道官府）。Q02_01_039

【釋文】

二百廿錢到百一十錢[①]，耐爲隸臣妾[②]；□☐Q02_01_040

【匯釋】

①二百廿錢到百一十錢：**一百一十錢到二百二十錢。秦律量刑的贓值等級**。整理者（1994：107）：二百廿錢、百一十錢等，皆爲睡虎地秦律量刑的標準數額。如《效律》簡8："數而贏、不備，值百一十錢以到二百廿錢，誶官嗇夫。"簡58："不盈廿二錢，除；廿二錢以至六百六十錢，貲官嗇夫一盾。"再整理者（2001：90）：睡虎地秦簡《秦律十八種·金布律》："錢十一當一布"，整理小組注："簡文中很多錢數是十一的倍數，如五十五錢、一百一十錢，就是從布折算的結果。"韓劍南（2009）："到"在龍崗簡文中出現12次，其中用作介詞的有8次，表示動作行爲所延及的範圍。"到"的這種用法在先秦傳世文獻中未見，此處是最早用例。龍崗秦簡表示一個範圍時，數值是從大到小排列，而不是從小到大，這也與傳世文獻不同。熊昌華（2010：26－27）：龍崗秦簡在表示數量範圍時，採用從大到小的表示方法，

睡虎地秦簡和張家山漢簡法律文書中的表達方式與之類似。在法律文獻中出現這種數量表示方法，把大數放在前面，可能是爲了強調可以處以某種刑罰的數量上限。

②耐：**一種剃去鬍鬢的刑罰**。整理者（1994：107；1997：29）：《說文》而部："耏，罪不至髡也。从而，从彡。耐，或从寸。"段注："不鬄其髮，僅去須鬢，是曰耐。"再整理者（2001：90）：《漢書・高帝紀》："令郎中有罪耐以上，請之"，顔注引應劭曰："輕罪不至於髡，完其耏鬢，故曰耏。"

隸臣妾：**服勞役的刑徒。隸臣，男性；隸妾，女性**（再整理者，2001：90）。整理者（1994：107；1997：29）：秦刑徒名。《漢書・刑法志》："鬼薪白粲一歲，爲隸臣妾；隸臣妾一歲，免爲庶人。"顔注："男子爲隸臣，女子爲隸妾。"李力（2007：449）："二百廿錢到百一十錢"，爲盜罪的贓款數額，也是量刑的標準依據。這一標準與睡虎地秦簡所見一樣，漢初也曾沿用。"耐爲隸臣妾"，則是刑罰項。睡虎地秦簡中衹有"耐爲隸臣"，未見有"耐爲隸妾"和"耐爲隸臣妾"，但是張家山漢簡卻見有"耐爲隸臣妾"。顯然，此條的"隸臣妾"爲徒刑刑名。

整理者（1997：115）圖版將本簡與簡278排在一起，考釋無說，再整理者（2001：40）析分。陳偉主編（2016：37）：簡278存"□錢到"三字，從內容看似與本簡有關，但簡端茬口不合，姑從再整理者意見分置。

任仲赫（2008）：簡40、41可以遙綴，推測中間殘缺"不盈百一十錢到廿二錢"諸字。

【今譯】

（贓值）自一百一十錢到二百二十錢，判耐刑剃去鬍鬢，充作隸臣妾服役；……Q02_01_040

【釋文】

貲二甲；不盈廿二錢到一錢，貲一盾①；不盈一錢，□②▨Q02_01_041

【匯釋】

①貲：**有罪而被罰令繳納財物，秦簡習見**（整理者，1994：107；1997：29）。魏德勝（2003：144）：《說文》："貲，小罰以財自贖也。"即對犯罪者處以罰金。類似於今天的罰款。"貲"這種刑罰形式典籍中罕見，但在《睡簡》中應用廣泛。處罰的對象有庶民、戍卒、刑徒，也有官吏。

甲、盾：**甲指鎧甲，盾是指盾牌**。呂名中（1982）：由於盾甲、絡組精粗不一，價格不同，秦政府很可能對質量規格有個標準要求，按標準繳納實物或繳納製造實物的原材料，或按實物的法定價格繳納現金。這可從罰繳布而實際按值折錢繳納推知。如《法律答問》簡90。王戰闊（2013）：秦代的貲甲盾等級至少不應少於貲一盾、貲二盾、貲一甲、貲一甲一盾、貲二甲、貲二甲一盾、貲三甲7個等級，而判罰貲甲盾的等級所依據的原則一是所犯罪行的輕重，另外一個原則是與受貲甲盾處罰人的級别和爵位相關，即社會地位越高在犯同一罪行的情况下受到的貲甲盾級别處罰應該就越重。而且，貲甲盾對於秦代普通老百姓是一個重要負擔，很多人因付不起貲甲盾的罰金而去以勞役的方式抵償政府的債務，這也是秦代政府能夠役使大量勞動力的一個重要原因。

②□：陳偉主編（2016：37）疑爲“貲”字。云：此字筆畫殘泐。從殘存筆畫並結合文意看，疑是“貲”字。“錢”字之下舊皆未斷讀，今添加逗號。

整理者（1997：29）、再整理者（2001：90）以三段殘片拼合而成本簡。陳偉主編（2016：37）認爲三段殘簡茬口不能吻合，但是文句通順，姑從之。

【今譯】

……罰繳納兩副鎧甲；不滿一錢到二十二錢，罰繳納一張盾牌；不滿一錢……Q02_01_041

【釋文】

故罪當完城旦舂以上者[①]，駕（加）其□男【子】□[②]☐Q02_01_042A

【匯釋】

①故罪：**先前的罪**。陳偉主編（2016：37）：睡虎地秦簡《法律答問》簡125—126：“羣盗赦爲庶人，將盗戒（械）囚刑罪以上，亡，以故辠論，斬左止爲城旦。”

②駕：**通“加”，加重**。整理者（1994：107；1997：29）：假作“加”。今按：秦律中常有“駕（加）罪”的説法，本簡可能是對犯罪者再加某種刑罰，關於“駕（加）罪”的注釋參看簡44。

“其”下一字，**有兩説：一、疑爲“耐”字**。陳偉主編（2016：38）：據圖版，此字右部殘存筆畫似爲“寸”，疑是“耐”字。**二、疑爲“冠”字**。再整理者（2001：91）：原簡字磨損，從殘畫看疑是“冠”字，本簡似是對立功的完爲城旦舂的刑徒改變冠服的律文。

“子”，再整理者（2001：91）釋出。陳偉主編（2016：38）：原簡殘泐，據殘筆和文意，再整理者所釋可信。

□：陳偉主編（2016：38）疑爲“故”字，云：左部殘存筆畫似“古”，或即“故”。

“男”字上，再整理者（2001：91）加分號。

【今譯】

先前應當保持身體完好無損判爲城旦舂以上的罪犯，給他加……男子……Q02_01_042A

【釋文】

監者□將司之[①]，令終身毋得□□□□□□□□□[②]☑Q02_01_043

【匯釋】

①監，**有三說：一、釋爲“監”**。陳偉主編（2016：38）釋出，云：看紅外影像，當是“監”字。簡144A有“監者”，可參看。關於“監者”，詳看簡144A注釋。**二、釋爲“耐”**。整理者（1994：117；1997：42）、再整理者（2001：91）皆釋作“耐”。**三、此字右旁从“頁”**。劉國勝（1997）：字殘泐，殘畫與“耐”字不符，右旁似从“頁”。

“者”下一字，**有兩說：一、釋爲“假”**。整理者（1997：42）、再整理者（2001：91）皆釋作“假”。**二、疑爲“佐”字**。陳偉主編（2016：38）說。

將，**有三說：一、釋爲“將”，帶領**。再整理者（2001：91）、陳偉（2006）說。**二、疑爲“肓”，意義不明**。整理者（1997：117）所釋。**三、釋爲“肙”，讀爲“肖”，相貌**。劉國勝（1997）：應隸作“肙”，借作“肖”。武威漢簡《儀禮·少牢》“主人降，洗爵，升北面酌酒，乃酳尸”中的“酳”，今本《禮儀》作“酳”，“□者假肖”疑指黥顔一類的罪人僞裝相貌。**四、釋爲“育”，教育**。趙平安（1999）：與《漢印字徵》14·17“育”字寫法相同，應釋爲“育”。

將司：**帶領、監管**。再整理者（2001：91）：睡虎地秦簡《秦律十八種·司空》：“鬼薪白粲，羣下吏毋耐者，人奴妾居贖貲責（債）于城旦，皆赤其衣，枸櫝欙杕，將司之；其或亡之，有辠（罪）。葆子以上居贖刑以上到贖死，居于官府，皆勿將司。”陳偉（2006）：古書中守、將二字在主管、守護這兩層意義上辭義相近或相通，大概是由近義詞組成的複合詞，爲“監管”“看守”之意。張家山漢簡《二年律令》之《盜律》《具律》中的“守將”、秦律中的“將司”、漢唐律令中的“主守”意思都相近。

司：整理者（1994：117；1997：42）釋爲“診”，再整理者（2001：91）改釋爲“司”。

②得，**有三說：一、釋爲“得”，能夠**。再整理者（2001：91）所釋，云：令終身毋得，法律用語。睡虎地秦簡《封診式·罨（遷）子》：“罨（遷）蜀邊縣，令終身毋得去罨（遷）所，敢告。”**二、釋爲“坐”，意義不明**。劉國勝（1997）所釋。**三、未釋**。整理者（1997：117）。

“得”下二字，**有三說：一、“得”下第一字或是“爲”，第二字从“見”**。陳偉主編（2016：38－39）：“得”下第一字漫漶，看字形輪廓，或是“爲”。第二字似从“見”。簡109“贖”、簡145“購”所从“貝”旁捺筆較短，與此有別。**二、釋爲“免贖”**。劉國勝（1997）所釋。**三、“得”下第一字釋爲“見”，第二字未釋**。再整理者（2001：91）說。

【今譯】

監督者監管他們，讓他們終身都不得……Q02_01_043

【釋文】

盜同灋（法）[①]，有（又）駕（加）其罪[②]，如守縣【官】金錢□[③]☐Q02_01_044

【匯釋】

①盜同灋：**相當於"與盜同灋"，是說與盜竊犯同罪。**

②有：整理者（1994：112；1997：37）照錄，再整理者（2001：91）讀爲"又"。

駕（加）罪：**加重刑罰。**魏德勝（2003：155）：睡虎地秦簡《法律答問》："害盜別徼而盜，駕（加）罪之。""可（何）謂'駕（加）罪'？五人盜，臧（贓）一錢以上，斬左止，有（又）黥以爲城旦；不盈五人，盜過六百六十錢，黥臬（劓）以爲城旦；不盈六百六十到二百廿錢，黥爲城旦；不盈二百廿以下到一錢，䙴（遷）之。求盜比此。求盜盜，當刑爲城旦，問罪當駕（加）如害盜不當？當。""加罪"就是相應的官吏犯了罪，知法犯法，就要加重刑罰。比如這個例句中，"害（憲）盜""求盜"，本職就是搜捕盜賊，如果他們犯了盜竊罪，除了同一般人一樣要"黥爲城旦"，還要加罰"斬左止""臬"。再整理者（2001：92）：秦律對觸犯多項法律者加罪重處。加罪，略同數罪並罰。本句疑指監守自盜一類的犯罪行爲。

③"官"，**有三說：一、釋爲"官"。**陳偉主編（2016：39）結合殘存筆畫和文意擬釋。**二、釋爲"道"。**張金光（2004：7）所釋。**三、未釋。**整理者（1994：112；1997：37）、再整理者（2001：91）皆未釋。

【今譯】

與盜竊犯同樣論處之外，又在此基礎上加重刑罰，如同看守縣官府的金錢……Q02_01_044

【釋文】

吏弗劾論[①]，皆與同罪。Q02_01_045

【匯釋】

①"劾論"的斷讀有兩說：**一、將"劾論"連讀。**胡平生（1997）、再整理者（2001：92）說。**二、在"劾"字後斷讀。**整理者（1994：107；1997：30）說。

劾論：**"劾"是審訊罪狀調查罪行，"論"是以律令斷獄判定刑罰**（胡平生，1997）。再整理者（2001：92）：劾，依法對有罪者追究查處。《說文》力部："劾，法有辠也。"《唐律釋文》卷五："劾，鞫問罪人謂之劾。"

【今譯】

（對於罪犯）官吏不審訊罪狀調查罪行、不依律令判定刑罰，應判與罪犯同罪。Q02_01_045

【釋文】

衝（衝）道行禁苑中□[①]☐Q02_01_046A

【匯釋】

①衝道，即“衝道”：**有兩說：一、疑指不遵守行道規則。“衝”指衝突。**陳偉主編（2016：39－40）：《戰國策・齊策一》：“使輕車鋭騎衝雍門”，高誘注：“衝，突也。”《詩・大雅・皇矣》：“與爾臨衝”，孔穎達疏：“衝者，從旁衝突之稱。”衝道，疑指不遵守行道規則。**二、通道。**整理者（1994：111；1997：35）：睡虎地秦簡《法律答問》簡101：“有賊殺傷人衝術”，“衝道”與“衝術”同。再整理者（2001：93）：衝，通“衝”，縱横相交的通道。

中：再整理者（2001：93）釋出。

整理者（1997：圖版陸）在本簡下編連兩段殘片。再整理者（2001：93）：第二、三兩片與本簡明顯不相連，今以其上文字漫漶，姑且因仍其舊。陳偉主編（2016：40）：兹將第二、三兩片與本簡分置。

【今譯】

在禁苑中行走不遵守行道規則……Q02_01_046A

【釋文】

☐……☐Q02_01_046B

☐……☐Q02_01_046C

【釋文】

有逋【亡】□□宿……[①]☐Q02_01_047

【匯釋】

①亡：**逃亡、逃亡者。**再整理者（2001：93）：《史記・秦始皇本紀》：“發諸嘗逋亡人、贅婿、賈人略取陸梁地。”本簡疑是對逃亡者住宿於皇家禁地定罪的律文。

“亡”下第二字，**有兩説：一、釋爲“里”。**整理者（1994：113；1997：37）所釋。**二、疑是“卑”字。**再整理者（2001：93）説。

宿，有兩説：**一、釋爲“宿”。**再整理者（2001：93）釋爲“宿”，住宿義。**二、釋爲“牱”。**整理者（1994：113）所釋。

【釋文】

中質[①]，去道過一里□者□□□[②]▨Q02_01_048

【匯釋】

①質，整理者（1997：35）、胡平生（1997）釋出。

質：**目標**。再整理者（2001：94）：《淮南子·原道》："先者，則後者之弓矢質地也。"高注："質的，射者之準埶也。"

②"里"下一字，**有兩説：一、釋爲"濯"**。整理者（1997：35）、胡平生（1997）所釋。再整理者（2001：94）：濯，洗滌。**二、釋爲"濯"**。整理者（1994：111；1997：35）所釋。

"者"下第二字，**有兩説：一、釋爲"水"**。胡平生（1997）、再整理者（2001：93）所釋。**二、未釋，存疑**。整理者（1994：111；1997：35）未釋。陳偉主編（2016：41）：此字殘泐，存疑。

【今譯】

射中目標。距離道路超過一里……者……Q02_01_048

【釋文】

盜禁苑□□▨Q02_01_049

【匯釋】

本簡整理者（1997：35）與下簡綴合。再整理者（2001：94）析分，陳偉主編（2016：41）從之。

【釋文】

▨□行□水中過禁苑□[①]▨Q02_01_050

【匯釋】

①"行"下一字，方勇（2012：41）釋爲"遇"。

水，陳偉主編（2016：41）釋出。

禁苑，**有兩説：一、釋爲"禁苑"**。陳偉主編（2016：41）：再整理者所謂"其"字，看紅外影像，當是"苑"字，可比照簡6A的"苑"。其上一字，根據辭例並參以殘存筆畫，恐是"禁"字。**二、釋爲"□其"**。整理者（1994：111；1997：35）、再整理者（2001：94）説。

"苑"下之字，陳偉主編（2016：41）疑是"中"字。

【釋文】

☐□爲城旦[①]☐Q02_01_051

【匯釋】

①"爲"上一字，整理者（1994：115；1997：40）、再整理者（2001：94）脫錄。陳偉主編（2016：41）：該字僅存右下部筆畫，紅外圖像較爲清晰，結合文意來看，或是"駷"字。簡108"駷"字，可資比對。

【釋文】

禁苑在關外□[①]☐Q02_01_052

【匯釋】

①關外：**函谷關外**。再整理者（2001：94）：龍崗秦簡中所說的雲夢、沙丘等禁苑都在關外。

【今譯】

禁苑在函谷關外……Q02_01_052

【釋文】

令、丞弗得[①]，貲各二甲。關外及【縣、道官馬】[②]☐Q02_01_053

【匯釋】

①令、丞：**縣令、縣丞**（再整理者，2001：94）。劉金華（2002）：令丞似爲具體負責某一禁苑的最高官員，而其隸屬關係則直接聽命於中央政府的太僕，不從所在郡縣之命令。令不僅管理苑中禽獸，其有百姓居禁苑中者，亦得主之。陳偉主編（2016：42）：再整理者說當是。

弗得：**沒有察覺**。再整理者（2001：94）：《呂氏春秋・君守》："此則姦邪之情得"，注："得，猶知也。"睡虎地秦簡《語書》："獨多犯令而令、丞弗得者，以令、丞聞。"

②馬，**有兩說：一、釋爲"馬"**。陳偉主編（2016：42）所釋，云：此字右部殘缺，"爲""馬"兩字簡文多見，形體有相似之處，但區別也比較明顯，"爲"字左下部筆畫大多近於點狀，"馬"字左下部筆畫大多較長，近於斜筆，可參簡27、簡172"爲"字，簡58、簡103"馬"字。對比可知此字與"馬"形體更爲接近，故改釋。**二、釋爲"爲"**。整理者（1997：33）、再整理者（2001：94）所釋。

整理者（1997：33）認爲"及"與"縣"之間尚有一字。陳偉主編（2016：42）："及"與"縣"之間有一字間距，是第二道編繩所在，圖版和紅外影像均不見筆畫。

整理者（1997：33）在本簡下部附拼一殘片，陳偉主編（2016：42）認爲似無據。

【今譯】

縣令、縣丞沒有察覺，各罰繳納兩副鎧甲。函谷關外以及縣、道官府的馬……Q02_01_053

【釋文】

敢行馳道中者[①]，皆䙴（遷）之[②]。其騎及以乘車、軺車、Q02_01_054牛、牛Q02_01_055車、Q02_01_056輓車Q02_01_057行之[③]，有（又）沒入其車、馬、牛縣、道〖官〗，縣、道〖官〗[④]☐Q02_01_058

【匯釋】

①馳道：**供皇帝車馬行走的大路。馳道嚴禁常人行走**。《禮記・曲禮下》："馳道不除。"孔疏："馳道，正道，如今之御路也，是君馳走車馬之處，故曰馳道也。"（再整理者，2001：95）。整理者（1994：110；1997：34）：《史記・秦始皇本紀》二十七年"治馳道"，集解引應劭曰："馳道，天子道也，道若今之中道然。"《漢書・賈山傳》秦時："爲馳道於天下，東窮燕齊，南極吳楚，江湖之上，瀕海之觀畢至。道廣五十步，三丈而樹，厚築其外，隱以金椎，樹以青松。"《史記・高祖功臣侯者年表》：元狩五年，平州侯昭涉昧"坐行馳道中更呵馳去罪，國除"。曹旅寧（2002：167）：嚴禁行馳道中更深層的原因是整修道路本來是爲了軍事及政治的用途……不許吏人穿行是爲了保護道路，延長其使用壽命。此外，可能還有保證行軍速度以及保護國家軍事機密的用意在其中。

②遷：**將罪犯流放、遷徙到邊遠地區的刑罰**（再整理者，2001：95）。整理者（1994：110；1997：34）：流放邊遠之地，睡虎地秦簡多見。《史記・商君列傳》："衛鞅曰：'此皆亂化之民也。'盡遷之於邊城。"

③乘車：**有座位的馬車。因之可以坐乘，比較舒適，也叫"安車"**。《禮記・曲禮上》："大夫七十而致事，若不得謝，則必賜之几杖，行役以婦人，適四方，乘安車。"鄭注："安車所以養其身體也。安車，坐乘若今小車也。"（再整理者，2001：95）整理者（1994：110；1997：34）：《周禮・考工記》："乘車之輪，六尺有六寸。"鄭玄注："乘車，玉路、金路、象路也。兵車、乘車駕國馬。"《左傳》莊公十二年："南宮萬奔陳，以乘車輦其母。"《尚書大傳》卷五："乘車輲輪"，注："安車也。"睡虎地秦簡《法律答問》簡175："以其乘車載女子，何論？貲二甲。"乘坐乘車是一種特殊待遇，故秦律有嚴格規定。

軺車：**一馬駕駛的輕便車**。再整理者（2001：95）：《史記・季布列傳》："朱家乃乘軺車之洛陽。"索隱："謂輕車，一馬車也。"《漢書・貨殖傳》："軺車百乘。"顏注："軺車，輕小之車也。"整理者（1994：110；1997：34）：《說文》車部：

“軺，小車也。”《史記·貨殖列傳》：“軺車百乘。”

輓車：**一種拉的車，這裏可能指用人力拉的車。**再整理者（2001：95）：《漢書·景帝紀》“其葬，國得發民輓喪”，顔注：“輓爲引車也。”《霍光傳》“侍婢以五采絲輓顯，遊戲第中”，顔注：“輓謂牽引車輦也。”皆指用人力拉車。李明曉、趙久湘（2011：21）：1989年山西省聞喜縣出土西周刖人守囿銅輓車爲廂式六輪車。輓車既可挽環牽引，又可手推轉動挽車。

陳偉主編（2016：43）認爲自“敢行”至“輓車”（亦即簡54至簡57）爲一枚整簡。整理者（1997：34）指出簡57似爲簡54的殘片。再整理者（2001：95）：簡54可與簡55、56、57綴，並可與簡58前後相承。

④陳偉主編（2016：43）：《漢書·江充傳》顔注引如淳曰：“令乙，騎乘車馬行馳道中，已論者，沒入其車馬被具。”可與簡文參看。

【今譯】

有敢於在專供皇帝車馬行走的道路當中行走的，一律流放到邊遠地區。他們所騎的馬匹以及用於在馳道上行走的乘車、軺車、Q02_01_054牛、牛Q02_01_055車、Q02_01_056輓車Q02_01_057，又由縣、道官府沒收其車、馬、牛。縣、道官府……Q02_01_058

【釋文】

騎作乘輿御[①]，騎馬於它驰道[②]，若吏【徒】[③]☐Q02_01_059

【匯釋】

①騎，**有兩説：一、坐騎。**陳偉主編（2016：43）：義同簡54之“騎”，似指騎的馬。**二、官名。**整理者（1997：35）：疑爲官名。《漢書·百官公卿表》：“郎中有車、戶、騎三將，秩皆比千石。”

乘輿，**有兩説：一、皇帝與諸侯乘坐的車子。**整理者（1994：111；1997：35）：蔡邕《獨斷》卷上：“律曰：‘敢盜乘輿服御物’，謂天子所服食者也。天子至尊，不敢渫瀆言之，故託之於乘輿。”賈誼《新書·等齊》：“天子車曰乘輿，諸侯車曰乘輿。”《秦律雜抄》簡27：“傷乘輿馬，決革一寸，貲一盾。”再整理者（2001：96）：《唐律釋文》卷一：“乘輿，天子萬乘，所乘之車謂之乘與。”《漢書·昭帝紀》：“頗省乘輿馬。”顔注：“乘輿馬謂天子所自乘以駕車輿者。”陳偉等（2012：158）：里耶秦簡8－460云：“王馬曰乘輿馬。”乘輿，古代特指天子和諸侯所乘坐的車子。《孟子·梁惠王下》：“今乘輿已駕矣，有司未知所之。”**二、皇室所用器物皆屬“乘輿類”。**李均明（1999）：蔡邕《獨斷》：“天子車馬衣服器械百物曰乘輿。”尹灣漢簡《武庫永始四年兵車器集簿》中所有各類皇室器物皆冠“乘輿”二字，《獨斷》所解甚是。張顯成、周羣麗（2011：43）：尹灣漢簡《武庫永始四年兵車器集簿》中所記兵車器，先列乘輿類，即皇室所用類，然後列非乘輿類，即非皇室所用類，亦即一般軍隊所用類。傳統觀點以爲“乘輿”指皇帝、諸侯乘坐的車子或皇帝用的器物，今從集簿看，不確。

御：**駕馭**。再整理者（2001：96）：騎馬的馬與駕車的馬各有分工，訓練的方法也各不相同，不可混用。“騎作乘輿御”疑指將騎乘的馬用於駕車，因有不安全的因素，爲法律禁止。

陳偉主編（2016：44）：“乘”字下有勾識符，對斷讀的含義待考。

②騎馬於它馳道：**疑指不是充當皇帝侍衛、隨行而私自騎馬在其他馳道到處亂跑**（再整理者，2001：97）。

③吏徒：**官吏與其隨行人員**。參看簡 181 注釋。

再整理者（2001：96）：本簡有可能排在簡 54 之前。

【今譯】

把用於騎的馬拿來給皇帝駕車；私自騎馬在其他馳道到處亂跑，如官員與其隨行人員……Q02_01_059

【釋文】

中，及奴道絕馳道①，馳道與奴道同門橋，及阪②☑Q02_01_060

【匯釋】

①奴，**有兩說：一、釋爲“奴”，讀爲“駑”。奴道指路況不好的道路**。王貴元（2001）：奴即駑的古字，《馬王堆帛書・稱》：“兩虎相爭，奴犬制其餘。”奴犬即駑犬，《戰國策・秦策四》作“兩虎相鬬，而駑犬受其弊”。秦簡以“奴道”與“馳道”相對，“馳”指疾行，“駑”則以慢爲特徵，故有“駑緩”一詞。馳道在古代特指君王車馬行走的道路，也泛指車馬馳行的大道，奴道則指路況不好的劣質道路。**二、釋爲“弩”，弩道指箭道**。整理者（1994：111；1997：34）：“弩道”，疑指“弋射甬道”。簡文謂經弩道橫過馳道。秦漢時對橫過馳道有嚴格規定，《漢書・成帝紀》成帝爲太子，“上嘗急召，太子出龍樓門，不敢絕馳道，西至直城門，得絕乃度”，其後元帝“令太子得絕馳道云”。再整理者（2001：97）：疑爲射放弩箭之工事。馬王堆帛書《駐軍圖》有“箭道”，疑弩道、箭道皆爲一種軍事設施。李明曉、趙久湘（2011：22－23）：馬王堆《駐軍圖》的“箭道”，一說軍事設施，一說軍事行政單位，由龍崗秦簡似乎可以證實“箭道”應爲軍事設施。今按：參看簡 17 中的“弩”字，从“奴”从“弓”，本簡中此字與其上部分相同，當爲“奴”字無疑，簡 61、62 同。其他文獻中未見“奴道”一詞，具體爲何義待考。

②與，再整理者（2001：97）釋文脱録，張顯成（2010：388）指出。

阪，**有兩說：一、釋爲“阪”，陡坡**。整理者（1994：111；1997：34）：《說文》：“坡者曰阪。”睡虎地秦簡《日書》甲 76 背：“阪險。”陳偉主編（2016：45）：據紅外影像，整理者之釋可從。**二、釋爲“限”，門檻**。再整理者（2001：

97)：應釋爲“限”，門檻。在簡文中可能也包括道路上各種起阻攔作用的設施。

【今譯】

……中，以及狀況不好的道路橫穿馳道，馳道與奴道有共用的門、橋以及坡……Q02_01_060

【釋文】

僌（徹）奴道①，其故與□□□□行之②，不□□③☐Q02_01_061A

【匯釋】

①徹，**有兩說：一、清除**。再整理者（2001：97）說。**二、整治**。整理者（1997：35）訓爲“通”“治”，“徹奴道”即整治弩道使之暢通。

②故，**有兩說：一、故意**。再整理者（2001：97）說。**二、從前**。陳偉主編（2016：45）：故，疑指從前。

與：整理者（1997：35）釋爲“輿”。再整理者（2001：97）：“與”同“於”。

“與”下四字，整理者（1994：111；1997：35）未釋。再整理者（2001：97）釋爲“僌（徹）（?）□□（弩）□（道）”。

③“不”下第一字，**有兩說：一、疑是“從”字**。再整理者（2001：97）說。**二、未釋，存疑**。整理者（1994：111；1997：35）未釋。陳偉主編（2016：45）：字殘泐過甚，存疑。

再整理者（2001：97）：本簡或可與上簡相承，疑是皇帝出行時對與馳道相鄰或相交的“弩道”進行清道戒嚴的律文。

【今譯】

清除奴道，其故與……行之，不……Q02_01_061A

【釋文】

☐馬奴【苑】□①☐Q02_01_062

【匯釋】

①奴，王貴元（2001）讀爲“駑”。

苑，**有三說：一、釋爲“苑”**。陳偉主編（2016：45）：該字殘去左半，右半與“道”字所从明顯有别，而與“苑”字近似，故改釋。《二年律令·徭律》簡413：“補繕邑院，除道橋，穿波（陂）池，治溝渠，塹奴苑，自公大夫以下……”整理小組注：“《水經注·滱水》云水‘不流曰奴’。”彼此或有關。**二、釋爲“道”**。再整理者（2001：98）說。**三、未釋**。整理者（1994：112；1997：35）未釋。今按：“奴”字可能從上讀，“苑”下一字，看殘存筆畫或是“人”字。“苑人”一詞，在

6A 號簡“禁苑吏、苑人及黔首有事禁中，或取其□□□☐”中出現過，是指禁苑中的工作人員。簡文或可釋作“☐馬奴、【苑】【人】☐”。

【釋文】

☐【有】行馳☐Q02_01_063

【釋文】

☐道中而弗得，貲官嗇[①]☐Q02_01_064

【匯釋】

①整理者（1997：34）將簡 63、簡 64 綴合。再整理者（2001：98）：茬口不能吻合。簡 63“馳”下有編繩痕，可能兩片是隔編繩相接的。

【釋文】

☐□二甲[①]，或入[②]Q02_01_065

【匯釋】

①“二”上一字，整理者（1994：118；1997：44）未釋。再整理者（2001：98）認爲應是“夫”字，現已難以辨識。

②入，再整理者（2001：98）釋出。再整理者（2001：98）認爲簡 64 後當與簡 65 相連接，云：兩片茬口不能吻合。從簡 64“道”字前編繩處至簡 65 的下編繩，距離恰好爲半支簡的長度，因而可以推斷拼接當無誤。

【釋文】

令吏徒讀徼行□[①]☐Q02_01_066

【匯釋】

①徒，**有兩說：一、釋爲“徒”，服徭役的人。**再整理者（2001：98）所釋，云：簡文中的“吏徒”屢見，如簡 59、簡 197 等。**二、釋爲“徙”，調任。**整理者（1994：116；1997：42）所釋。

讀，**有四說：一、釋爲“讀”，誦讀。**整理者（1994：116）、再整理者（2001：98）所釋。再整理者（2001：98）：這裏指讀有關的規定。《說文》言部：“讀，誦書也。”**二、釋爲“讂”，請求。**整理者（1997：42）所釋，云：睡虎地秦簡《封診式》簡 36“以書讂首”，整理小組引《廣雅·釋詁》：“求也。”**三、讀爲“續”，接連不斷。**陳偉主編（2016：46）：疑或讀爲“續”。里耶秦簡 5-1“謁告過所縣鄉以次續食”，字或寫作“牘”（8-169+8-233+8-407+8-416+8-1185）。**四、讀爲“繞”，纏繞。**林獻忠（2015）：或可以讀作“繞”。《說文》糸部：“繞，纏也。”《幹祿字書》：“遶，通繞。”《集韻》：“人要切，音蟯。撓，或作繞。”《史記・魏世家》：“繞舞陽之北，以東臨許，南國必危。”《史記・衛將軍驃騎列傳》：“漢益縱左右翼繞單于。”又簡文中多見“耎”字。胡平生先生考證“耎”即“堧”，“就是臨近某一區域、界邊的空地，用今天的話來說，就是一條‘隔離地帶’”。該枚簡内容或即要求吏徒應圍繞著“耎”對禁苑進行巡邏、巡行。

徼，**有兩說：一、循行，巡邏。**再整理者（2001：98）：《說文》彳部：“徼，循也。”《漢書・百官公卿表》：“中尉，秦官，掌徼循京師。”龍崗秦簡亦有“循行”，參看簡39注釋。**二、讀作“檄”，公文書信。**整理者（1997：42）：“徼”假作“檄”，《說文》木部：“檄，尺二書。”

整理者（1997：116－117）讀作“令吏徒，讀徼行□☑”，認爲該簡是關於官吏調任的律文。睡虎地秦簡《秦律十八種》簡162：“實官佐、史柀免、徒，官嗇夫必與去者效代者”，可與之參照。再整理者（2001：98）讀作“令吏徒讀，徼行，□☑”，認爲是關於官吏和服役者在責任區域内值勤巡邏的法律。

【今譯】

……命令官吏及其隨行人員誦讀（相關法令），巡邏……Q02_01_066

【釋文】

出入之，勿令[①]☑Q02_01_067A

【匯釋】

①本簡在“令”字下折斷，整理者（1997：圖版十七）、再整理者（2001：99）在其後綴有一段殘片。陳偉主編（2016：47）將其分置。

【今譯】

出入通行，不要讓……Q02_01_067A

【釋文】

☑佩〈佩〉入[①]☑Q02_01_067B

【匯釋】

①佩入：整理者（1994：108）、再整理者（2001：99）未釋。陳偉主編（2016：47）據紅外影像釋出，云：可參考簡5“佩入”。

【釋文】

☑首盜[①]Q02_01_069

【匯釋】

①首盜，**有三説：一、帶頭爲盜**。再整理者（2001：100）：歷代法律嚴懲首惡、造意。**二、自首或告發盜賊**。再整理者（2001：100）：一説“首”有自首、告發之義。《唐律音義·名例第一》：“悔過自言曰首。”《釋文》：“自言其罪謂之首。”“首盜”或與簡72“匿盜”對言。**三、“首”上或缺“黥”字，是黥首爲盜之義**。整理者（1994：113；1997：38）説。

今按：在傳世文獻中，“首盜”一詞比較常見，既可作爲名詞表示帶頭作惡之人，如《刑案匯覽三編·第一編》：“浙江司查例載：造意爲首之盜脱逃，例應免死減等之伙盜供出首盜藏匿確實地方，即行拿獲者，改擬杖一百，流三千里等語。”又可作爲短語表示犯罪者自首或告發盜賊之義，如《唐律疏議·鬭訟》卷二十四：“及首盜者，受經一日，不送隨近州縣及越覽餘事者，減本罪三等。”

【釋文】

☐黥爲城旦舂①，其☐Q02_01_070

【匯釋】

①黥：再整理者（2001：100）：**刑名，在面額等部位刺刻塗墨**。《戰國策·秦策一》：“黥劓其傅”，高誘注：“刻其顙，以墨實其中，曰黥。”

【今譯】

……在面額部刺刻塗墨並判爲城旦舂，其……

【釋文】

殹（也），縱火①而□☐Q02_01_071

【匯釋】

①縱火，**有兩説：一、行獵放火**。陳偉主編（2016：48）：古人行獵亦放火。《爾雅·釋天》“火田曰狩”，郭璞注：“放火燒草獵亦曰狩。”《漢書·長沙王傳》載長沙王劉建德“宣帝時坐獵縱火燔民九十六家”。**二、火耕**。張金光（2004：82）：“縱火”一事很可能與火耕有關。

整理者（1994：113；1997：37）將此簡與簡134“☐希其程□；或稼☐”綴合。再整理者（2001：100）：“程”與“程”下一字之間有中編繩殘痕，按照整理者的綴合，該簡中編繩的位置將比其他簡高出四釐米左右，可見該綴合有問題，今編爲兩號，陳偉主編（2016：48）從之。

【釋文】

☐匿盜[①]☐Q02_01_072

【匯釋】

①再整理者（2001：100）：簡72、簡73從文意看有可能綴連，但是“盜”字之下“賊”字之上有殘缺，茬口不能吻合。

【今譯】

……藏匿盜賊……Q02_01_072

【釋文】

☐賊迹[①]，貲二甲；其靡匿之□[②]☐Q02_01_073

【匯釋】

①賊，**有兩說：一、釋爲“賊”，盜賊**。再整理者（2001：100）改釋。**二、釋爲“毆”，同“驅”。追趕**。整理者（1994：111；1997：34）所釋。

迹：**踪迹**（再整理者，2001：100）。

②靡，**有兩說：一、釋爲“靡”，消滅**。陳偉主編（2016：48）所釋，云：《方言》卷十三：“靡，滅也。”“靡”“匿”義相關。**二、釋爲“罪”，罪行**。整理者（1994：111；1997：34）、再整理者（2001：100）皆釋爲“罪”。

“之”下一字，陳偉主編（2016：48）認爲或是“殹”。

【今譯】

（藏匿）盜賊踪迹的，懲罰繳納兩副鎧甲；消滅藏匿……Q02_01_073

【釋文】

☐□捕詷〈詗〉□[①]☐Q02_01_074

【匯釋】

①詷，**有兩說：一、釋爲“詗”，“詗”字之訛，告密**。再整理者（2001：101）：詗，偵。《說文》言部：“詗，知處告言之。”《急就章》：“乏興猥逮詗讂求。”顏注：“詗，謂知處密告之也。”即偵知罪犯藏身之處，向官吏報告。陳偉主編（2016：49）：《二年律令》簡172：“取亡罪人爲庸，不智（知）其亡，以舍亡人律論之。所舍取未去，若已去後，智（知）其請（情）而捕告，及詷告吏捕得之，皆除其罪，毋購賞。”整理小組亦以“詷”爲“詗”字之誤。**二、釋爲“詷”，馬名**。整理者（1994：112）說。

“詷”下之字，陳偉主編（2016：49）疑是“之”字。

【釋文】

□□死□縣道【官】[①]□Q02_01_075

【匯釋】

①"死"下之字，整理者（1994：117；1997：42）釋爲"復"。

【釋文】

□□捕者貲二甲□□Q02_01_076

【今譯】

……捕捉（野獸）的人，罰繳納兩副鎧甲……Q02_01_076

【釋文】

黔首犬入禁苑中而不追獸及【捕】〖獸〗Q02_01_077者勿【敢】Q02_01_078殺；其追獸Q02_01_079及捕Q02_01_080獸者，Q02_01_081殺之；河禁所殺犬[①]，皆【完】Q02_01_082A〖入公；其〗它禁苑[②]，食其肉而入其皮。□Q02_01_083

【匯釋】

①河，**有三說：一、黃河。河禁，指靠近關中的黃河津關禁區。**再整理者（2001：102）：簡文"河禁"明與"它禁苑"對舉，似應理解爲與"禁苑"類似的禁區，文獻中雖無"河禁"明文，但"河津""津關"屢見，今改釋爲"靠近關中的黃河津關禁區"，因其臨近咸陽，"所殺犬完入公"，可以供膳。**二、讀爲"呵"，設置。**整理者（1994：110；1997：33）："河"同"呵"，睡虎地秦簡《田律》簡7注："河（呵）禁所，指設置警戒的地域。"**三、讀爲"呵"，呵責。**李明曉、趙久湘（2011：25）說。

②完：**完整、完好**（再整理者，2001：102）。

入公：**上繳官府**（再整理者，2001：102）。

簡77—81屬於一支簡，基本完整，是整理者（1994：109；1997：33）根據睡虎地秦簡《秦律十八種·田律》簡6—7綴合並補字，下與簡82、簡83連讀。睡虎地秦簡《田律》云："百姓犬入禁苑中而不追獸及捕獸者，勿敢殺；其追獸及捕獸者，殺之。河禁所殺犬，皆完入公；其它禁苑殺者，食其肉而入其皮。"

整理者（1997：圖版拾伍）在簡82A與簡83之間綴兩段殘片。兩殘片一短一長。把殘長片上的文字釋讀爲"入公其"。再整理者（2001：102）將短片去除，殘長片的文字依舊釋爲"入公其"。陳偉主編（2016：50）：其實無論從簡的茬口，還是從殘存筆畫看，這種綴連和釋讀均欠可靠，茲分置，將殘長片編號爲82B，殘短片置於"殘片二"。

【今譯】

百姓的狗進入禁苑中而沒有追獸和捕獸的，Q02_01_077不要Q02_01_078打死；如果是追獸Q02_01_079和捕獸Q02_01_080的狗，Q02_01_081就打死它。在黃河津關禁地打死的狗，都Q02_01_082A要完整地上繳官府；在其他禁苑打死的，可吃掉狗肉而上繳狗皮。Q02_01_083

【釋文】

▨□□□□[①]▨Q02_01_082B

【匯釋】

①對本簡的處理見上簡。陳偉主編（2016：50）：第一字殘筆與“完”字下部不類。第二、三兩字殘泐嚴重，字形輪廓與“入”“公”亦不類。衹有第四字殘存筆畫與“其”有相似之處。茲均存疑備考。

陳偉主編（2016：50）：這段殘簡，按照整理者（1997）圖版的編排，出土號應標識爲164C，可是按照其摹本以及整理者（1994）的圖版，都應標識爲164B。結合整理者的釋文，茲標識爲164B。整理者（1997）的圖版與整理者（1994）、再整理者（2001）圖版上下倒置，姑從後者。

【釋文】

▨禁苑[①]▨Q02_01_084

【匯釋】

①整理者（1994：101；1997：34）在本簡上、下各綴一殘片，再整理者（2001：102）析分。

【釋文】

中獸[①]，以皮、革、筋給用[②]。而毋敢射＝【殺＝】▨[③]▨Q02_01_085

【匯釋】

①中獸：“中獸”闕前文，“中”意不得其詳，可能指狩獵“射中”的野獸，但也有可能指“禁苑中”的野獸，姑以“射中”解之（再整理者，2001：103）。

②革：**去毛加工過的獸皮**。《說文》革部：“獸皮治去其毛曰革。”（再整理者，2001：103）

筋：**肌腱或附著在骨頭上的韌帶**。再整理者（2001：103）：《周禮・考工記・弓人》：“凡相筋，欲小簡而長，大結而澤。小簡而長，大結而澤，則其爲獸必剽，以爲弓，則豈異於其獸。”《周禮正義》：“筋謂牛馬及麋鹿之筋，後有牛筋、麋筋。……筋之小者欲其成條而長，大者欲其摶結而色有潤澤，乃爲良也。”

給用：**供給使用**（再整理者，2001：103）。

③射殺："射殺"二字下皆有重文號，整理者（1994：110；1997：33）未指出，也未釋"殺"字。再整理者（2001：103）將重文號補出。云："毋敢射殺"後可能是官家或百姓畜養的馬、牛、羊等，如有"射殺"者將依法論罪。

整理者（1994：110；1997：33）：該簡或謂取禁苑中獸以其皮、革、筋入官府。睡虎地秦簡《秦律十八種・廄苑律》簡18："其乘服公馬牛亡馬者而死縣，縣診而雜賣其肉，即入其筋、革、角。"陳偉主編（2016：51）：懸泉置簡ⅡT0114③：478（張俊民，2008：292引）："傳馬老、錮病終不可用剝賣者，賈匹千五百，輸筋、革、齒、耳郡庫。"可參看。

【今譯】

……射中野獸，將皮、革、筋供給使用，而不得射殺，敢於射殺……Q02_01_085

【釋文】

入其皮于縣[①]、道官。Q02_01_086

【匯釋】

①于，陳偉主編（2016：51）釋出，云：舊皆未釋。原簡在此字中間斷開。由紅外影像可以看出字的上端是一横筆，應即"于"字。簡26"沒入其□假毆（也）錢財它物于縣、道官"，爲類似表述。

【今譯】

將（獸）皮交給縣、道官府。Q02_01_086

【釋文】

☐□絕行【馳】[①]☐Q02_01_087

【匯釋】

①"絕"上一字，陳偉主編（2016：52）疑爲"得"字。

絕行：**指横穿馳道與在馳道上行走**（再整理者，2001：103）。曹旅寧（2002：166－167）：據龍崗秦簡，當時似乎有專門的陸橋以方便通過馳道。《漢書・昌邑哀王傳》："昌邑帳在是闕外馳道北，未至帳所，有南北行道……"《漢書・成帝紀》："上嘗急召，太子出龍樓門，不敢絕馳道，西至直城門，得絕乃度。"其後元帝"令太子得絕馳道云"。

馳，整理者（1994：111；1997：34）未釋。再整理者（2001：103）補釋爲"馳"，陳偉主編（2016：52）從之。

整理者（1994：111；1997：34）將本簡與簡221"☐行道☐"綴合，又疑二簡同是簡60“中，及奴道絕馳道，馳道與奴道同門橋，及阪☐”的斷片。再整理者（2001：103）則認爲三枚斷簡文字不能相承接，可見不能綴連。

【釋文】

☐□道官皆勿【論】[①]□□☐Q02_01_088

【匯釋】

①論：**論罪**。再整理者（2001：103）釋出。陳偉主編（2016：52）從之。今按：該字筆畫殘缺，但可辨出爲左右結構，左部从“言”旁，整體筆勢與“論”相同，應是“論”字無疑。“勿論”一詞還見於153A號簡：“取人草□□蒸（蒸）、茅□□□勿論□☐”。“勿論”即爲“不論罪”之義。《唐律疏議·職制》卷九：“後人知而聽者，減前人署置一等；規求者爲從坐，被徵須者勿論。即軍務要速，量事權置者，不用此律。”

本簡“道”上一字模糊，根據文意或爲“縣”字。

【今譯】

……（縣）道官府都不應論罪……Q02_01_088

【釋文】

☐□中獸得[①]☐Q02_01_089

【匯釋】

①“中”上一字，陳偉主編（2016：52）疑爲“苑”，云：紅外影像可見一清晰的斜筆，與“苑”字所从相同，或即“苑”字之殘。

中，整理者（1994：110；1997：34）、再整理者（2001：103）未釋。陳偉主編（2016：52）釋出，云：“中獸”連文亦見於簡27、簡85。

【釋文】

得殀[①]，及爲作務羣它[②]☐Q02_01_090

【匯釋】

①殀，**有兩說：一、釋爲“殀”，同“殘”，殘餘**。陈伟主编（2016：52）說。**二、釋爲“歾”，同“殘”，禽獸吃剩的動物殘骸**。整理者（1994：108；1997：31）：《說文》歺部：“禽獸所食餘也。”再整理者（2001：104）：後寫作“殘”。

②作務：**從事手工業生產**。參看簡10B的注釋。

羣它：**據文意下文應是“物”字。羣它物，其他各種東西**。《效律》：“羣它物當負賞（償）而僞出之以彼（貱）賞（償），皆與盜同法。”（再整理者，2001：

104）整理者（1994：108；1997：31）：其後當殘一“物”字。睡虎地秦簡《秦律十八種·田律》簡2“羣它物傷稼者”，整理小組注：“羣它物，等物。”

再整理者（2001：104）：本簡可能是對獲准進入禁苑的吏民，撿到禽獸吃剩的動物殘骸以及做工時遇到野獸襲擾等情形的規定。其後可能與簡32、簡33、簡34中的某簡有關聯。

【今譯】

撿到禽獸吃剩的動物殘骸，以及集體從事手工業生產時有各種動物……Q02_01_090

【釋文】

☐□善射者敦伍①☐Q02_01_091

【匯釋】

①敦：**讀爲“屯”，屯防、屯聚**。整理者（1997：33）：或作爲“屯”，睡虎地秦簡《秦律雜抄》簡12“敦長”即“屯長”。再整理者（2001：104）：“屯”爲屯防之意。張金光（2004：79）：本簡當是指招善射者入苑屯聚或編成隊列集體射獵而言。

伍，**有二說：一、釋爲“伍”，古代軍隊的編制，五人爲一隊**。陳偉主編（2016：53）釋出，云：睡虎地秦簡《秦律雜抄》簡35—36：“冗募歸，辭曰日已備，致未來，不如辭，貲日四月居邊。·軍新論攻城，城陷，尚有棲未到戰所，告曰戰圍以折亡，叚（假）者，耐；敦（屯）長、什伍智（知）弗告，貲一甲，伍二甲。”《後漢書·馬融列傳》：“校隊案部，前後有屯，甲乙相伍，戊己爲堅。”均有敦、伍相次，可參看。**二、未釋**。整理者（1994：110；1997：33）說。再整理者（2001：104）：“敦”下一字已殘，似从立人旁。

【今譯】

（招募）善於射箭者（入禁苑）屯聚或編成隊列……Q02_01_091

【釋文】

☐□弩矢殹（也）□①☐Q02_01_092

【匯釋】

①殹，**有三說：一、釋爲“殹”**。陳偉主編（2016：53）：此字上端似是編繩所在，簡面和字迹均有殘損，但可以看出右旁是“殳”，左旁與“殹”所从相近，故改釋。**二、釋爲“故”**。整理者（1994：117；1997：42）所釋。**三、未釋**。再整理者（2001：104）。

【釋文】

〼□【黥】爲城旦【舂】①〼Q02_01_093

【匯釋】

①整理者（1997：37）將本簡與簡115“〼盜馬、牛歸□〼”綴連。再整理者（2001：104）析分，陳偉主編（2016：54）從之。

【今譯】

……在面額部刺刻塗墨並判爲城旦舂……Q02_01_093

【釋文】

〼□入【禁】①〼Q02_01_094

【匯釋】

①“入”上一字，**有三說：一、釋爲“僞”**。整理者（1994：106；1997：29）所釋。**二、疑爲“昜”或从“昜”之字**。汪雪（2015）：“爲”字寫法與此字的字形有明顯不同，此字下部作“勿”形，整體與“昜”形近，推測其爲“昜”或从“昜”之字。**三、未釋**。再整理者（2001：104）、陳偉主編（2016：54）未釋。

【釋文】

〼外雉①〼Q02_01_095

【匯釋】

①外，**有兩說：一、釋爲“外”**。陳偉主編（2016：54）所釋。**二、釋爲“苑”**。整理者（1994：110；1997：34）、再整理者（2001：104）均釋爲“苑”。

外雉：**某區域外的雉**。李天虹、曹方向（2015）：龍崗秦簡多處提到“禁苑中”“禁中”“壖中”，所記其間品物有“禁苑中木柞、棫、橎、楢”（簡38）、“禁中豺、狼”（簡32）、“壖中獸”（簡27）等。簡34又有“取其豺、狼、豲、貈、狐、貍、彀、□、雉、兔者，毋罪”的律文，提到了“雉”。簡31有“諸弋射甬道、禁苑外□□□”之語，由所謂“弋射”看，其規定或與禁苑外的鳥獸有關。本簡殘去的、上與“外雉”相連的文字，很可能是某處區域的名稱，“外雉”說的是某區域外的雉，“外”之義與上述簡文裹的“中”正好相對。

【釋文】

勿令巨罪①。〼Q02_01_096

【匯釋】

①巨：**通“歫”，至**。睡虎地秦簡《語書》：“令吏民皆明智（知）之，毋巨（歫）於罪。”整理小組注：“歫，至。……毋歫於罪，不要犯罪。”（再整理者，2001：105）整理者（1994：113；1997：37）：同歫。《廣雅·釋詁》：“歫，至也。”睡虎地秦簡《語書》：“毋巨（歫）於罪。”

【今譯】

不要使之犯罪。Q02_01_096

【釋文】

☐□殺獸□①☐Q02_01_097

【匯釋】

①整理者（1997：35）將本簡拼接在簡152“部主者各二甲，令、丞、令史各一甲。【馬】☐”之後。再整理者（2001：105）認爲兩簡内容並不相關，另行編出，陳偉主編（2016：54）從之。

【釋文】

廿五年四月乙亥【以來】①，□(一)【犬彘】牛羊貲(二)□□②☐Q02_01_098

【校記】

（一）“犬”上一字模糊不清，再整理者（2001：105）疑是“牧”字，今結合文意和殘存輪廓看，或爲“盜”。本簡是説對盜犬、彘、牛、羊者判處“貲”刑。簡100A“牧縣官馬、牛、羊盜□之，□□☐”、簡115“☐盜馬、牛歸□☐”都有提及偷盜馬、牛、羊之事。

（二）“羊”下一字，整理者（1997：35）釋爲“貣”。張金光（2004：7）從之，云：簡中借公馬牛者當爲主管者，因其權便所及而借貪盜取，故加其罪也。今按：“羊”下一字，上部類“此”而非“弋”，整體筆畫走勢也與龍崗秦簡中“貲”字相同，應當爲“貲”字，可參看簡76、簡106。

【匯釋】

①廿五年：秦王政二十五年，公元前222年。這可能是某一律令頒布的日期，而此時需要做修改、補充或檢查（再整理者，2001：105）。胡平生（1997）：龍崗秦簡有三處日期記錄，據《中國先秦史曆表》，秦王政廿四年正月甲寅爲二十日；秦王政廿五年四月乙亥爲四月十九日；木牘所記九月丙申，未能確定是哪一年。整理者（1994：120）：《史記·秦始皇本紀》載二十六年“更名民曰‘黔首’”，二十七年“治馳道”，二十八年始皇到過南郡，三十七年“行至雲夢”，崩於沙丘平壹，

結合簡文中的相關記載，可以肯定龍崗秦簡主要的法律條文行用於秦始皇二十七年至秦二世三年的14年間。

以來：再整理者（2001：105）釋出。陳偉主編（2016：54）從之，並云：兩字墨迹脫落，看殘筆、文意蓋是。簡116有“廿四年正月甲寅以來”，可參看。

②犬，再整理者（2001：105）疑是“縣”。陳偉主編（2016：55）改釋爲“犬”。

彘：整理者（1997：35）、再整理者（2001：105）皆釋爲“馬”。陳偉主編（2016：55）：看字形輪廓，恐是“彘”。簡111亦以“彘”敍於“犬”之下，可參看。

整理者（1994：112；1997：36）：該簡當爲秦王政二十五年頒發的有關馬、牛、羊方面的法律條文。

【今譯】

秦王政二十五年四月乙亥以來，（偷盜）狗、豬、牛、羊者罰繳納……Q02_01_098

【釋文】

馬、牛、羊食人【稼】□□□□□□□□十[①] Q02_01_099……令□[②] Q02_01_244 稼償主[③]。Q02_01_162

【匯釋】

①稼，整理者（1997：37）釋。再整理者（2001：106）未從，但認爲簡99可能是關於馬、牛、羊食人稼禾，折算賠償的律文。

“稼”下第一字，再整理者（2001：106）釋爲“之”字。

“稼”下第五字，陳偉主編（2016：55）疑爲“馬”字。

十，**有三説：一、釋爲“十”**。陳偉主編（2016：55）據紅外影像改釋。**二、釋爲“千”**。整理者（1994：113）所釋。**三、釋爲“牛”**。整理者（1997：37）所釋。

②“令”下一字，**有兩説：一、疑爲“以”字**。陳偉主編（2016：55）：此字筆畫殘泐。結合殘筆、文意，疑是“以”字。**二、釋爲“喬”，讀爲“撟”，選取。**整理者（1997：37）：《淮南子·要略》：“覽取撟掇。”高誘注：“撟，取也。”《方言》卷二：“撟、捎，選也。自關而西，秦晉之間，凡取物之上謂之撟捎。”“喬”讀爲“撟”，謂選取相等之“稼”以賠償馬牛羊之所食。

③償：**賠償**（再整理者，2001：127）。

整理者（1997：37）認爲三簡文意相屬。簡99與簡244是一簡之折斷，其間有闕。曹旅寧（2002：153）：簡99、簡162、簡96是對放牧時食人稼的罰則，這顯然屬於秦律《田律》的條文。陳偉主編（2016：56）：《二年律令》簡253：“馬、牛、羊、豨彘、彘食人稼穡，罰主金馬、牛各一兩，四豨彘若十羊、彘當一牛，而令撟稼償主。”對比可知整理者所云當是。簡244、簡162應前後相次。

【今譯】

馬、牛、羊吃掉他人的莊稼Q02_01_099……命令Q02_01_244其用相應的稼禾賠償主人。Q02_01_162

【釋文】

牧縣官馬、牛、羊盜□之①，□□②☑Q02_01_100A

【匯釋】

①牧，**有兩說：一、釋爲“牧”**。再整理者（2001：106）：睡虎地秦簡《秦律十八種·廄苑律》：“將牧公馬牛，馬牛死者，亟謁死所縣，縣亟診而入之……”其中“公馬牛”與本簡“縣官馬牛羊”性質相同。**二、釋爲“故”**。整理者（1994：112；1997：36）所釋。

縣官：**指國家、官府**（再整理者，2001：106）。今按：此處所言的“縣”不是“縣、道官”中與“道”並列的行政單位，而是指國家。《漢書·佞幸傳》載：“恭等幸得免於誅，不宜在中土，臣請收沒入財物縣官。諸以賢爲官者皆免。”其中的“縣”即爲“國家”之義。唐莉莉、黄金貴（2008）：《禮記·王制》：“天子之縣內，方百里之國九，七十里之國二十有一，五十里之國六十有三，凡九十三國。”既然天子所居畿內爲“縣”，則天子所統治的整個國家自然亦可擴而大之謂之“縣”，故“縣”可直接引申爲國家義，文獻中也每見此用法。

“盜”下一字，再整理者（2001：106）疑爲“賣”或“殺”。

②“之”下第一字，整理者（1994：112；1997：36）、再整理者（2001：106）釋爲“弗”。

【今譯】

放牧國家、官府的馬、牛、羊，偷了……Q02_01_100A

【釋文】

馬、牛殺之及亡之①，當償而誶□□□□□□□②☑Q02_01_101

【匯釋】

①亡：**逃跑、丢失**。《說文》亡部：“亡，逃也。”（再整理者，2001：106）整理者意見參看簡112注釋。

②償：**賠償**（再整理者，2001：106）。

而：**與**。《論語·雍也》：“不有祝鮀之佞，而有宋朝之美。”王引之《經傳釋詞》：“而，猶與也，及也。”（再整理者，2001：106）

誶：**斥責、訓斥**（再整理者，2001：106）。今按：睡虎地秦簡《秦律十八種》：“殿者，誶田嗇夫。”整理小組注：“成績低劣的，申斥田嗇夫。”“誶”即“訓誡、斥責”之意，是秦代一種較輕的刑罰，針對情節較輕的行爲，而且使用的對象一般是官吏。

倒數第三字，整理者（1997：36）釋爲“兩”。

【今譯】

馬、牛被殺及丟失，應當讓涉事者照價賠償並加以訓斥……Q02_01_101

【釋文】

沒入私馬、牛、【羊、駒】、犢、羔縣、道官[①]。☑Q02_01_102

【匯釋】

①駒：**馬駒**。整理者（1994：112；1997：36）：《爾雅·釋畜》“玄駒”，郭璞注：“小馬。”

犢：**牛犢**。整理者（1994：112；1997：36）：《說文》牛部：“牛子也。”

羔：**羔羊**。整理者（1994：112；1997：36）：《後漢書·王渙傳》：“蹈羔羊之義。”李賢注引《韓詩·羔羊》薛君章句曰：“小者曰羔，大者曰羊。”

整理者（1997：36）將本簡與簡282“☑□□傳□□☑”綴連。再整理者（2001：107）析分，陳偉主編（2016：57）從之。

【今譯】

將私人的馬、牛、羊、馬駒、牛犢、羔羊沒收繳給縣、道官府。Q02_01_102

【釋文】

諸馬牛到所，毋敢穿穽及置它機[①]。敢穿穽及置它〖機〗能害Q02_01_103人馬牛者[②]，Q02_01_104雖未有Q02_01_105殺傷殹（也），貲二甲。殺傷馬Q02_01_106……【馬】牛[③]。殺Q02_01_110人，黥爲城Q02_01_108旦舂。傷人，贖耐[④]。Q02_01_109

【匯釋】

①“敢穿穽及置它”諸字下皆有重文符號。胡平生（1997）、再整理者（2001：107）認爲“機”字下也應有重文符號，簡中脫錄，並在第一個“機”字處斷讀，陳偉主編（2016：57）從之。云：《二年律令·田律》簡251—252在“穿穽及”三字下有重文符號，整理小組以爲“及”下重文符號衍。彭浩、陳偉、工藤元男（2007：192）參照龍崗秦簡本條，以爲“置它機”三字也應有重文符。整理者（1994：112；1997：36）則在“它”字下斷讀，釋爲“……毋敢穿穽及置它。敢穿穽及置它〖機〗能害人馬牛者……”

穽：**捕捉野獸用的陷阱**。再整理者（2001：107）：《說文》井部“阱，陷也。穽，阱或从穴”，段注：“穿地陷獸。”整理者（1994：112；1997：36）：捕獸陷阱。

睡虎地秦簡《秦律十八種·田律》簡5："置穽網。"

它，**有兩說：一、代詞，別的、其他的**。趙平安（1999）：指穿穽以外的捕獸設施。即下文所說的"它機"。前面說"它"，後面說"它機"，這種前後互足的形式，秦簡中不乏其例。**二、讀如"杝"，藩籬**。整理者（1997：36）：讀如"杝"（它、也古本一字），《廣雅·釋詁》："藩、箄，杝也。"王念孫疏證："杝，今籬字也。"今鄂倫春族人冬季於雪地捕獸，懸肉於竹竿之上，竹竿四周以竹木樁圈圍，設置機關，野獸若進去吃肉，則能進不能出。簡文"它"即此類捕獸設施。

機：**捕捉野獸用的機關裝置**。再整理者（2001：108）：《後漢書·趙壹傳》"罼網加上，機穽在下"，注："機，捕獸機檻也。"

②人，整理者（1994：113）釋爲"入"。整理者（1997：36）、再整理者（2001：107）改釋爲"人"。

人馬牛，**有兩種釋讀：一、將"人馬牛"連讀**。整理者（1997：36）、陳偉主編（2016：58）皆連讀。**二、將"人馬"連讀，在"馬"後點斷**。再整理者（2001：108）："人馬、牛"意指"他人的馬牛"。

③雖：整理者（1997：36）、再整理者（2001：107）釋出。

傷馬：再整理者（2001：107）釋出。

陳偉主編（2016：58）：簡106—110殘去文字中，應有關於"殺傷馬牛"處罰的內容。

④殺人，**有兩說：一、釋爲"殺人"**。再整理者（2001：107）所釋。陳偉主編（2016：58）："殺"字在簡110殘存大半，僅缺失右下部。簡108上端"殺"字僅存"殳"旁下半。兩個殘字的筆畫，大體可合成一個完整的"殺"字，可參看簡97、簡106的"殺"字。茬口亦大致吻合。**二、釋爲"必入"**。整理者（1994：110；1997：34）所釋。

贖耐：**一種財產刑**。參看簡121注釋。

簡103—105是一枚基本完整的簡，整理者（1997：36）根據張家山漢簡《二年律令·田律》簡251—252綴合。再整理者（2001：107）在此基礎上綴連簡106—109。陳偉主編（2016：57）：簡106、簡108屬於同一枚簡，簡110可與簡108綴合。簡106與簡110之間尚有若干字殘去。簡107則當從這段簡文中剔除。

【今譯】

凡是馬、牛所到的地方，不得設置陷阱以及安放其他捕獸設施。有敢於設置陷阱以及安放其他捕獸設施的，會危害Q02_01_103人、馬、牛的，Q02_01_104即使沒有Q02_01_105發生真正的傷害，也罰繳納兩幅鎧甲；殺傷馬Q02_01_006……馬、牛。殺Q02_01_110人，在面額部刺刻塗墨並判爲城旦Q02_01_108舂。傷人，罰以贖耐的錢。Q02_01_109

【釋文】

☐租（?）爲【盜】[①]☐Q02_01_107

【匯釋】

①租，**有三說：一、釋爲“租”。**陳偉主編（2016：58）：此字右邊殘存筆畫顯然不類“典”，可參簡196、簡239“典”字。龍崗簡“與”字多見，右邊“爪”旁的斜筆自右向左傾斜，正好與此字右邊的斜筆方向相反，所以此字也不可能是“與”。與簡141、簡142“租”字相比，可見此字右邊筆畫與“租”所从“且”旁相同，當可肯定是一個从“且”的字，或者就是“租”字。**二、釋爲“典”。**整理者（1994：118；1997：43）所釋。**三、釋爲“與”。**再整理者（2001：107）所釋。

再整理者（2001：107）將本簡與簡106、簡108拼接。陳偉主編（2016：58）則認爲本簡內容與上條律文無關，將其單列。

【釋文】

☐馬、牛、羊、犬、彘于人田[①]☐Q02_01_111

【匯釋】

①再整理者（2001：108）：本簡可能是關於馬、牛、羊、犬、彘進入他人田園，損壞他人稼禾或財物的律文。

【今譯】

馬、牛、羊、犬、豬到他人田中……Q02_01_111

【釋文】

亡馬、牛、駒、【犢、羔】[①]，馬、牛、駒、【犢、羔】皮及□皆入禁□【當】[(一)]□☐Q02_01_112

【校記】

（一）“禁”下第二字，再整理者（2001：108）釋爲“官”，陳偉主編（2016：59）未釋。今按：從原簡圖版殘存筆畫看來，此字爲上下結構，下部似“田”，應爲“當”字，可參看簡18。

【匯釋】

①亡，**有兩說：一、死亡。**劉金華（2001）：死亡之謂。“亡馬”等分別指馬死、牛死、駒死、犢死、□死，因爲本簡後半句有馬、牛、駒、犢、□的皮與□應交入禁中。陳偉主編（2016：59）：劉說可從。**二、走失。**整理者（1994：112；1997：36）：亡，走失。睡虎地秦簡《秦律十八種·廄苑律》簡18：“其乘服公馬

牛，亡馬者而死縣，縣診而雜賣其肉，即入其筋、革、角。”“亡馬”即走失之馬。

馬、牛：再整理者（2001：108）認爲根據簡 102，“馬牛”後應脱一“羊”字。

羔：再整理者（2001：108）據殘畫與簡 102 補出。陳偉主編（2016：59）從之。

【今譯】

馬、牛、馬駒、牛犢、羔羊死亡，這些動物的皮及……都應交入禁苑中……Q02_01_112

【釋文】

☐病駒禁【有】①☐Q02_01_113

【匯釋】

①病：再整理者（2001：109）釋出，並云本簡可能是關於放牧的畜産發生疾病的律文。

駒，**有兩説：一、釋爲“駒”，馬駒**。再整理者（2001：109）説。**二、釋爲“馭”，駕駛馬車**。整理者（1994：118；1997：44）説。

【釋文】

盜牧者與同罪①。☐Q02_01_114

【匯釋】

①盜牧：**指私自在公家的牧場放牧**（馬彪，2013：342）。

【今譯】

……私自在公家牧場放牧者與之同罪……Q02_01_114

【釋文】

☐盜馬、牛歸□①☐Q02_01_115

【匯釋】

①歸：**交還、歸還**。《漢書・陳平傳》：“乃封其金與印，使使歸項王。”（再整理者，2001：108）。

“歸”下一字，整理者（1994：113；1997：37）未釋。再整理者（2001：109）擬釋爲“之”。

“盜”字寫在一單獨殘片上，整理者（1994：113；1997：37）、再整理者

(2001：109) 將其與下段殘片綴合。陳偉主編（2016：60）：茬口未能密合。姑仍之。

【今譯】

……偷盜馬、牛而交還的……Q02_01_115

【釋文】

廿四年正月甲寅以來①，吏行田贏【律】詐（詐）②☐Q02_01_116

【匯釋】

①廿四年：**秦王政二十四年，公元前 223 年**。正月甲寅，據張培瑜《中國先秦史曆表》，顓頊曆秦王政二十四年正月乙未朔，甲寅爲二十日（再整理者，2001：109）。劉信芳、梁柱（1990）：秦王政二十四年。

②行田，**有兩說：一、授田**。張金光（2004：40－42）："行田"之制乃國家授田制。于振波（2004）：考諸戰國秦漢時期的文獻及考古資料，並未發現"行田"即"行獵"的例證，卻有不少將官府授田稱作"行田"的例子，因此，簡 116 中的"行田"是指授田。所謂"行田贏律"是指有關官吏爲滿足某些人的私利，超過法律規定的標準進行授田，這是一種違法行爲。根據《商君書·境內》等文獻來看，名田制爲各等級規定了占有田宅的標準。禁止"行田贏律"的規定表明，秦統一後，確實在全國範圍內推行了名田制。楊振紅（2006：81－82）：將"行田"解釋爲"行獵"不妥。戰國秦漢時期，"行田"是一個專用詞語，專指國家給人民分配土地的行爲。《商君書·算地》"開則行倍"之"行"，杜正勝先生解釋說："行，行田也，即授田。"張家山漢簡《二年律令》之《戶律》簡 313、簡 318，《田律》簡 239 則將"行田"簡稱爲"行"。相反，無論傳世還是出土文獻，均不見"行獵"意義的"行田"，因此，龍崗秦簡中的"行田"應指國家分配土地即授田。臧知非（2007）：行田即授田。本簡之"行田"是指相關官吏授田超過法律規定的要求而言，如超標準授予、超出規定時間授予等，具體情況因簡文殘缺不得而知。陳偉主編（2016：60）："行田"即授田說較爲可信。**二、行獵**。胡平生（1997）、再整理者（2001：109）說。

律：胡平生（1997）釋出。整理者（1994：113；1997：37）："贏"下二字或爲律名，略可辨識爲"假法"。

贏律：**超出法律規定**。胡平生（1997）：睡虎地秦簡《秦律雜抄·除弟子律》簡 6"使其弟子贏律"，整理小組注"贏律"，即過律，超出法律規定，《史記·傅靳蒯成列傳》有"坐事國人過律"。陳偉主編（2016：60）：睡虎地秦簡《法律答問》簡 206："'貸人贏律及介人。'何謂'介人'？不當貸，貸之，是謂'介人'。"簡 207："'餽人贏律及介人。'何謂'介人'？不當餽而誤餽之，是謂'介人'。"大概意思應該是，在允許貸、餽的情況下，貸、餽的量有限定，超過限量就是"贏律"；不當貸、餽而貸、餽，則是"介人"。本簡"贏律"可與之互參。

詐：再整理者（2001：109）釋出，陳偉主編（2016：60）從之。

【今譯】

秦王政二十四年正月甲寅（二十）日以來，官員授田超過法律規定的（數額、標準或時間）欺騙……Q02_01_116

【釋文】

田不從令者[①]，論之如律[②]。▨Q02_01_117

【匯釋】

①田，**有兩說：一、指打獵。**再整理者（2001：110）：打獵。古人田獵有時節約束。**二、典田，職官名。**整理者（1997：41）在"田"後斷讀，認爲本簡與簡239"▨□□上典"文意相屬，"典田"是職官名，相當於簡150"租者且出以律，告典、田典，典、田典令黔首皆智（知）之，及"中的"田典"。張金光（2004：596）從其觀點，云："龍崗秦簡有'典田'一職，當屬里級，或爲'田典'之倒文，其職涉受阻事宜。"

今按：本簡中的"田"還可能是"從事農業生産"之義，簡文是說從事農業活動不遵從法令（即不按農時）者，按律處罰。在龍崗秦簡中就有關於違背農業生産時間活動的處罰規定，如118號簡"一盾。非田時殹（也），及田不□□坐▨"，其中"田時"指農忙時節，簡文文意爲"（貲）一盾。違背從事農業生産的季節，以及從事農業生産活動不……判罪……"。此外，睡虎地秦簡中也有對農業活動的時間規定，如《田律》簡7："春二月，毋敢伐材木山林及雍（壅）隄水不〈泉〉。夏月，毋敢夜草爲灰，取生荔麛䴢（卵）㲉，毋□□□□□□毒魚鱉，置穽罔（網），到七月而縱之。唯不幸死而伐綰（棺）享（椁）者，是不用時。"可參看。

②論之如律：**法律用語，依法論處。**再整理者（2001：110）：《後漢書·光武紀》建武二年詔曰："民有嫁妻賣子欲歸父母者，恣聽之。敢拘執，論如律。"

【今譯】

狩獵不遵守法令的，依法論處。Q02_01_117

【釋文】

一盾。非田時殹（也）[①]，及田不□□坐[②]▨Q02_01_118

【匯釋】

①非：胡平生（1997）釋出。整理者（1997：40）從之。

田時，**有兩說：一、農忙季節。**陳偉主編（2016：61）：田時指農忙季節。里耶秦簡16－5："田時毆，不欲興黔首。"嶽麓書院秦簡1241—1242："田時先行富有賢人，以閒時行貧者。"可參看。**二、狩獵時節**。再整理者（2001：110）：法律規定的狩獵時間。

②"不"下一字，**有兩説：一、疑是"衛"（率）字**。陳偉主編（2016：61）説。**二、釋爲"甶"，讀爲"界"**。整理者（1994：116）：釋爲"甶"，疑假爲"屆"。"屆"與"界"通。整理者（1997：40）：甶，疑假作"界"。該簡或謂不立"阡陌疆畔"之類田界，應受某種懲罰。

"坐"上一字，陳偉主編（2016：61）根據殘筆和文意疑是"弗"字。並云：《秦律十八種·效》簡162—163："故吏弗效，新吏居之未盈歲，去者與居吏坐之，新吏弗坐；其盈歲，雖弗效，新吏與居吏坐之，去者弗坐。"可參看。如然，簡文應讀作："非田時毆及田不率，弗坐。"

"坐"字之下，整理者（1997：40）以爲還有一字。再整理者（2001：110）認爲無字。陳偉主編（2016：61）云："坐"下爲編繩所在，未見字迹。

整理者（1994：116；1997：40）在本簡後綴連簡283、簡167。再整理者（2001：110）析分，陳偉主編（2016：61）從之。

【今譯】

……（罰繳納）一個盾牌；違背農業生產時節，以及從事農業生產活動不……坐。Q02_01_118

【釋文】

而輿□疾敺（驅）入之[①]，其未能□[②]，亟散□□[③]，唯毋令獸□[④]☑Q02_01_119

【匯釋】

①輿，**有兩説：一、釋爲"輿"，車輿**。整理者（1997：35）、再整理者（2001：111）所釋。**二、疑爲"與"，隨從**。陳偉主編（2016：62）：此字上部墨迹脱落，未見"車"旁。或是"與"，指隨從。

"輿"下一字，**有五説：一、釋爲"輗"，舍車**。整理者（1994：111；1997：35）：釋爲"輗"，諸書作"税"，《方言》卷七："税，舍車也。"《史記·李斯列傳》"吾未知所税駕也"，索隱："税駕猶解駕，猶休息也。"舍車之税或當以簡文"輗"爲本字。**二、釋爲"輗"，讀爲"駾"，疾行**。趙平安（1999）：《説文》："駾，馬行疾來貌。"簡文前面説馬跑得快，後面説"疾驅入"，意義相同。**三、疑是"較"字，"輿較"指田獵用的車輛**。胡平生（1997）説。**四、疑是"軌"字，"輿軌"爲一種田獵的車輛**。再整理者（2001：62）説。馬彪（2013：362）："輿軌"，車。**五、疑是"輒"字，就**。陳偉主編（2016：62）：此字右旁基本輪廓應是"耳"，結合文意看，恐是"輒"。

"入"字下，整理者（1994：111；1997：35）以爲有重文符。胡平生（1997）：

以字距推斷，不容再有符號。

②“能”下一字，**有兩說：一、釋爲“袱”，疑爲“逃”字之誤**。整理者（1994：111）說。**二、疑是“被”字，表被動**。陳偉主編（2016：62）說。

③“散”下二字，**有三說：一、“散”下第一字釋爲“離”，第二字未釋。並將“散離”連讀，即“柵籬”**。劉釗（2002）：“散離”是同義複合連綿詞，“散離”即“柵籬”。古从“冊”得聲的“珊”“姍”“刪”等字皆在心紐元部，與“散”字聲韻全同。典籍中“散”字可以與从“冊”得聲的字相通。故“散”可以讀爲“柵”。《廣韻》諫韻：“柵，籬柵。”古代“籬”“欄”二字音義皆通，所以“籬柵”就是“欄柵”，也就是“柵欄”。簡文意思是說用田車將野獸趕入包圍圈，趁其未逃，馬上將野獸柵欄圍住，不讓其外逃。**二、釋爲“離（?）之”**。胡平生（1997）、再整理者（2001：111）所釋，再整理者（2001：111）：散，分離。**三、未釋存疑**。陳偉主編（2016：62）：第一字原簡殘泐嚴重，很難辨識。第二字字形上部輪廓與“之”字有異。存疑。

④唯，胡平生（1997）、再整理者（2001：111）所釋。陳偉主編（2016：62）：此字右旁確實从“隹”，但左旁殘泐，姑仍之。

“獸”字之下，**有兩說：一、疑爲“逃”字**。劉釗（2002）說。**二、疑是“能”字**。胡平生（1997）說。

今按：該字右部的筆畫與“能”的右部明顯不同，並非“能”字。可與簡103中“能”字進行對比。字的右上部似爲“兆”，但因簡文殘缺，是否爲“逃”字難以確定。從文意上看，簡文言“疾毆（驅）入之”似是一場圍獵活動，最後“唯毋令獸逃”，文意上可通。

原簡在“獸”字之下折斷，整理者（1997：35）在其後綴連一段殘片。再整理者（2001：111）析分，陳偉主編（2016：63）從之。

【今譯】

用舍車將（野獸）趕入包圍圈，其未能……馬上將野獸柵欄圍住，不讓野獸（逃走）。Q02_01_119

【釋文】

侵食道、千（阡）邵（陌）及斬（塹）人疇企（畦）①，貲一甲②。Q02_01_120

【匯釋】

①侵食：**侵占**，下簡121有“侵食冢廟”（李明曉、趙久湘，2011：31）。

道：**公用的道路**（再整理者，2001：111）。

千邵：**即“阡陌”，田間小道，舊說南北方向爲“阡”，東西方向爲“陌”**（再整理者，2001：111）。張金光（2004：43）：“侵食道阡陌”即破壞阡陌田作道路。陳偉主編（2016：63）：青川木牘：“田廣一步，袤八則，爲畛。畮（畝）二畛，一百（陌）道。百晦（畝）爲頃，一千（阡）道。道廣三步。"《二年律令·田律》簡245："田廣一步，袤二百卌步，爲畛。畝二畛，一陌道。百畝爲頃，十頃一阡道。道廣二丈。"可參看。

斬：**讀爲"塹"，挖掘**。再整理者（2001：112）：李家浩先生疑讀爲"塹"，訓爲掘。《莊子·外物》"然則厠足而塾之致黃泉"，陸德明《釋文》："塾，……本又作塹，土念反，掘也。"《史記·秦始皇本紀》："三十五年，除道，道九原抵雲陽，塹山堙谷，直通之。"趙平安（1999）：讀爲"塹"，和《左傳》昭公十七年"環而塹之"以及睡虎地秦簡《秦律十八種·徭律》簡117"興徒以斬（塹）垣離（籬）散及補繕之"的"塹"用法相似，是挖的意思。

疇企，**有兩說：一、指田區、耕地**。胡平生（1997）：疇，是相對荒地而言的。《吕氏春秋·慎大》高誘注："疇，畝也。"就是正在耕種之田的意思。企讀爲"畦"，指田區。《楚辭·離騷》注："五十畝爲畦。""斬人疇畦"意思是切割侵占他人的耕田。南玉泉（2001）：疇畦不是規劃爲阡陌的田畛，而是零星不整之田。這種田因地形限制，地勢不平，產量不會與大面積的利於耕作的阡陌之田相同，所以盜取侵占這種田畝，處罰也較輕。張金光（2004）："侵食道阡陌"與"斬人疇企"相對並稱，阡陌用泛稱，疇企則冠以人稱，表明阡陌爲田作公路，而疇企爲私家占田內之布置。臧知非（2007）："斬人疇企"即直接侵占他人土地。**二、指田埂、田界**。劉信芳、梁柱（1990）：疇爲田溝，企爲田中較高可登之處，猶今言田埂。疇企連讀，可粗略地理解爲田界。整理者（1997：41）：田溝及田埂。《說文》："疇，耕治之田也，從田壽，象耕田溝詘也。"朱駿聲《說文通訓定聲》謂"疇"之古文"象起土成棱之形"。又，《說文》："企，舉踵也。"段注："企或作跂。"《方言》卷一："跂，登也。"是知簡文"企"爲田中較高可登之處，猶今言田埂。趙平安（1999）："疇企"相當於湘方言中的"田ji"，也就是書面語說的田埂。"阡陌"是田間的小路，"道"是指供行人通車的大道，"疇企"是指田與田之間的埂。再整理者（2001：112）：李家浩說，疇畦，疑訓爲田界，即田塍。《文選》卷六左太沖《魏都賦》"均田畫疇"，李善注："疇者，界也，埒畔際也。"玄應《一切經音義》卷一七引《倉頡篇》："畦，埒也。"《集韻》齊韻："畦，田起堳埒也。"

②貲一甲：陳偉主編（2016：64）：嶽麓秦簡0957號記有甲與錢、金的比值："貲一甲，直錢千三百卌四，直金二兩一垂（錘）。"（于振波，2010引）可參看。

【今譯】

侵占公用的道路、田間小道，以及掘壞他人的田地，罰繳納一副鎧甲。Q02_01_120

【釋文】

盗徙封①，侵食冢廟②，贖耐。□□冢廟【臾（壖）】③☑Q02_01_121

【匯釋】

①封：**田土疆界的標識**。整理者（1994：116；1997：41）：睡虎地秦簡《法律答問》簡 64："可（何）如爲封？封即田千（阡）佰（陌）頃半（畔）封殹（也）。"《周禮·地官·封人》："爲畿封而樹之。"鄭玄注："畿上有封，若今時界矣。"再整理者（2001：112）：封，田地周圍的土堆，作爲田土疆界的標識。關於"封"的形制，四川青川郝家坪出土的秦牘《秦武王二年爲田律》規定："封高四尺，大稱其高。"以一秦尺合 0.23 米折算，封高約爲一米，是很明顯的田界標識。《法律答問》簡 64 有"盜徙封，贖耐"的內容。

②冢，**有兩說：一、釋爲"冢"，墳墓**。胡平生（1997）釋出，整理者（1997：40－41）、再整理者（2001：112）從之。**二、釋爲"家"，讀爲"稼"**。整理者（1994：116）所釋。張金光（2004：48、53）："侵食稼"是指侵食官田之稼。

廟，**有兩說：一、釋爲"廟"，祠廟**。劉國勝（1997）：據下文"廟"字可知應釋爲"廟"。"侵食冢、廟"是說非法破壞墳冢和祠廟。《漢書·張安世傳》："賜塋杜東，將作穿復土，起冢祠堂。"《漢書·張禹傳》："禹年老，自治冢塋，起祠室。"可知墳冢與祠廟有關連。陳偉主編（2016：64）：結合紅外影像，釋"廟"可信，可參同簡下文"廟"字寫法。**二、釋爲"廬"，房舍**。胡平生（1997）疑是"廬"字。再整理者（2001：112）：指建在田間或墓地的房舍。古代冢墓旁皆有廬室，也稱"依廬"，故簡文"冢廬"連屬。

③贖耐：**一種財產刑**。今按：秦漢時期的"贖刑"具體包括"贖耐""贖死""贖黥""贖遷"等。多數學者認爲秦漢時期的"贖刑"具體存在兩種情況：一種是屬於直接判處的財產刑，即直接判"贖某刑"，"贖耐""贖死""贖黥""贖遷"分別對應不同的財產金額。《二年律令·具律》中規定："贖死，金二斤八兩。贖城旦舂、鬼薪白粲，金一斤八兩。贖斬、府（腐），金一斤四兩。贖劓、黥，金一斤。贖耐，金十二兩。贖䙴（遷），金八兩。"學者稱這種情況爲"正刑""規定刑""實刑"或"獨立贖刑"；另一種是先判處耐罪、死罪、黥罪、遷罪等，但由於其身份特權或皇帝法外施恩允許其以財易刑，學者稱之爲"替換刑"或"附屬贖刑"。關於兩種情況的適用對象和適用範圍，可參看韓樹峰（2011：32－34）。

冢，**有兩說：一、釋爲"冢"**。劉國勝（1997）釋出，整理者（1997：40－41）從之。陳偉主編（2016：64）：釋"冢"可信，可參同簡上一"冢"字和簡 124 的"冢"字。簡文這裏大概是對侵占或破壞"冢廟壖"進行懲罰的條文。**二、釋爲"宗"**。胡平生（1997）所釋。再整理者（2001：112）："宗廟壖"是宗廟墻垣外的空地。

【今譯】

偷移田地界標，侵占墳冢和祠廟，罰以贖耐的錢……宗廟墻垣外的空地……Q02_01_121

【釋文】

盜□櫝[①]，罪如盜□□□□□□□□□□□[②]☑Q02_01_122

【匯釋】

①“盜”下一字，**有三説：一、釋爲“棨”，讀爲“棨”，傳信**。整理者（1994：99、109；1997：32）：或是“棨”字之誤寫。《説文》木部：“棨，傳信也。”朱湘蓉（2006）：棨就是傳信，是符的一種，是一種憑證，可用來出入關口，類似今天的通行證。它是用木製成，上有印章，一分爲二，合符方可通行；或用繒帛。又《説文》木部：“櫝，匱也。”，棨櫝就是裝棨信的匣子。**二、釋爲“槧”，讀爲“槥”，棺櫝**。胡平生（1997）、再整理者（2001：113）：此字下部从米，爲从木之誤；上部右側从殳，左側从叀，讀爲“槥”。槥櫝，簡易的棺材。《説文》木部：“槥，棺櫝也。”《漢書·高帝紀》“令士卒從軍死者爲槥，歸其縣，縣給衣衾棺葬具”，顔注引應劭曰：“小棺也，今謂之櫝。”臣瓚曰：“初以槥致其尸於家，縣官更給棺衣更斂之也。《金布令》曰：不幸死，死所爲櫝，傳歸所居縣，賜以衣棺也。”**三、釋爲“啓米”，意義不明**。趙平安（1999）：該形體上下兩部分有明顯空檔，可以認爲是寫得比較緊湊的兩個字，讀爲“啓米”。“盜啓米櫝罪如盜……”是説盜啓米櫝與什麽什麽同罪。

②“盜”後兩字，再整理者（2001：113）認爲可能是“宗廟”，簡文大概是説盜竊棺材裏的物品與盜竊宗廟的物品同罪。劉釗（2002）：“罪如盜”三字下一字疑應是“禁”字，指禁中而言，如此則簡文是説盜竊棺材裏的物品與盜竊禁中的物品同罪。陳偉主編（2016：65）：看圖版，“盜”字下似衹有一個或兩個字。

【釋文】

盜賊以田時殺□[①]☑Q02_01_123

【匯釋】

①賊，**有兩説：一、釋爲“賊”**。整理者（1997：42）、再整理者（2001：113）所釋。**二、釋爲“貣”**。整理者（1994：117）所釋。

田時：**農忙時節**。參看簡118注釋。

【今譯】

盜賊在農忙時節盜殺……Q02_01_123

【釋文】

人冢[①]，與盜田同灋（法）[②]。☑Q02_01_124

【匯釋】

①人冢，**有兩說：一、釋爲“人冢”**。整理者（1997：39）、劉國勝（1997）、再整理者（2001：114）所釋。再整理者（2001：114）：“人冢”前可能是“壞”字。疑本簡指破壞、夷平他人冢墓，擴充自己的田地。《史記·淮南衡山列傳》：“王又數侵奪人田，壞人冢以爲田。有司請逮治衡山王。”**二、釋爲“人家”**。整理者（1994：115）說。

②盜田：**盜占田地**（再整理者，2001：114）。關於所盜之田的性質，張金光（2004：49－50）云：專指盜取官田而言，不包括民間相互盜他人田。凡以各種方式非法吞占官田者，皆曰“盜田”。楊振紅（2006：96）則認爲唐律中的“盜田”指的是在自己法定占有的土地之外，採取隱秘或公開的手段侵占、搶奪公私田的行爲。而秦漢時期“盜田”的概念和唐代一樣。

【今譯】

（破壞）他人的墳墓，與盜占田地的行爲同罪。……Q02_01_124

【釋文】

不遺程、敗程租者□①，不以敗程租之②☐Q02_01_125

【匯釋】

①遺程：**不足租賦數額**（整理者，1994：114；1997：38）。再整理者（2001：114）：遺，遺漏、遺失。程，課率，此處指“程租”，是國家規定的每個單位面積土地應當繳納田租的定量。遺程租，逃漏應繳納田租的份額。張金光（2004：198）：不足標準租額。楊振紅（2008）：指遺漏應繳納田租的土地份額。今按：“遺程”中的“程”應該指應繳納的田租總數。“程”的意義發生引申，由“取程”“一程”“二程”“三程”中的“單位產量的面積”引申爲“根據這個單位產量面積計算出來的田租總數”。

敗程租，**有兩說：一、指破壞國家規定的田租標準**。再整理者（2001：114）：降低田租規定標準的等級。敗，破壞。租，《說文》禾部：“田賦也。”程是一種法定的國家標準，不是一般的數量、質量規定。《九章算術》卷六：“今有程傳委輸，空車日行七十里，重車日行五十里。”又：“今有程耕，一人一日發七畝，一人一日耕三畝，一人一日耰種五畝。”本簡所說的“程租”與《九章算術》中“程傳”“程耕”意義相近，應是一畝田繳納多少糧食的定額。于振波（2004）：“程租”指田租標準或田租率。“遺程”即脫漏應繳納的田租。“敗程租”即不按法定標準收取租稅。**二、指收取的租禾不合質量**。整理者（1994：111；1997：38）：“敗程”謂不合租賦質量。南玉泉（2001）：程是一個固定的租賦標準。“敗”有不合規定之意，整理者注釋甚確。睡虎地《效律》簡22“積禾黍而敗之”、簡24“禾黍雖敗”等“敗”字，即謂禾黍爛壞，不合質量要求。張金光（2004：198）：租禾質量降低，不合標準。今按："敗程租"中的"程"與"一程""二程""三程"中的"程"意義相同，皆指單位產量面積，是國家規定的田租徵收標準。

"者"下一字，整理者（1994：114；1997：38）擬釋爲"刻"。張金光（2004：198）以"租者刻"連讀，謂"租者刻"是指收租者受檢核。陳偉主編（2016：66）：看紅外影像，此字似被人爲刪削，或是抄手誤書。

②以敗程租之：整理者（1994：114；1997：38）將"之"釋爲"上"，並云原簡"以敗程租上"五字右邊有殘，僅"敗"字右下有重文符殘畫，推測五字均有重文符。再整理者（2001：115）：原簡五字右側稍有磨損，但不至於影響簡文與符號，"敗"字下的墨痕是書寫時連筆的筆迹，不是重文號。陳偉主編（2016：67）：據紅外影像，再整理者（2001：115）說是。

整理者（1994：114；1997：38）將本簡與簡132"☐貲租者一甲☐"綴合。再整理者（2001：115）析分，陳偉主編（2016：67）從之。

【今譯】

……不遺漏應繳納的田租數額及不破壞國家規定的田租標準者，……不以破壞田租標準之……Q02_01_125

【釋文】

盜田①，一町當遺三程者②，□□□③……☐Q02_01_126

【匯釋】

①盜田，**有三說：一、盜占田地。**于振波（2004）：睡虎地秦簡《法律答問》簡64有"盜徙封，贖耐"的規定。"盜徙封"指私自改變田界，以佔取更多的田地，這應當就是"盜田"。盜占的土地不可能在官府登記，因此也不可能向官府繳納田租，顯然屬於違法行爲。**二、盜種田地，或私自開墾田地。**南玉泉（2001）：當指盜種田地。簡文意思是百姓盜種田地二町，相當於遺漏三程的租賦數額。南玉泉（2005：260－261）：盜田即私自開墾田地，不向國家納稅。盜田是違法的，國家制定了專門的法律。當時的法律認爲，凡是無主的土地都是國家所有，私自開墾不當得利，有損國家利益，因此要給以處罰。**三、申報的田地面積少於實有的田地面積。**再整理者（2001：115）：此處疑指申報的田地面積少於實有的田地面積，等於是"盜田"，漢代有"占租"之法。今按：再整理者（2001：115）所說有待商榷。通過少申報田地面積的方式多占田地，在龍崗秦簡中稱爲"匿田"，如簡147："坐其所匿稅臧（贓），與灋（法），沒入其匿田之稼。☐。"

②一，**有兩說：一、釋爲"一"。**陳偉主編（2016：67）改釋，云：其上一筆爲標識符。標識符亦見於簡10、簡34、簡152等。**二、釋爲"二"。**整理者（1997：38）、再整理者（2001：115）所釋。

町：**計算田地面積的單位。**整理者（1994：113；1997：38）：《左傳》襄公二十五年"町原防"，杜預注："堤防間地，不得方正如井田，別爲小頃町。"疏引賈逵注云："原防之地，九夫爲町，三町而當一井也。"《文選·西京賦》薛綜注："町謂畎畝。"漢代徐勝買地鉛券："陌田一町，價錢二萬五千。"再整理者（2001：115）：計算田畝面積的單位。秦代町的面積今已不得而知，或疑即"畛"。南玉泉（2001）：面積較小的、固定的田畝單位，是正式的阡陌之田以外需要根據田畝的實際產量確定租賦標準的田地。龍崗秦律規定町田以"程"爲租賦標準，沒有按固定的田畝單位確立租額標準，同是町田，似亦非按統一的租賦數額繳納。我們推測這當與町田非正式大片的阡陌之田有關，町田需根據田畝的實際產量確定租賦標準，而田畝的產量與土地的質量緊密相關。張金光（2004：60）：盜田"二町當遺三程者"即言盜田二町與遺漏三程之物事相當論處。照此，一町可當一程半，然簡127卻說"當遺二程者"，是重罰也。李明曉、趙久湘（2001：32－33）：町是計算田地面積的單位，即"片"或"塊"。《左傳·襄公二十五年》："町原防，牧隰皋，井衍沃。"杜預注："堤防間地不得方正如井田，別爲小頃町。"孔疏引賈逵曰："原防之地，九夫爲町，三町而當一井也。""町"本指田界或田間小路，《說文》田部："町，田踐處曰町。"引申爲由田界或田間小路分隔而成的一塊塊田地。《走馬樓長沙吳簡·嘉禾吏民田家莂》有："佃田一町，凡卅三畝"（4.467）、"佃田一町，凡廿一畝"（4.512）、"佃田八町，凡六畝"（5.1056）、"佃田十五町，凡五畝"（5.899），可知"町"當表示"一片"或"一塊"土地。

當遺：**當，相當。遺，遺漏**（整理者，1994：113）。

程：**計租單位**。整理者（1994：113－114；1997：38）：在秦律中多指一規定數額。"三程"及下文"二程""一程"等，當是一種田租份額。楊振紅（2008）：簡126、簡127、簡128的"一程""二程""三程"，指的是產出一斗田租的土地份額，份額的單位爲"程"。慕容浩（2017）：所謂"程"就是指產出一斗田租的田畝步數、土地份額。"程"可以視爲計租的一個單位，因此"程"能夠以數量計算，龍崗秦簡中就可以見到"一程""二程"等內容。彭浩（2011）："程"是達到某一單位產量（可以是容量、體積）所需要的田畝數，即一個計租單位。這樣，稅田（應繳納賦稅的田地）的面積和應繳納之租與對應的"程"就是一種比例關係。在確定稅田上的作物種類和相應的"程"之後，就可以得出應收的田租數量。在比較嶽麓秦簡《數》篇的資料後，我們發現，同一種作物的"程"並不一致。由於年成不同，估計各塊稅田的"程"不是一個恒數，可能每年都要重新測算。龍崗秦簡中有"一程""二程""三程"和"希程""遺程""敗程"等用語，"程"就是用作稅田計租單位。"一程"即一個計租單位，如《數》簡0939的"三步一斗"。"二程"即兩個計租單位。"希程"即少程，"遺二程"即遺漏兩個計租單位，"敗程"即壞程、害程。

三程：**三個份額的田租**。

③"者"下第一字，張金光（2004：60）擬補"而"字。

"者"下第二字，楊振紅（2006：87）擬補"律"字。

本簡文字，整理者（1997：38）未作斷讀。再整理者（2001：115）斷讀作："盜田二町，當遺三程者……"

【今譯】

盜占田地，占二町土地相當於逃漏三個份額的田租……Q02_01_126

【釋文】

一町當遺二程者①，而□□□②☐Q02_01_127A

【匯釋】

①一町：張金光（2004：60）據文意在其前補“黔首盜田”四字。

②“而”下第二字，陳偉主編（2016：68）疑爲“詐”（詐）。

整理者（1997：38）、再整理者（2001：115）在本簡後拼綴一段殘片。陳偉主編（2016：68）云兩段殘片的茬口不能吻合，也難以斷定下段文字與上段文字相連，茲分置，見下簡。

【今譯】

（盜占）一町土地，相當於逃漏兩個份額的田租，而……Q02_01_127A

【釋文】

☐其□□毋(一)【詐（詐）】①☐Q02_01_127B

【校記】

（一）本簡殘損嚴重，約存五字。除“詐”字外，諸家皆未釋。經過仔細比對，簡中第一個字當爲“其”，可參看簡44。“詐”前一字當爲“毋”，可參看簡32。

【匯釋】

①詐：陳偉主編（2016：68）根據殘筆釋出。

【釋文】

詐（詐）一程若二程□□□□□①☐Q02_01_128A

【匯釋】

①若：或。再整理者（2001：116）：《漢書·高帝紀》：“以萬人若一郡降者，封萬戶。”顔注：“若者，豫及之辭，言以萬人或以一郡降者，皆封萬戶。”

“程”下第二字，陳偉主編（2016：69）疑是“分”字。

“程”下第三字，再整理者（2001：116）釋爲“之”。陳偉主編（2016：69）疑爲“出”字。

【今譯】

詐騙一個或兩個份額的田租……Q02_01_128A

【釋文】

☐……☐Q02_01_128B

【釋文】

人及虛租希程者①，□城旦舂②；□□□☐Q02_01_129

【匯釋】

①人，**有兩說：一、釋爲“人”**。劉國勝（1997）、整理者（1997：39）、再整理者（2001：116）說。**二、釋爲“入”**。整理者（1994：115）說。

虛租，**有兩說：一、收繳田租有虛數**。再整理者（2001：116）：虛，不實。虛租，收繳田租有虛數。**二、發放口糧**。劉國勝（1997）：《廣雅·釋詁三》：“虛，空也。”《史記·平準書》：“於是天子遣使者虛郡國倉廥以賑貧民。”“虛租”是指發放口糧。

希，**有兩說：一、釋爲“希”，減少、放寬**。整理者（1997：37）：希，同“稀”。“希程”即少程。《論語·公冶長》：“怨是用希。”皇侃疏：“希，少也。”劉國勝（1997）：《廣韻》微韻：“希，施也。”“希程”即睡虎地秦簡《秦律十八種·工人程》簡108之“矢程”，整理者注：“施寬生產的規定標準。”“希程”亦當此義。此簡文意大概是對在與“虛租”“希程”有關的行爲中行職不當的官吏及其他相關之人的處罰。再整理者（2001：116）：希，減少規定的租賦指標。南玉泉（2001）：“希程”意即交租者或以降低自己的田畝等級，或採用其他辦法少交租賦。簡128A“詐一程若二程”等可能也屬於希程範圍。楊振紅（2006：91）：“希程”應是簡134“希其程率”的略稱。“希”不必讀爲“稀”。《爾雅·釋詁下》：“希，罕也。”《集韻》微韻：“希，寡也。”虛租、希程可能同義。**二、釋爲“布”，賦稅**。整理者（1994：115）說。

②“城”上一字，**有三說：一、疑爲“刑”字**。陳偉主編（2016：69－70）：參考龍崗簡從“刀”之字如“到”字寫法，可知此字右旁當是“刀”。其左旁上部殘存筆畫中，有一豎形筆畫，似穿透一筆横畫。綜合考慮，疑是“刑”字。睡虎地秦律和張家山漢律中，不見“耐”與“城旦舂”複合使用，卻多見“刑城旦”“刑城旦舂”的刑名。睡虎地秦簡《法律答問》簡136“夫、妻、子五人共盜，皆當刑城旦。”張家山漢簡《二年律令》簡122：“奴婢有刑城旦舂以下至遷、耐罪，黥顔頯畀主。”是其例證。**二、釋爲“耐”**。整理者（1994：115；1997：39）、再整理者（2001：116）均釋爲“耐”。韓樹峰（2007）：從圖版保留的筆畫字體看，將其釋作“耐城旦舂”沒有任何問題。**三、疑爲“完”或“當”字**。陶安（2009：429）說。

【今譯】

……人以及收取田租有虛數、故意降低應繳納的田租標準的，（施刑）判爲城旦舂……Q02_01_129

【釋文】

☑【若】二程[①]□☑Q02_01_130

【匯釋】

①若，**有兩說：一、釋爲“若”。**整理者（1994：114；1997：38）所釋。陳偉主編（2016：70）：結合紅外影像看，該字所从“右”形的頂端還可見殘存筆畫，當是“若”字之殘，可比照簡128“若”字。**二、釋爲“各”。**再整理者（2001：116）所釋。

“程”下一字，陳偉主編（2016：70）疑爲“分”字。

【釋文】

☑□程直希之[①]☑Q02_01_131

【匯釋】

①“程”上之字，陳偉主編（2016：70）疑爲“所”字，云殘存筆畫與“所”字所从“斤”旁有相似之處，可比照簡148“所”字。

直：再整理者（2001：116）讀爲“值”。

【釋文】

☑貲租者一甲[①]☑Q02_01_132

【今譯】

……懲罰收租者繳納一副鎧甲……Q02_01_131

【釋文】

程田以爲臧（贓）[①]，與同灋（法）。田一町，盡□盈□希[②]☑Q02_01_133

【匯釋】

①程田：**計算土地應繳納田租的份額**（楊振紅，2008）。再整理者（2001：117）：程田，爲田地計算並規定應繳納的田租標準。南玉泉（2001）：程田爲動賓結構，意即評定地畝稅額標準。簡文之意，即在確定田畝租賦標準時作假，與盜臧同法論處。于振波（2004）：“程田”指清丈土地並確定繳納田租數額，在這一過程中弄虛作假，爲自己或他人所牟取的私利，就是“贓”。張金光（2004：61）：即按

田而收標準租。彭浩（2011）：應稅之田簡稱爲“稅田”，見嶽麓秦簡《數》簡0939。測算“稅田”的“程”，稱爲“程田”。今按：“程田”中的“程”是動詞，表示“計算、測量”之義。

贓：**納賄，受賄**。《集韻》唐韻：“受賕曰贓。”《廣韻》唐韻：“納賄曰贓。”（再整理者，2001：116）

②町：整理者（1994：114；1997：38）隸定爲“䀚”。

盈：再整理者（2001：117）釋出，云本簡可能是對官吏給農民的田地確定田租標準時的違法行爲進行懲處的律文。“田一町”以下，可能是按誤差的數量規定處罰的輕重。

【今譯】

計算土地應繳納田租份額的過程中收受賄賂，按同灋論處。田一町，盡……盈……希……Q02_01_133

【釋文】

☐希其程□①；或稼②☐Q02_01_134

【匯釋】

①“程”下一字，**有三說：一、疑爲“辜”字之誤**。整理者（1994：113；1997：37）：字上从古下从邑，疑是“辜”字之誤。《周禮·秋官·掌戮》：“殺王之親者辜之”，鄭玄注：“辜之言枯也，謂磔之。”**二、釋爲“率”**。再整理者（2001：117）：程率，指國家規定的每個單位面積土地應繳田租數量的標準。**三、疑爲“克”字**。陳偉主編（2016：71）：此字形體與馬王堆帛書“克”（參陳松長等，2001：287）有相近之處，待考。

②稼：整理者（1994：113；1997：37）讀爲“加”。再整理者（2001：117）：讀“稼”爲“加”誤。

【今譯】

……故意降低應繳納的田租標準；或稼……Q02_01_134

【釋文】

同罪①。Q02_01_135

【匯釋】

①可參看簡21的注釋。

【今譯】

……判處相同的處罰。

【釋文】

租不能【實】，□□輕重于程[①]，町失三分[②]☑Q02_01_136

【匯釋】

①“輕”前一字，下有重文符號。陳偉主編（2016：72）：此字右側殘存筆畫與“節”字有相近之處（參看簡214“節”字）。疑是“節”，讀爲“即”，假設義。再整理者屬上讀，今改屬下讀。

輕：整理者（1994：115；1997：40）釋爲“程”，再整理者（2001：118）改釋爲“輕”。

輕重：**或輕或重，**指官吏在確定、收繳田租時計量不能公正無偏，少計或多計，少收或多收（再整理者，2001：118）。

程：**指規定的田租數額，**否則不會用“輕重”一詞。此簡應該針對實際徵收中能否徵收足量的田租而制定，規定假如“一町”少了十分之三，應予以什麼樣的懲罰。簡137、簡186、簡187、簡188、簡189、簡191、簡193可能都與此有關（楊振紅，2006：91）。整理者（1994：115；1997：40）將“程”“町”連讀，張金光（2004）從之，云：“程町”是官方標準規定，即町若干當程若干（或一町相當於若干程）。亦即按官定之“程”來“行田”計租，違此即或輕或重，故輕故重，造成“失租”。

②失：**偏失、偏差**（再整理者，2001：118）。

三分：**三成**。《管子·乘馬數》：“人君之守高下，歲藏三分，十年必有三年之餘。”（再整理者，2001：118）

【今譯】

……收田租不能如實，……或少於規定或多於規定田租數額，每一町少收三成的……Q02_01_136

【釋文】

分以上，直其所失臧（贓）及所受臧（贓）[①]，皆與盜同[②]☑Q02_01_137

【匯釋】

①直：再整理者（2001：118）讀爲“值”。

失臧，**有三説：一、“失”讀爲“佚”或“逸”，“失臧”，隱佚、逃避、隱瞞贓款之意。**馬彪（2013：341）説。**二、因違法而損失的財物。**再整理者（2001：118）説。**三、失租之贓。**張金光（2004：61）：本簡“分”是指損失之分數。大抵是指在租的收斂轉輪過程中損失若干分以上，並評估其所失贓價值及所受臧價值。“失贓”即“失租之贓”；“受贓”即“受失租之贓”。失贓、受贓，當是指在入租過程中，因收受賄賂而造成失租，國家受損。這兩者皆爲贓，實是一事之相聯兩面。

受贓：**違法而獲得的財物**（再整理者，2001：118）。

②整理者（1997：38）在此簡後綴連簡 266“☐瀍（法）□☐”。陳偉主編（2016：73）認爲兩簡茬口未能密合，析分。

【今譯】

……分以上，評估其所隱瞞財物以及違法獲得財物的價值，都以盜竊等值財物論處……Q02_01_137

【釋文】

有犯令者而弗得[①]，貲官【嗇】夫[②]☐Q02_01_138A

【匯釋】

①犯令：**違犯法令**。睡虎地秦簡《法律答問》簡 142：“何如爲‘犯令’‘廢令’？律所謂者，令曰勿爲，而爲之，是謂‘犯令’；令曰爲之，弗爲，是謂‘廢令’也。廷行事皆以‘犯令’論。”（再整理者，2001：118）

而：再整理者（2001：118）疑是“而”字。陳偉主編（2016：73）：結合紅外影像看，釋“而”可信。

弗得：**沒有察覺、抓獲**（再整理者，2001：119）。

②官：再整理者（2001：118）疑是“官”字。陳偉主編（2016：73）：結合紅外影像看，釋“官”可信。

嗇：再整理者（2001：118）釋出。

【今譯】

有違法犯令的人，（負責的官吏）沒有察覺，罰官嗇夫……Q02_01_138A

【釋文】

其部中□□□□【貲】二甲[①]。Q02_01_139

【匯釋】

①中：陳偉主編（2016：73）據紅外影像釋。

貲：再整理者（2001：119）釋出。

【釋文】

□竿索不平一尺以上[①]，貲一甲；不盈一尺到[②]☐Q02_01_140

【匯釋】

①"竿"上一字，整理者（1994：115；1997：39）、再整理者（2001：119）皆釋爲"租"。陳偉主編（2016：73）認爲此字右旁殘泐，待考。

竿，有兩說：**一、釋爲"竿"，丈量工具或測算的標記。**陳偉主編（2016：73）：此字下半衹有一豎筆，恐是"竿"字，疑指竹竿一類丈量工具，或通"刊"。《尚書·禹貢上》"隨山刊木"，《史記·夏本記》作"行山表木"，索隱："表木，謂刊木立爲表記。"孫星衍《尚書今古文注疏》：史遷"'刊'作'表'"，"刊蓋削而識之"。簡文中，或指測算的標記。**二、釋爲"笄"，意義不明。**整理者（1994：115；1997：39）、再整理者（2001：119）說。

索，**有三說：一、釋爲"索"，收租時的測量工具。**再整理者（2001：119）釋爲"索"，云：笄索，意未明。疑爲收繳租穀的一種工具或方法。于振波（2012）："索"即繩索，"笄"指插在田地中用以固定繩索且起標識作用的工具。田部官吏在確定某戶某一地段屬於"稅田"之後，在其四周插上標識物，拉起繩索。這或許就是"租笄索"。陳偉主編（2016：74）：索，疑指繩索類丈量工具。《大戴禮記·主言》："然後布指知寸，布手知尺，舒肘知尋，十尋而索，百步而堵，三百步而里，千步而井。"可參看。**二、釋爲"縏"，平量工具。**整理者（1994：115；1997：39）所釋，云：笄縏，疑讀爲"杚槩"，《說文》木部段注："槩與杚同，古字通。"《韓非子·外儲說左下》："槩者，平量者也。"張金光（2004：199）：簡文是說，在收租中用以平量斗桶的"概"如不平直，據其不平之長度若干，則有一定懲罰。**三、未釋存疑。**李明曉、趙久湘（2011：35）：張家山漢簡《奏讞書》簡199有"謂婢背有笄刀"，笄謂插入。"笄"下一字既非"縏"，與其他秦簡中"索"的寫法亦不同。

不平，**有兩說：一、不公平。**劉釗（2002）："平"指公平、合乎標準，"不平"即不公平、不標準。**二、不足。**李明曉、趙久湘（2011：35）："不平"即"不盈"，不足。

②楊振紅（2006：92）：本簡可能與租穀的測量、收納有關。

【今譯】

……收租使用的竿、索，不合乎標準一尺以上，罰一甲；不足一尺到……Q02_01_140

【釋文】

上然租不平而刻者①，□□□□租□□②☐Q02_01_141A

【匯釋】

①刻，**有五說：一、釋爲"刻"，減損。**劉釗（2002）：此字從"刀"，整理者編著的《雲夢龍崗秦簡》一書的釋文即釋此字爲"刻"，是正確的。"刻"字在古

代有“減損”的意思，《荀子·禮論》：“刻死而附生謂之墨，刻生而附死謂之惑。”楊倞注：“刻，損減。”簡文“租不平而刻者”即“田租稱量不標準而加以減損”之意。**二、釋爲“刻”，契刻。**整理者（1994：115；1997：39）：刻，謂刻簡牘爲契券。**三、釋爲“刻”，讀爲“匿”，藏匿。**李豐娟（2011：101）：“刻”相當於“匿”“虛”，即“藏匿”“虛報”“減少”之義。**四、釋爲“刻”，讀爲“劾”，被告劾。**陳偉主編（2016：74）說。**五、釋爲“劾”，讀爲“核”，查核，審核。**再整理者（2001：119）說。

“上”字之下，再整理者（2001：119）加逗號斷讀。陳偉主編（2016：74）：“上然”云云語義未明，姑不斷讀。

②“租”下一字，再整理者（2001：119）疑是“之”。

【今譯】

……田租不合標準而有所減損的……租……Q02_01_141A

【釋文】

皆以匿租者[①]，詐（詐）毋少多，各以其▨Q02_01_142

【匯釋】

①匿租：**隱匿應繳的租賦不繳**（再整理者，2001：120）。張金光（2004：54）：從“詐毋多少”看，此匿租就是藏匿田租而不繳，並可具體化爲一定數量的違法行爲。此即在政府收取田租過程中的貪匿盜竊公租的行爲。“匿租者”是主收租人員，從“皆以”“各以”云云，可見並非一人（戶）所爲，而是帶有相當普遍性的行爲。楊振紅（2006：93－94）：簡142、簡144是關於“匿租”的簡。“匿租”應是簡147中的“所匿稅贓”，即“匿田”的田租。

【今譯】

凡是隱匿租賦不繳者，無論騙取的數量有多少，各按其……Q02_01_142

【釋文】

□□不到所租□【直】[①]，虛租而失之②，如▨Q02_01_143

【匯釋】

①“直”上一字，再整理者（2001：120）疑爲“田”字。

直：再整理者（2001：120）讀爲“值”。

②虛租：參看簡129注釋。

【今譯】

……（繳納的田租）如果不到所租田地應繳之值，虛報田租數額而設法逃漏，如……Q02_01_143

【釋文】

租者、監者詐（詐）受所租、所【監】錢財(一)□①☑Q02_01_144A

【校記】

（一）“所監”下第一字，諸家皆未釋。今按：“監”下第一字殘存輪廓似“錢”，當爲“錢”字，可參看簡26、簡40。

“所監”下第二字，整理者（1994：114）釋爲“貣”。今按：此字爲左右結構而非上下結構，從字形上看，應該是“財”字，可參看簡26、簡178A。如此，簡文應該釋爲“租者、監者詐（詐）受所租、所【監】錢財□☑”。龍崗秦簡中也有其他“錢財”連用的例子，如：“沒入其販假毆（也）錢財它物于縣、道官。☑”（簡26），“諸以錢財它物假田□☑”（簡178A）。這條律文可能是說收租者和監督者在工作過程中，騙取或接受所租、所監對象的錢財時應當如何懲罰。

【匯釋】

①租者：**徵收田租的負責者**（張金光，2004：196）。今按：簡文中的“租者”不是指租戶，而是指徵收田賦的官員。“租”，《說文》：“租，田賦也。从禾，且聲。”“租”的本義指所要繳納的田賦。又可以做動詞，表示“徵收田賦”之義，本簡中“租者”中的“租”正爲此義。

監者：監租者。整理者（1994：114；1997：39）：睡虎地秦簡《法律答問》簡151：“空倉中有薦，薦下有稼一石以上，廷行事貲一甲，令史、監者一盾。”張金光（2004：196）：此“監者”的主要責任當爲監察收租者，以杜絕其於收租中之營私舞弊諸行爲。楊振紅（2006：93－94）：江陵鳳凰山十號漢墓出土簡牘“……定卌一石五斗三升半監（?）印（?）”，其中的“監”應就是簡144的“監者”，即負責監察田租徵收的官吏。

詐，**有三說：一、釋爲“詐”，欺騙**。趙平安（1999）：其左半尚存殘痕，右半爲“作”字，當釋“詐”。陳偉主編（2016：75）：釋“詐”是。**二、釋爲“詣”，到**。再整理者（2001：120）所釋。**三、未釋**。整理者（1994：114；1997：39）說。

第一個“所”字，**有三說：一、釋爲“所”，助詞**。趙平安（1999）釋出，云：“租者監者詐受所租所……”是對租者和監者欺詐行爲進行懲罰的律文。陳偉主編（2016：76）從之，云：此字左下角有一被異物壓印的痕迹。去掉痕迹，形體與“所”字無別，可比照簡137“所”字。**二、釋爲“匜”，測量器具**。整理者（1994：114；1997：39）釋爲“匜”，謂：匜本爲水器，簡文所述爲租賦，似以匜代量器。“□受匿”三字之間與上下文相比，明顯相擠，且字間有殘墨痕。當爲削改所致。**三、釋爲“匿”，藏匿。**再整理者（2001：120）疑釋爲“匿”，云：“受匿租所”或可讀爲“受、匿租所”，即“受租所”與“匿租所”。

第二個“監”字，整理者（1994：114；1997：39）、再整理者（2001：120）未釋。陳偉主編（2016：76）釋爲“監”。云：此字殘泐嚴重，但左邊殘存的筆迹與“臣”有相似之處，頗疑釋“監”字。這條律文可能是說：租者、監者對“租”“監”的結果有欺詐行爲時當如何懲罰。

整理者（1997：39）在本簡後綴有兩個殘片。再整理者（2001：120）認爲各不相連，姑仍其舊。陳偉主編（2016：76）析分。

【今譯】

徵收田租的負責者和監租者在工作過程中，騙取或接受所租、所監對象的錢財……Q02_01_144A

【釋文】

☐……☐Q02_01_144B

【釋文】

☐然☐Q02_01_144C

【釋文】

罪，購金一兩①。相與②☐Q02_01_145

【匯釋】

①購，**有兩説：一、釋爲“購”，獎賞。**劉國勝（1997）所釋，整理者（1997：41）從之。劉國勝（1997）：獎賞之意。作此詞義的“購”亦見於睡虎地秦簡《法律答問》簡134：“甲告乙賊傷人，問乙賊殺人，非傷也，甲當購。購幾何？當購二兩。”再整理者（2001：121）：《漢書·高帝紀》：“乃多以金購豨將。”顏注：“設賞募也。”《居延漢簡甲編》1933：“願設購賞，有能捕斬嚴就君闌等渠率一人，購錢十萬。”**二、釋爲“贖”，贖罪。**整理者（1994：116）所釋。

②相與：**共同，這裏大概是説明賞金共分的情況**（劉國勝，1997）。陳偉主編（2016：76）：《二年律令》簡71—72：“相與謀劫人、劫人，而能頗捕其與，若告吏，吏捕頗得之，除告者罪，有（又）購錢人五萬。所捕告得者多，以人數購之，而勿責其劫人所得臧（贓）。”本條後文或與相關。

【今譯】

……罪，獎賞黃金一兩，共同……Q02_01_145

【釋文】

除其罪[①]，有（又）賞之如它人【告】[②]☑Q02_01_146

【匯釋】

①除：**免去**。再整理者（2001：121）：《史記·淮南衡山列傳》："聞律先自告除其罪。"又《平準書》："入物者補官，出貨者除罪。"

②有：再整理者（2001：121）讀爲"又"，陳偉主编（2016：77）從之。

告：**告發、控告**。《商君書·開塞》："賞施於告姦。"（再整理者，2001：121）

整理者（1997：42）認爲該簡與簡18內容相連續。陳偉主编（2016：77）：《二年律令》簡63—64："智（知）人爲羣盜而通歓（飲）食餽遺之，與同罪；弗智（知），黥爲城旦舂。其能自捕若斬之，除其罪，有（又）賞如捕斬羣盜法。弗能捕斬而告吏，除其罪，勿賞。"本條似與之相關。

"賞之"下，整理者（1997：42）、再整理者（2001：121）加逗號。陳偉主编（2016：77）未斷開。

【今譯】

免除其罪，又賞賜他依據他人告發……Q02_01_146

【釋文】

坐其所匿稅臧（贓）[①]，與灋（法）[②]，沒入其匿田之稼[③]。☑Q02_01_147

【匯釋】

①坐：**以……定罪，承擔罪責**（再整理者，2001：121）。

所匿稅贓：**所隱瞞的租稅獲贓數額**（再整理者，2001：121）。张金光（2004：54－60）："匿稅"亦即"匿租"。"匿稅贓"即匿稅之贓，是在計田收租活動中隱匿租稅的贓罪。先秦秦漢之時，租稅無別，常加混用，皆是指國課田租而言。

②與法：**或是"與盜同法"的簡省表述，或脱"盜同"二字**（陳偉主编，2016：77）。再整理者（2001：121）：法，依法。《漢書·酷吏傳·王溫舒》："弗法。"顔注："法謂行法也。"

③匿田：**隐瞒田亩数量**（再整理者，2001：121）。整理者（1994：114；1997：38）：睡虎地秦簡《法律答問》簡157："部佐匿諸民田，諸民弗知，當論不當？部佐爲匿田，且何爲？已租諸民，弗言，爲匿田；未租，不論。"朱德貴（2004，229－230）：簡文之意謂，鄉之部佐隱匿百姓的田，百姓並不知道，如已經向百姓收取田租而不上報者，就按匿田論處。張金光（2004：54、58）："匿田"實爲藏租。匿田罪的構成要件是"已租""弗言"，即已收租而不上報。匿田罪的本質與定性乃是一種貪污盜竊公租罪，與僅不上報民田之數絕非一事。不上報民田數，可以是已收租而不報，也可以是未收租而不報。楊振紅（2006：94）："匿田"的罪行是否成立主要看其是否收了田租。因此，"匿田"之"田"應指部佐"程田"之田，

即當年耕種的應登記入田租籍中的“田”，而不是田比地籍中的田。所謂“匿田”即隱瞞應繳納田租的土地，主要與“遺程”等相區別。部佐“程田”時少登記應繳納田租的土地數量可能存在兩種情況，一種爲故意所爲，一種是工作疏忽造成。前者又分爲兩種情況，一種是爲了侵吞這些土地上的田租，即秦律中所謂“匿田”；一種是接受了土地主人的賄賂，幫助他們逃避田租，這種情況在現實中應該普遍存在，《後漢書·劉隆列傳》所說“刺史多不平均，或優饒豪右”反映的就是這一現實。簡 148 針對“匿田”以外的兩種情況有說明，接受戶主賄賂的行爲“與盜同法”；因工作疏漏少登記應繳納田租的土地數量，處罰相對減輕。

【今譯】

……按照對方隱瞞租稅所獲贓額定罪，與盜竊罪同論，並沒收其隱瞞的田地上的莊稼。Q02_01_147

【釋文】

其所受臧（贓）①，亦與盗同灋（法）；遺者罪減焉Q02_01_148 一等②，其故③〼Q02_01_149

【匯釋】

①其所受贓：**可能是指接受戶主的賄賂，秦律規定這種行爲與盜同罪**（楊振紅，2006：94）。南玉泉（2001）：秦律將違反國家賦稅規定的不當得利統稱爲贓罪。受賄也屬贓罪。

②遺，**有兩說：一、讀爲“歸”，歸還**。整理者（1997：40）：遺，此指送還贓物。睡虎地秦簡《法律答問》129：“餽遺亡鬼薪於外。”遺，送也。馬彪（2013：341）：讀爲“貴”，訓爲“歸”，《釋名·釋言語》：“貴，歸也。物有所歸仰也。”此處指歸還所受之贓。南玉泉（2001A）：主動交回贓值。**二、遺漏**。再整理者（2001：122）：遺漏。“遺者”疑指簡 125 之“遺程”。楊振紅（2006：94）：再整理者的思考方向是對的。遺即遺程，比之於“匿田”、收受賄賂幫人匿田匿租兩種情況，國家會減輕對“遺程”的處罰，此即“遺者罪減焉”。

罪減焉一等：**減罪一等**。睡虎地秦簡《效律》：“計脫實及出實多于律程，及不當出而出之，直（值）其賈（價）……人戶、馬牛一以上爲大誤，誤自重毆（也），減罪一等。”漢律有“減死一等”“減罪一等”之法（再整理者，2001：122）。

③故：陳偉主編（2016：79）釋出，云：根據紅外影像，其左旁明顯是“古”，恐即“故”字。

簡 148、簡 149 由再整理者（2001：122）綴合，云：簡 148 末字爲“焉”字上半，簡 149 首字爲“焉”字下半，筆畫相連，茬口相接，文意亦恰可相承。

【今譯】

……其受賄獲贓的行爲，也按照盜竊罪論處；歸還所受贓物的減罪Q02_01_148一等，……Q02_01_149

【釋文】

租者且出以律[①]，告典、田典[②]，典、田典令黔首皆智（知）之，及Q02_01_150寫律予租[③]☑Q02_01_177

【匯釋】

①劉國勝（1997）、整理者（1997：39）在“出”後加逗號，將“以律”連下讀。陳偉主編（2016）將“以律”連上讀。

律：**田租稅律**。楊振紅（2006：92）：簡150及簡170兩簡中的“律”應該就是《史記·漢興以來將相名臣年表》所說的“田租稅律”。大概每年要收田租的時候，鄉部嗇夫和部佐都要將國家頒布的“田租稅律”先傳達給“典”（里典）和田典，由他們遍告百姓。

②典、田典：**里典、田官**。劉國勝（1997）：《秦律雜抄·傅律》簡33：“典、老弗告，貲各一甲”，其整理小組注“典”疑爲“里典”，里典即里正，避秦王政諱，可從。龍崗秦簡中“典”“田典”並稱，“田典”應與“典”（里典）有別。秦代“典”“田典”應均爲鄉村基層行政主管官員的屬吏。“典”協助管理鄉里治安、教化諸事，“田典”輔佐管理農事，職責各有具體。整理者（1997：39）：田官名。“典”乃“正典”之省。再整理者（2001：122）：典，即里典、里正。田典，主管農田事務的小吏，或即田嗇夫。睡虎地秦簡《秦律十八種·廄苑律》：“有（又）里課之，最者，賜田典日旬；殿，治（笞）卅。”陳偉主編（2012：437）：田典是典的副貳。陳偉主編（2016：79）：張家山漢簡《二年律令》數見官職名“典”與“田典”（簡305），又有“正”與“典”或“典”與“正”（簡329、簡390），“正”“典”與“田典”（簡201）連文之例，可見“正”“典”“田典”都是鄉里小吏，但彼此各不相同。“正”當即里正，“典”當即里典，兩者不可等同。參看陳偉主編（2012：95）。又裘錫圭（1981）曾指出，鄉嗇夫下面有鄉佐、里典，田嗇夫下面有部佐、田典，這是平行的兩個系統，亦可參。

整理者（1994：115）對“告”至“知之”一段的標點有誤，整理者（1997：39）更正。

③寫律：**抄寫律文**。整理者（1994：116；1997：40）：睡虎地秦簡《秦律十八種·內史雜》簡186：“寫其官之用律。”整理小組注：“寫，抄寫。都官各有所遵行的法律，所以所在的縣要去抄寫。”《居延新簡》E·P·T51·190A：“如太守府書律令。”

再整理者（1997：123）疑本簡可下接簡177，又在簡177下注：簡177疑可上接簡150，但“寫”前一字的殘畫與“及”字下部寫法略有不同，因而未敢確定。

陳偉主編（2016：80）：簡150“及”字下部殘。簡177“寫”前之字僅存下部，與“及”字下半一致。將兩簡拼接後，簡端茬口、筆畫基本吻合。關於“及”字寫法，可參簡103、簡193。這說明，簡150、簡177可以綴合，再整理者的推測可成定論。

【今譯】

收租者出示國家頒布的田租稅律，傳達給里典與田典，再由里典和田典遍告百姓，並且Q02_01_150抄寫律文給予租……Q02_01_177

【釋文】

田及爲詐（詐）僞【寫田】籍[①]，皆坐臧（贓），與盜□☑Q02_01_151

【匯釋】

①寫，整理者（1994：113；1997：37）釋爲“宅”，張金光（2004：67）據此認爲簡中“宅田”當指普通住宅和田地。“宅田籍”即登錄宅田的簿籍文書。再整理者（2001：123）改釋爲“寫”。

詐僞寫田籍：**欺騙或假造田土文書。田籍，占有田地的簿籍文書。詐僞寫文書係法律常見罪名**（再整理者，2001：123）。于振波（2004A）：“田籍”指官府對各戶占有土地情況所做的登記，這是官府收取租稅的主要依據，因此，不論是民戶向官府申報田地時故意隱瞞，還是有關官員沒有如實登記，都將受到懲罰。楊振紅（2006：84－87）：“田籍”，再整理者的注疏大體允當。秦漢時期的傳世文獻中不見“田籍”一詞，但大量材料表示這一時期和後代一樣，政府對每家每戶占有土地等情況製有簿籍。根據張家山漢簡《二年律令・戶律》可知，漢初戶籍是由五個“子簿籍”構成的：民宅園、戶籍、年細籍、田比地籍、田合籍、田租籍，其中關於土地的簿籍占了三種……秦時田籍是否也被分爲田比地籍、田合籍、田租籍三種，以及龍崗秦簡151中的“田籍”是否就是這三種簿籍的統稱，目前還沒有明確的材料可以證明。

【今譯】

……田以及欺騙或假造田土文書的，都根據贓物數量論處，與盜竊（同罪）……Q02_01_151

【釋文】

部主者各二甲[①]，令、丞、令史各一甲[②]。【馬】[③]☑Q02_01_152

【匯釋】

① 部主，**有兩說：一、指管理者**。陳偉主編（2016：81）：《二年律令》簡74：“盜出財物於邊關徼，及吏部主智（知）而出者，皆與盜同法。”整理小組注：“部

主，該管其事。《晉書·刑法志》：‘張湯、趙禹始作監臨、部主、見知、故縱之例。’”又簡144—145：“盜賊發，士吏、求盜部者，及令、丞、尉弗覺智（知），士吏、求盜皆以卒戍邊二歲，令、丞、尉罰金各四兩。令、丞、尉能先覺智（知），求捕其盜賊，及自劾，論吏部主者，除令、丞、尉罰。”“吏部主者”與令、丞並見，猶可與本條比照。**二、指鄉部主管官員。**整理者（1994：111－112；1997：35）：漢代鄉的轄區稱鄉部，亭的轄區稱亭部，“部主”即有關鄉、亭的主管官員。再整理者（2001：124）：疑指鄉部主官官吏。今按：在秦代，鄉的主管官吏一般稱爲“鄉主”而非“部主”，如睡虎地秦簡《封診式》：“·丞某告某鄉主：男子丙有鞫……”而在漢代，鄉的主管官吏可以直接用“鄉部”一詞來表示，如《二年律令·佚律》簡450：“胡、夏陽、彭陽……漢（濮）陽，秩各八百石，有丞、尉者半之。司空、田、鄉部二百石。”也可以稱爲“鄉部嗇夫”，如《二年律令·戶律》簡336：“民欲先令相分田宅、奴婢、財物，鄉部嗇夫身聽其令，皆參辨券書之，輒上如戶籍。有爭者，以券書從事；毋券書，勿聽。”無論秦漢，都沒有用“部主”表示鄉部主管官吏的確切文例。本簡中“部主”中的“部”不是指“鄉部”，而是個動詞，與“主”同義，表示“統轄、管理”之義。簡文中的“部主者”就是指“負責某項事務的主管官吏”，相當於我們今天說的“上司”，這並不是某個確切的職位，而是一個泛稱，因爲每件事務的負責人並不相同，所以都用“主管者”來稱呼。本簡中最後還有一個“馬”字，可能是針對官畜管理中出現的問題，對涉事官吏以及事件的主管人進行處罰。

②令、丞：整理者（1994：111－112；1997：35）將“令”“丞”連讀，以爲“令丞”“令史”當爲部主的屬官。趙平安（1999）、再整理者（2001：124）、陳偉主編（2016：81）將“令”“丞”斷讀。

令、丞、令史：**有兩說：一、縣令、縣丞、縣令史。**趙平安（1999）：簡文“令丞令史”應分別指縣令、縣丞、縣令史。據睡虎地秦簡《秦律雜抄》，秦律規定，主管官員觸犯法律，不僅本人要受懲罰，他的上司也要受到牽連。**二、令，部門主管官吏。丞，部門主管官吏副手。令史，部門主管文書之吏。**再整理者（2001：124）說。

③馬，**有兩說：一、釋爲“馬”。**陳偉主編（2016：81）：原簡在此處折斷，但此字筆畫大半尚存，當是“馬”字殘文，可比照簡103“馬”字。**二、未釋。**整理者（1994：111；1997：35）、再整理者（2001：124）。

【今譯】

……罰主管官吏繳納兩副鎧甲，罰縣令、縣丞與縣令史各繳納一副鎧甲。馬……Q02_01_152

【釋文】

取人草□□蒸（蒸）、茅□□□勿論□[①]☑Q02_01_153A

【匯釋】

①菉，**有兩說：一、讀爲“蒸”，指去皮後的麻秆**。胡平生（1997）：《說文》艸部：“蒸，析麻中榦也。”**二、讀爲“蒸”，指細小的薪柴**。陳偉主編（2016：82）：《詩·小雅·無羊》：“爾牧來思，以薪以蒸，以雌以雄。”鄭玄箋：“麤曰薪，細曰蒸。”

“茅”下第一、二字，**有兩說：一、釋爲“芻稾”**。胡平生（1997）：睡虎地秦簡中常以芻稾連屬，此處“芻”下可能是“稾”字。再整理者（2001：124）：芻，餵養牲畜的草料。稾，禾秆。《說文》艸部：“芻，刈草也。”**二、未釋**。整理者（1994：110；1997：33）未釋。陳偉主編（2016：82）：原簡文字殘泐嚴重，是否爲“芻稾”二字存疑。

“論”下殘字，整理者（1997：33）、再整理者（2001：124）脫錄，陳偉主編（2016：82）補出。

【今譯】

取他人的草……蒸、茅……不予論罪……Q02_01_153A

【釋文】

☐□□□☐Q02_01_153B

【釋文】

黔首皆從千（阡）佰（陌）彊（疆）畔之其[①]☐Q02_01_154

【匯釋】

①疆畔：**田界**。再整理者（2001：124）：《說文》田部：“畔，田界也。”《國語·周語上》“修其疆畔”，注：“疆，境也。畔，界也。”臧知非（2007）：本簡大約是爲了保護他人耕地不受踐踏而特別規定的，衹能從阡陌上通行，而不得走田間穿行，否則受罰。

【今譯】

百姓都從田間小路、田界至……Q02_01_154

【釋文】

黔首錢假其田已（?）□□□者[①]，或□□[②]☐Q02_01_155

【匯釋】

①假其田：**租賃田地。關於“田”的性質，有三說：一、包括官田與私田**。劉信芳、梁柱（1990）：簡文“假田”，應該是以錢、財或其他可折價之物向國家、地

方政府租借土地。當然僅從簡文看，尚不能排除以實物作抵押向地主借土地的可能。臧知非（2007）："黔首錢假其田已""諸以錢財它物假田"與西漢的"分田劫假"和"假民公田"之假田不同。西漢是農民在無地的情況下，耕種國家土地交納"假稅"，或者租種地主土地交納地租，因爲是在無地條件下耕種的，其假稅也好、地租也好，都要先耕種後交納。而龍崗秦簡規定的是用錢、物"假"田的行爲規範，這必須以有相應數量的錢物爲前提，這些假田者不一定是農民，更不一定是無地的農民。所假之田來自何處，是私人的，還是國家的，都無法認定。而在授田制下，有名於上即有田於下，無地農民可以通過正常的授田程序獲得土地，不存在要用錢財"假田"問題。所以，龍崗簡"黔首錢假其田已""諸以錢財它物假田"可能不是針對無地農民規定的。**二、指私田。**再整理者（2001：125）：假，租賃。《漢書・食貨志上》："而豪民侵陵，分田劫假。"顏注："分田謂貧困者無田而取富人田耕種，共分其所收也。假亦謂貧人賃富人之田也。劫，富人劫奪其稅，侵欺之也。"**三、指官田。**張金光（2004：72－73）：此"假田"是假借國家田地。這種假田必須支付一定的代價，即一定數量的錢財或可折抵一定數量錢的"它物"。這種條件也正如普通份地授田一樣，接受國家份地的黔首，必須爲國家盡一定的義務，即要爲國家當兵打仗、納租稅、服徭役。無論就其性質或數量論，"假田"根本不能構成由土地國有制向土地私有制轉化的過渡形式；就其形式或內容而言，其亦不具備"私有"性。彭浩（2011）：官田由"民"租種，稱作"假田"。嶽麓秦簡《數》簡0842也有"假田"的資料，租借者是以繳納實物地租的方式取得土地的使用權，也就是龍崗簡178所說的"它物"。

②"或"下第一字，**有兩說：一、疑爲"未"字。**陳偉主編（2016：83）：原簡字形中部有一貫穿的豎筆，應非"者"字。疑是"未"字，可對比簡202"未"。**二、釋爲"者"字。**整理者（1994：116；1997：41）、再整理者（2001：125）釋爲"者"。

【今譯】

百姓用錢財來租賃土地……者，或……Q02_01_155

【釋文】

田典□【爲】(一)僕射□大人①☑Q02_01_156

【校記】

(一)"典"下第二字，諸家皆未釋，今按：從原簡圖版來看，字形上部分殘缺，下部輪廓似"爲"字，可參看簡175。因本簡殘字太多，具體文意待考。

【匯釋】

①典，**有兩說：一、釋爲"典"。**陳偉主編（2016：83）：原簡筆畫殘泐，大體

可辨是“典”字。“田典”見於簡 150。**二、未釋**。整理者（1994：116；1997：41）、再整理者（2001：125）。

僕射：**職官名**。《漢書·百官公卿表》：“僕射，秦官，自侍中、尚書、博士、郎皆有。古者重武官，有主射以督課之，軍屯吏、騶、宰、永巷宮人皆有，取其領事之號。”顏注引孟康曰：“皆有僕射，隨所領之事以爲號也。若軍屯吏則曰軍屯僕射，永巷則曰永巷僕射。”（再整理者，2001：125）于豪亮（1985：106）：秦律的“僕射”爲低級軍官，是十人之長，或五十人之長。

“人”，再整理者（2001：125）釋出。

【釋文】

黔首田實多其① 【弗】(一)☐Q02_01_157

【校記】

(一)“其”下一字，諸家皆未釋。今按：從殘存筆畫看，此字或爲“弗”，可參看簡 45“弗”字。

【匯釋】

①田實：**田中的農作物**。漢代有“度田不實”之罪。《後漢書·光武紀》：“河南尹張伋及諸郡守十餘人，坐度田不實，皆下獄死。”李家浩認爲，“田實”與庭實、內實、口實、腹實等文例相同，似指田中的農作物（再整理者，2001：125）。楊振紅（2006：83）：李家浩的看法較有道理。再整理者推測簡 159“田”後的殘字爲“實”，從字形看，此字所殘的部分的確是“宀”字頭。假如此字確是“實”字，則證明“田實”確爲一名詞，是“言”的賓語。馬彪（2013：368）：實，財富、獵物。

整理者（1994：116；1997：41）在本簡後綴連簡 284，該簡僅存一個“封”字。再整理者（2001：125）析分，云：“封”字上空白太大，與上一字間隔過長，與簡文中其他字間距明顯有別，疑拼合有誤。陳偉主編（2016：84）從之。

【今譯】

百姓田間的農作物多其……Q02_01_157

【釋文】

黔首或始穜（種）即故☐①☐Q02_01_158

【匯釋】

①始種：**開始耕種。此處似指租賃官田後開始耕種**（再整理者，2001：126）。

“故”下一字，整理者（1994：116；1997：41）釋爲“出”。

【今譯】

百姓或一開始耕種就故……Q02_01_158

【釋文】

▨或即言其田實（?）[①]▨Q02_01_159

【匯釋】

①“實”，再整理者（2001：126）擬釋。

再整理者（2001：126）：簡158、簡159文意似可相承，或可能拼合，但中間或有缺字。又，兩簡文字與簡157有關聯。

【釋文】

迸徙其田中之臧（贓）[①]而不▨Q02_01_160

【匯釋】

①迸，**有兩說：一、分散**。整理者（1994：114；1997：39）：《文選・海賦》：“駭水迸集。”李善注：“《字書》曰：迸，散也。”**二、讀爲“併”，合併**。再整理者（2001：126）說。

徙：**似指轉移“田中之贓”**（張金光，2004：62）。

田中之臧（贓）：其或即指簡147之“匿田之稼”。“匿田之稼”是當被沒收之物，或可稱之爲“田中之臧（贓）”（張金光，2004：62）。

【今譯】

分散轉移田中的贓物（隱瞞未上報的莊稼）……Q02_01_160

【釋文】

▨【罪】及稼臧（贓）論之[①]。Q02_01_161

【匯釋】

①稼臧：**指田地裏的莊稼折算的贓值**（再整理者，2001：126）。

【今譯】

……罪以及按其罪與（所占）田地裏的莊稼折算的贓值論處。Q02_01_161

【釋文】

▨之租[①]▨Q02_01_163

【匯釋】

①整理者（1994：115；1997：40）在此簡後綴連簡164。再整理者（2001：127）認爲根據不足，析分。陳偉主編（2016：85）從之。

【釋文】

☐□田以其半[①]☐Q02_01_164

【匯釋】

①半：**或即疆畔之"畔"**（張金光，2004：67）。

【釋文】

☐□者租匿田[①]☐Q02_01_165

【匯釋】

①租匿田：**對隱匿的田地徵收賦稅**。睡虎地秦簡《法律答問》簡157："部佐匿諸民田，諸民弗知，當論不當？部佐爲匿田，且何爲？已租諸民，弗言，爲匿田；未租，不論爲匿田。"（再整理者，2001：127）

【釋文】

☐律賜苗☐Q02_01_166

【釋文】

☐【輕租】[①]☐Q02_01_167

【匯釋】

①"輕"，**有兩說：一、釋爲"輕"，減輕**。整理者（1994：116；1997：40）所釋。陳偉主編（2016：86）：原簡筆畫殘泐嚴重，殘筆似更接近"輕"，姑從整理者釋。**二、釋爲"程"，課率。程租，是國家規定的每個單位面積土地應當交納田租的定量**。再整理者（2001：127）說。

今按：本簡可能與簡170、簡171、簡173A、簡174文意相關，是說在徵收租稅的過程中"故輕故重"即故意少徵或多徵都要受到處罰，按173A號簡的說法是"輕重同罪"。

【釋文】

☐□租及□☐Q02_01_168

【釋文】

☐□租其田□□☐Q02_01_169

【釋文】

☐租故重①☐Q02_01_170

【匯釋】

①故重：**故意加重**。睡虎地秦簡《法律答問》有論罪“故重故輕”之例，可以參考。其簡36云：“甲有罪，吏知而端重若輕之，論何殹？爲不直。”又：“論獄何謂‘不直’？罪當重而端輕之，當輕而端重之，是謂‘不直’。”（再整理者，2001：128）趙久湘（2011：110－111）：“端”和“故”在秦漢簡牘法律文獻中都有“故意”之義。但“故”是本身就有“故意”義，而“端”的本來意思是“事端”，而製造事端是有意的行爲，因而可引申爲“故意”之義。“端”多用於睡虎地秦簡中，“故”多用於張家山漢簡中，龍崗秦簡也用“故”。

【今譯】

……故意加重租稅……Q02_01_170

【釋文】

☐故輕故重□①☐Q02_01_171

【匯釋】

①故輕：**故意減輕**（再整理者，2001：128）。

“重”下一字，整理者（1997：40）、再整理者（2001：128）脱錄，陳偉主編（2016：86）補出，疑是“罪”字。

【今譯】

……故意加重或故意減輕（租稅）……Q02_01_171

【釋文】

☐【雖】弗爲輕租直①Q02_01_172

【匯釋】

①“雖”，再整理者（2001：128）釋出。

直：再整理者（2001：128）讀爲“值”，云：輕租值，可能指評估、折算匿田、盜田之租的贓值時減少田租應有的價值。

【今譯】

雖然沒有減少田租應有的價值……Q02_01_172

【釋文】

輕【重】同罪[①]☐Q02_01_173A

【匯釋】

①“重”“罪”，再整理者（2001：128）釋出。

【今譯】

故意減輕與故意加重同罪……Q02_01_173A

【釋文】

☐重租與故☐Q02_01_174

【今譯】

……加重租稅和故意……Q02_01_174

【釋文】

以爲盜田。反農□□□[①]☐Q02_01_175

【匯釋】

①“反”，李明曉、趙久湘（2011：42）疑讀爲“返”，指賠償田地主人錢物。

“農”下第一字，陳偉主編（2016：87）疑是“人”字。

“農”下第三字，陳偉主編（2016：87）疑是“以”字，云：僅殘存右半，似是“以”字之殘，可對比本簡第一字“以”。

【釋文】

☐租者不丈[①]☐Q02_01_176

【匯釋】

①“丈”，**有兩説：一、釋爲“丈”，丈量。**再整理者（2001：129）改釋，云：隸書“丈”“支”形近。“不支”不辭，應釋爲“丈量”之“丈”。睡虎地秦簡《爲吏之道·除害興利》：“徒隸攻丈。”丈，丈量。陳偉主編（2016：87）：本簡殘斷，文意難明，姑從再整理者釋。**二、釋爲“支”，意義不明。**整理者（1994：115；1997：40）所釋。

【釋文】

諸以錢財它物假田□[①]☐Q02_01_178A

【匯釋】

①物，**有兩説：一、釋爲“物”**。整理者（1997：41）、再整理者（2001：129）釋。**二、釋爲“勿”，讀爲“物”**。張顯成（2010：392）説。

整理者（1994：116；1997：41）、再整理者（2001：129）在本簡之下均綴合一殘片，陳偉主編（2016：88）析分，云：其上文字殘泐不可辨識，茬口亦不能肯定吻合，茲將其析分。

【今譯】

凡是用錢財或其他物品租賃田地……Q02_01_178A

【釋文】

☑□□□□☑Q02_01_178B

【釋文】

之亦與買者①☑Q02_01_179

【匯釋】

①整理者（1997：41）將本簡與簡 180 綴合。再整理者（2001：129）析分，陳偉主編（2016：88）從之。

【釋文】

☑敢販假□贏①☑Q02_01_180

【匯釋】

①敢，整理者（1994：116）釋爲“取”。整理者（1997：41）、胡平生（1997）改釋。

陳偉主編（2016：88）：本簡應與簡 26 相關。

【釋文】

☑□□與偕①☑Q02_01_182

【匯釋】

①“與”上一字，再整理者（2001：129）釋爲“具”。

【釋文】

☑【若】㈠犯此令□①☑Q02_01_183

【校記】

（一）“犯”前一字，諸家皆未釋。由於原簡的殘缺，僅存字形的右半部分，下部當从“口”，從殘存字形和文意上看，或是“若”字。如此，本簡文意應爲，如果犯此令將接受某種處罰。

【匯釋】

①犯此：再整理者（2001：129）釋出。

【今譯】

如果觸犯此條法令……Q02_01_183

【釋文】

☐□□【二甲】而以☐Q02_01_184

【釋文】

☐其桯盡以[①]☐Q02_01_185

【匯釋】

①桯，**有兩說：一、釋爲“桯”**。陳偉主編（2016：89）所釋。**二、釋爲“程”**。整理者（1994：114；1997：38）、再整理者（2001：130）所釋。今按：從原簡圖版看，此字左旁爲“木”而非“禾”，確爲“桯”字。但“程”與“桯”讀音相近，容易混淆，此處的“桯”或讀爲“程”，表示某種標準。

【釋文】

☐分，失廿石以[①]☐Q02_01_186

【匯釋】

①整理者（1994：114；1997：38）在本簡後綴以簡232以及殘片5。再整理者（2001：130）析分，陳偉主編（2016：89）從之。

【釋文】

☐以上，失租廿石[①]☐Q02_01_187

【匯釋】

①失：偏失，偏差。亦見簡136。

【釋文】

盈廿石到十石①，【貲一甲②；不盈十】石到一石③，☐Q02_01_188

【匯釋】

①“盈”字上，陳偉主編（2016：89）認爲依文例應有“不”字。

②貲，**有兩說：一、釋爲“貲”**。陳偉主編（2016：89）釋，云：原簡殘泐嚴重，但還是可以看出與“論”字不類，當是“貲”字，可對比簡202“貲”。**二、釋爲“論”**。再整理者（2001：130）所釋。

“一甲”，陳偉主編（2016：89）釋出，云：“貲”下兩字均殘。第一字僅存左上角起筆處的筆畫，很可能是“一”字之殘。第二字的整體輪廓尤其是右邊的殘筆，與“甲”字接近，可對比簡41“甲”。

③“不盈十”，再整理者（2001：130）釋出。

【今譯】

（不）滿十石到二十石，罰貲一甲；不滿一石到十石……Q02_01_188

【釋文】

以□□□□；不盈□石到□①☐Q02_01_189

【匯釋】

①到：再整理者（2001：130）釋出。

【釋文】

☐不盈一石☐Q02_01_190

【今譯】

……不滿一石……Q02_01_190

【釋文】

一盾；不盈十石到一石，□①；不盈九分(一)到十☐Q02_01_191

【校記】

(一)“九”下一字，再整理者（2001：130）釋爲“斗”，陳偉主編（2016：90）從之。今按：“九”下一字，當爲“分”。參看簡192中“斗”字寫法，與本簡中此字明顯不同。而仔細比對該字與簡216中的“分”字，字形卻基本重合，“九”下一字爲“分”當無疑。從文意上看，“不盈九分到十（分）”意爲不滿九分之一到十分之一，這也符合龍崗秦簡表示數量範圍從大到小的表達方式。如簡40“二百廿錢到百一十錢，耐爲隸臣妾；□☐”、簡41“貲二甲；不盈廿二錢到一錢，貲一盾；不盈一錢，□☒”和本簡中的“不盈十石到一石”，數量範圍都是從大到小來表示，如果釋爲“斗”，則與龍崗秦簡反映的數量範圍表達方式不符。

【匯釋】

①“一石”下一字，再整理者（2001：130）疑爲“誶”。

【今譯】

……（罰繳納）一個盾牌；不滿十石到一石，（要訓斥），不滿九分之一到十分之一……Q02_01_191

【釋文】

斗，誶[①]；不盈三□到六□[②]，□□□以[(一)]□□☒Q02_01_192

【校記】

(一)“六”下第五字，諸家皆未釋。今按：從原簡圖版來看，此字當爲“以”，可參看簡42A。

【匯釋】

①誶：**訓責，訓斥**。參看簡101注釋。此字整理者（1994：114）釋爲“作”。整理者（1997：39）、胡平生（1997）改釋。

②“三”“六”字，再整理者（2001：130）釋出。

“三”下一字，“六”下一字，陳偉主編（2016：90）疑爲“分”字，云：“三”和“六”下之字，從殘存筆畫和文意看似是同一字。“六”下之字殘存筆畫較多，與“分”字比較接近，可參簡186“分”。“三分”“六分”，即三分之一、六分之一。“三分到六分”意爲三分之一到六分之一，符合龍崗秦簡表示數量範圍從大到小的表達方式，參看簡40注釋。

整理者（1994：115；1997：39）：本簡內容可參睡虎地秦簡《效律》簡5：“斗不正，半升以上，貲一甲；不盈半升到少半升，貲一盾。”

【釋文】

不盈廿石到十石，誶；不盈十石及過十[①]☒Q02_01_193

【匯釋】

①過，**有兩說：一、釋爲“過”**。胡平生（1997）釋出，云：超過之義。陳偉主編（2016：91）：看圖版，釋“過”是。**二、釋爲“近”**。整理者（1994：115；1997：39）所釋。趙久湘（2011：43）：字形似“近”字，且符合“由大到小”特殊稱數規律。

【今譯】

（收租）不滿十石到二十石，訓斥（相關官吏）；不滿十石以及超過十……Q02_01_193

【釋文】

☐廿【石】□☐Q02_01_194

【釋文】

☐及棄臧（贓）焉[①]☐Q02_01_195

【匯釋】

①今按：本簡可能與簡 160 文意相關。

【釋文】

黔首[①]☐Q02_01_196A

【匯釋】

①整理者（1994：117；1997：42）將本簡與下簡綴合。再整理者（2001：131）：此上下兩片簡文意思相接，應當是簡冊前後相承的殘片。但“黔首”二字與後面部分已斷開，茬口也不吻合，是否可以連接，有待今後驗證，今暫從整理者編排。陳偉主編（2016：91）：姑分置，待考。

【釋文】

☐不幸死，未葬[①]☐Q02_01_196B

【匯釋】

①整理者（1994：117；1997：42）將本簡與簡 290“☐□及☐”綴合。再整理者（2001：131）認爲文意不通，筆畫也不相連，分置，陳偉主編（2016：91）從之。

【今譯】

……不幸死亡，沒有埋葬……Q02_01_196B

【釋文】

者棺葬具[①]，吏及徒□辦[②]☐Q02_01_197

【匯釋】

①“者”字之上編繩處有墨迹，陳偉主編（2016：91）以爲待考。

具：**置辦**。整理者（1994：117；1997：42）：《說文》廾部：“共（供）置也。”《儀禮·士相見禮》：“以食具告。”鄭玄注：“具猶辯也。”

②吏及徒：**官吏與其隨行人員**。

“徒”下一字，整理者（1994：117；1997：42）、再整理者（2001：131）均釋爲“去”，去掉、拿掉之義。陳偉主編（2016：92）：對比簡27“去”字，可知釋“去”誤，待考。

再整理者（2001：131）：簡196、簡197文意相接，應是前後相承的殘片。其文可參看：《漢書·高帝紀》四年“漢王下令：軍士不幸死者，吏爲衣衾棺斂，轉送其家”，又八年“令士卒從軍死者爲槥，歸其縣，縣給衣衾棺葬具”，顔注引臣瓚曰：“初以槥致其尸於家，縣官更給棺衣更斂之也。《金布令》曰：不幸死，死所爲櫝，傳歸所居縣，賜以衣棺也。”張伯元（2005：296）：居延漢簡中有“□壽王敢言之。戍卒巨鹿郡廣阿臨利里疾温不幸死，謹與□□槥櫝，參絜堅約，刻書名縣爵里槥敦，參辨券書其衣器所以收”（《居延漢簡釋文合校》7·31）的記載。守邊的戍卒病死後，他的遺物就用參辨券作登記清單，一分爲三，以便存檔和交家屬收驗。其作用與《龍崗秦簡》“去辨□”相同。今按：關於“叁辨券”之制可參看簡11注釋。

整理者（1994：117；1997：42）將本簡與簡234“☐□主弗得，皆贖耐。☐”綴合。再整理者（2001：131）認爲文意不通，拼接後與其他簡的長短形制不符，分置，陳偉主編（2016：92）從之。

【今譯】

……的人，（官家）置辦棺材及安葬的物品，官吏與其隨從人員……辦……Q02_01_197

【釋文】

勿予其言殹（也）①，□宇□□【郡】(一)禁□【及】(二)□②☐Q02_01_198

【校記】

（一）“禁”上一字，或是“郡”字，可參看簡214。

（二）“禁”下第二字，諸家均未釋。今按：從殘存筆畫看，應爲“及”字，可參看簡2“及”字。

【匯釋】

① 予：**贊同。或以爲通“預”，干預，參預**（再整理者，2001：131）。

言：**言論、意見**（熊昌華，2010：13）。

②“字”上一字，**有兩說：一、疑爲“田”字**。陳偉主編（2016：92）：“田宇”一詞見於其他秦漢簡。睡虎地秦簡《爲吏之道》記《魏戶律》云“自今以來，假門逆旅，贅婿後父，勿令爲戶，勿予田宇”，魏德勝（2003：77）認爲田宇即田地宅院。里耶秦簡 8－161＋307 云“潁陰相來行田宇”，陳偉等（2012：98）認爲“田宇”猶田宅。嶽麓秦簡《數》0884 號云“宇方百步，三人居之，巷廣五步，問宇幾何”，可見“宇”指宅地。**二、未釋**。整理者（1997：41）、再整理者（2001：131）。

宇，**有三說：一、釋爲“宇”**。整理者（1997：41）、陳偉主編（2016：92）釋。**二、釋爲“甲”**。整理者（1994：116）釋。**三、未釋**。再整理者（2001：131）。

“宇”下第一字，陳偉主編（2016：92）疑是“盜”字。

“宇”下第二字，整理者（1994：116；1997：41）釋爲“罪”。再整理者（2001：132）云釋“罪”恐非是。

再整理者（2001：132）疑本簡與簡 199、簡 202、簡 279 內容有關聯，是說在官員考核升遷及斷案過程中，宦官不得用言語施加影響。

【今譯】

不贊同其言論……Q02_01_198

【釋文】

宦者其有言䙴（遷）及有罪【者】[①]☑Q02_01_199

【匯釋】

①宦者：**爲官者**。再整理者（2001：132）：太監。一說指爲官者。《說文》宀部：“宦，仕也。”《廣韻》諫韻：“宦，仕宦。”陳偉主編（2016：93）：睡虎地秦簡《法律答問》簡 191：“可（何）謂‘宦者顯大夫’·宦及智（知）於王，及六百石吏以上，皆爲‘縣大夫’。”整理小組注云：宦者，此處意爲仕宦者，即做官的人。閻步克（2009：90－91）指出：宦及知於王，與《二年律令》中“宦皇帝者”應是類似概念。《二年律令》中的帝國臣民分爲三大類：宦、吏、徭使有事。吏是行政官員。宦皇帝者包括宦官，還包括大夫、郎官、謁者，以及皇帝和太子的各種侍從，直接奉侍皇帝（及皇族），構成一個侍臣、從官或說是內官系統。

“罪”下一字，**有兩說：一、釋爲“者”**。再整理者（2001：132）釋。**二、釋爲“必”**。整理者（1997：41）釋。今按：“罪”下一字，殘存的上部筆畫似“者”，可參看簡 204。從文意上看，釋“者”也可通。

整理者（1994：116；1997：41）在本簡下綴連簡 279“☑□□已夬（決）乃☑”以及三個殘片。再整理者（2001：132）認爲簡 279 內容或與本簡有關聯，但未必能夠綴合，另外的殘片皆與本簡無關，另行編出，陳偉主編（2016：93）從之。

本簡在“罪”字下半處折斷，整理者（1994）圖版將這段斷簡誤置於出土號爲 164 的簡之下，整理者（1997）圖版已訂正，再整理者（2001：132）亦予以指出。

【今譯】

爲官者進言干涉官員升遷及有罪者……Q02_01_199

【釋文】

有言縣、道官，園□□[①]▨Q02_01_200

【匯釋】

①園，再整理者（2001：132）釋出，云：通“員”。睡虎地秦簡《日書·盜者》：“盜者園面。”“園”通“圓”，“員”爲“圓”之本字。

“園”下一字，**有兩說：一、釋爲“程”**。再整理者（2001：132）釋，云：員程，關於勞動生産人員定額的法律規定。《漢書·尹翁歸傳》：“責以員程不得取代，不中程輒笞督。”顏注：“員，數也，計其人及日數爲功程。”楊樹達《漢書窺管》卷八：“員程謂定數之程課，如每日斫莝若干石之類。”**二、疑爲“稱”**。陳偉主編（2016：93）：結合紅外影像看，此字右旁與“程”字不類，或是“稱”。

【釋文】

言吏入者，坐臧（贓）與盜同【灋（法）】[①]▨Q02_01_201

【匯釋】

①言，整理者（1994：116）釋爲“害”，整理者（1997：41）、再整理者（2001：132）改釋。

坐贓與盜同法：**非法所得贓值按照盜竊同等贓值論罪**。再整理者（2001：133）：漢代有“坐贓爲盜”之法，與此律文“坐贓與盜同法”相似。《漢書·景帝紀》：“吏及諸有秩受其官屬所監、所治、所行、所將，其與飲食計償費，勿論。它物，若買故賤，賣故貴，皆坐贓爲盜，沒入贓縣官。吏遷徙免罷，受其故官屬所將監治送財物，奪爵爲士伍，免之。……有能捕告，畀其所受贓。”可以參考（再整理者，2001：133）。陳偉主編（2016：94）：睡虎地秦簡《法律答問》簡 131 有“坐贓爲盜”，張家山漢簡《二年律令·關市律》簡 261 有“坐贓與盜同灋”，可併參。

今按：本簡可能是針對官員選拔中收取賄賂而替其說話的行爲進行的懲罰。

【今譯】

……有進言干涉官員選拔者，將其非法所得贓值，按照盜竊同等價值財物論罪。Q02_01_201

【釋文】

▨未央（決）而言者[①]，貲二【甲】。▨Q02_01_202

【匯釋】

①夬（決），**有兩說：一、釋爲“夬”，讀爲“決”，判決、決定。**趙平安（1999）：此字應該釋爲“夬”，讀爲“決”。“決”和“獄”常連用，《史記·燕召公世家》：“召公巡行鄉邑，有棠樹，決獄政事其下，自侯伯至庶人各得其所，無失職者。”睡虎地秦簡《爲吏之道》有“夬獄不正”，即“決獄不正”。再整理者（2001：133）：決，決定。據簡204“罪者獄未決”，可能特指“決獄”。陳偉主編（2016：94）：《嶽麓書院藏秦簡（叁）》簡14：“更論及論失者言夬（決）。”整理者注：“言決，上報裁決內容。”未決而言，似指未裁決即向上級報告。**二、釋爲“史”，意義不明。**整理者（1994：116；1997：42）釋。下簡204、簡279同。

【今譯】

……在沒有判決之前而進言干擾的人，罰繳納二副鎧甲……Q02_01_202

【釋文】

邋（獵）而爭而不剋者[①]☑Q02_01_203

【匯釋】

①邋（獵），**有三說：一、釋爲“邋”，讀爲“獵”，狩獵。**陳偉主編（2016：94）釋出，云：此字與秦簡“邋”字類似，可參看方勇（2012：44）。**二、釋爲“菑”，或指墾荒時立界樁之舉。**整理者（1994：115；1997：40）：該字不清晰，暫定。疑爲“菑”字之異寫，簡文“菑”或指墾荒時立界樁之舉。**三、疑爲“遇”字，相遇。**再整理者（2001：133）說。今按：此字右邊與“遇”不類，可參看簡50，更似“鬣”，當是“邋”字無疑。

爭：**爭搶。**胡平生（1997）、再整理者（2001：133）以爲“爭”字下有重文符號，並在兩“爭”字之間點斷。陳偉主編（2016：95）：從圖版和紅外影像看，此處應無標識符號，茲從整理者釋文。

剋，**有兩說：一、釋爲“剋”，同“克”，取勝。**整理者（1997：40）釋，云：《爾雅·釋詁》：“剋，勝也。”《春秋》宣公八年“雨不克葬”，杜預注：“克，成也。”“爭而不剋”謂爭訟互不相讓。胡平生（1997）：通“克”，取勝。再整理者（2001：133）：《禮記·禮器》：“孔子曰：我戰則克。”鄭注：“克，勝也。”**二、釋爲“刻”，意義不明。**整理者（1994：115）釋。

【今譯】

狩獵進行爭搶而未能取勝者……Q02_01_203

【釋文】

☑罪者獄未夬（決）[①]☑Q02_01_204

【匯釋】

①夬（決）：**決獄，判決獄訟**。《史記・燕召公世家》："召公巡行鄉邑，有棠樹，決獄政事其下。"《韓非子・外儲說左下》："及獄決罪定。"（再整理者，2001：134）

【今譯】

……犯罪者的案子未判決……Q02_01_204

【釋文】

夬（決）□[①]，【貲】各一盾，沒[②]▨Q02_01_205A

【匯釋】

①夬（決）□，**有三說：一、釋爲"夬□"**。陳偉主編（2016：95）：第一字當釋爲"夬"。結合紅外影像看，第二字疑是"之"。**二、釋爲"□入關"**。整理者（1994：109；1997：33）釋。**三、釋爲"史□"**。再整理者（2001：134）釋。

②沒，**有兩說：一、釋爲"沒"，沒收**。整理者（1994：109；1997：33）釋出。陳偉主編（2016：95）：結合圖版和紅外影像看，此字右部尤其是右上部與"沒"字寫法一致，整理者所釋可信。**二、疑是"盜"字，偷盜**。再整理者（2001：134）說。

整理者（1997：33）在本簡下綴連兩段殘片。再整理者（2001：134）："盜"下綴連殘片似與上部並非一簡，因簡文全部磨滅，姑從整理者編排。陳偉主編（2016：95）將本簡之下原綴連的殘片分置。

【釋文】

▨……▨Q02_01_205B

【釋文】

▨□□[①]▨Q02_01_205C

【匯釋】

①第二字，整理者（1994：109；1997：33）釋爲"令"。

【釋文】

道官長，官長問□[①]▨Q02_01_206

【匯釋】

①官長：**（歷代）一司、一曹之長，即長官**。《三國志・魏書・夏侯尚附子玄傳》："眾職之屬，各有官長。……官長則各以其屬能否獻之臺閣"（龔延明，2006：461）

"問"下一字，**有兩說：一、未釋待考**。整理者（1994：116；1997：41）未釋。陳偉主編（2016：96）：此字位於竹簡折斷處，殘存筆畫與"之"有別，待考。

二、疑爲“之”字。再整理者（2001：134）說。

【釋文】

□小□□[①]▨Q02_01_207

【匯釋】

①“小”下一字，**有兩說：一、未釋待考。**陳偉主編（2016：96）：簡文漫漶，待考。**二、釋爲“期”。**整理者（1994：117；1997：42）、再整理者（2001：134）釋。

【釋文】

▨者，皆貲二甲。Q02_01_208

【釋文】

▨□毋言者（?）人□[①]▨Q02_01_209

【匯釋】

①毋，**有兩說：一、釋爲“毋”，不要。**陳偉主編（2016：96）釋，云：可對比簡32“毋”字，“毋”字之上還有一字，據紅外影像，似是“人”或“入”字。**二、釋爲“必”，一定。**整理者（1994：108；1997：31）、再整理者（2001：134）釋。

言，**有兩說：一、釋爲“言”，談論。**再整理者（2001：134）、陳偉主編（2016：96）釋。**二、釋爲“舍”，意義不明。**整理者（1994：108；1997：31）釋。今按：此字中間無貫穿的豎畫，並非“舍”而是“言”，可與簡201“言”字及簡15A“舍”字進行對比。

【釋文】

▨勿禁[①]。Q02_01_210

【匯釋】

①勿，再整理者（2001：135）釋出。

整理者（1994：117；1997：42）將本簡與簡273、簡275、簡274、簡276連綴在一起，再整理者（2001：135）析分，陳偉主編（2016：97）從之。

【釋文】

▨□入縣官▨Q02_01_211

【釋文】

☐【各】貲一盾[①]；【不】[②]☐Q02_01_212

【匯釋】

①各，原簡僅存下半，再整理者（2001：135）釋出。

②不，**有兩說：一、釋爲“不”**。陳偉主編（2016：97）釋出，云：原簡此字大半殘缺，但殘存筆畫比較清晰，恐是“不”字，可對比簡193“不”。與本簡類同的文例，可參簡41。**二、未釋**。整理者（1994：117；1997：43）、再整理者（2001：135）。

【釋文】

復以紿假它人[①]，取☐Q02_01_213

【匯釋】

①紿，**有三說：一、讀爲“給”，給予**。陳偉主編（2016：97）說。**二、讀爲“詒”，欺騙**。整理者（1994：106；1997：28）：《說文》：“詒，相欺詒也。”三、**讀爲“詒”，借給**。再整理者（2001：135）：詒假，借給。《穀梁傳》定公元年：“夫請者，非可詒托而往也。”傳：“詒托猶假寄。”

【今譯】

……再將其借給他人，取……Q02_01_213

【釋文】

南郡用節（即）不紿時[①]，令☐Q02_01_214

【匯釋】

①南郡：**秦郡名。秦昭王二十九年（前278年）設置，治所在楚國舊都郢（今湖北江陵東北）**（再整理者，2001：135）。劉信芳、梁柱（1990）：雲夢原爲楚貴族遊獵之所，入秦爲禁苑，在秦南郡轄境之內。從簡文看，出入雲夢禁苑之符節很可能爲郡縣兩級官員頒發，唯南郡頒發的符節可以隨時出入。整理者（1994：105；1997：28）：《史記·秦本紀》秦昭王二十九年：“大良造白起攻楚，取郢爲南郡。”睡虎地秦簡《語書》即南郡守騰頒發的文告。

用節，**有兩說：一、將“用節”視爲兩個詞。用，財用，物資供應。節，讀爲“即”，假使義**。陳偉主編（2016：98）：《論語·學而》：“節用而愛人，使民以時。”邢昺疏：“省節財用不奢侈而愛養人民。”《鹽鐵輪·水旱》：“用不具，則田疇荒，穀不殖。”節：讀爲“即”，假使義。**二、將“用節”視爲一個詞。按照時節從事生產**。再整理者（2001：135）：用節，按照時節從事生產。《史記·五帝本紀》

謂黄帝“節用水火財物”，正義曰：“節，時節也。……言黄帝教民，江湖陂澤山林原隰皆收採禁捕以時，用之有節，令得其利也。”

給，**有兩説：一、釋爲“給”，供應。**陳偉主編（2016：98）釋出，云：供應義。古人往往“給用”連言。里耶秦簡 8－1844：“蓋布七，度給縣用足，餘三。”《墨子·節用中》：“凡足以奉給民用，則止。”《漢書·蕭望之傳》：“昔先帝征四夷，兵行三十餘年，百姓猶不加賦，而軍用給。”可參看。**二、釋爲“給”，讀爲“怠”，懈怠。**整理者（1997：28）：《廣雅·釋詁》：“緩也。”王念孫：“給與怠同。”再整理者（2001：135）：讀如“怠”，怠慢，懈怠。

本簡整理者（1994：105；1997：28）、再整理者（2001：135）未斷讀，陳偉主編（2016：98）在“時”字後斷讀。

【今譯】

南郡財用物資假如供給不上時，令……Q02_01_214

【釋文】

☐□【取南郡】☐Q02_01_215

【釋文】

☐如三分□①☐Q02_01_216

【匯釋】

①整理者（1997：38）將本簡與簡 219 綴合，再整理者（2001：136）析分，陳偉主編（2016：98）從之。

【釋文】

☐一甲☐Q02_01_217

【釋文】

☐【罪】如盜之①☐Q02_01_218

【匯釋】

①罪，**有兩説：一、釋爲“罪”。**陳偉主編（2016：98）釋出，云：此字僅存下部，據紅外影像，頗似“罪”字之殘，可對比簡 42、簡 145 的“罪”字。簡 122 有“罪如盜”，可參證。**二、未釋。**整理者（1994：118；1997：43）、再整理者（2001：136）。

如：再整理者（2001：136）釋出。

【釋文】

☐□貲一盾[①]☐Q02_01_219

【匯釋】

①“貲”上一字，**有兩說：一、疑是“上”字**。陳偉主編（2016：99）：殘存筆畫似“上”字底部橫畫的殘筆，可比照簡235的“上”。龍崗簡有“上貲”連文之例，如簡140“不平一尺以上，貲一甲”、簡235“以上貲二”等。**二、未釋**。整理者（1994：117；1997：38）、再整理者（2001：136）。

一：整理者（1994：117）釋爲“二”，整理者（1997：38）、再整理者（2001：136）改釋。

盾：整理者（1994：114）釋爲“盜”，整理者（1997：38）、再整理者（2001：136）改釋。

本簡由整理者（1997：38）、再整理者（2001：136）綴合兩段殘片而成。

【釋文】

☐謁者必[①]Q02_01_220

【匯釋】

①謁者：**宮内掌管賓贊接待的官員**。《漢書·百官公卿表》：“郎中令，秦官，掌宮殿掖門戶，有丞。武帝太初元年更名光祿勳。屬官有大夫、郎、謁者，皆秦官。……謁者掌賓贊受事，員七十人，秩比六百石，有僕射，秩比千石。”本簡“謁者”之上殘闕，也可能指謁見者（再整理者，2001：136）。

【釋文】

☐行道☐Q02_01_221

【釋文】

☐罪☐Q02_01_222

【釋文】

☐者皆與☐Q02_01_223

【釋文】

魚□直□□[①]☐Q02_01_224

【匯釋】

①“魚”下一字，**有兩說：一、疑是“蒲”字**。陳偉主編（2016：100）：此字

右旁恐非“𥫗”。或是“蒲”字訛寫。**二、釋爲“𣿅”**。整理者（1994：102；1997：30）、再整理者（2001：136）釋。

【釋文】

☐【律】論之□[①]☐Q02_01_225

【匯釋】

①“之”下之字，陳偉主編（2016：100）疑爲“而”或從“而”之字。

【釋文】

☐□□[①]☐Q02_01_226

【匯釋】

①第一字，整理者（1994：117；1997：42）釋爲“長”。再整理者（2001：136）釋爲“僉”。

第二字，再整理者（2001：136）疑是“縣”字殘筆。

【釋文】

☐官Q02_01_227

【釋文】

☐縣☐Q02_01_228

【釋文】

☐□有☐Q02_01_229

【釋文】

☐甲出☐Q02_01_230

【釋文】

☐【將】□☐Q02_01_231

【釋文】

☐不盈☐Q02_01_232

【釋文】

上及□□□□[㈠]車□□□□□□□□□[①]☐Q02_01_233

【校記】

(一)“車”字上，陳偉主編（2016：101）多錄一字，今删去。

【匯釋】

①“及”，再整理者（2001：137）釋出。

“車”上一字，陳偉主編（2016：101）：或是“入”。

【釋文】

☐□主弗得[①]，皆贖耐[②]。☐Q02_01_234

【匯釋】

①“主”上一字，**有三説：一、疑爲“吏”字**。陳偉主編（2016：101）：殘筆疑是“吏”字下部。吏主，疑是“吏主者”的省稱，指吏中主管其事者。《秦律十八種·廄苑律》簡19—20：“不盈十牛以下，及受服牛者卒歲死牛三以上，吏主者、徒食牛者及令、丞皆有罪。”又《倉律》簡58：“城旦爲安事而益其食，以犯令律論吏主者。”可參看。**二、釋爲“人”**。整理者（1997：42）釋。**三、未釋**。再整理者（2001：137）。

②贖耐：參看簡121注釋。

【今譯】

……負責的官吏未察覺，罰贖耐的錢……Q02_01_234

【釋文】

☐以上貲二☐Q02_01_235

【釋文】

☐貲一甲。☐Q02_01_236

【釋文】

☐者不☐Q02_01_237

【釋文】

☐下皆□☐Q02_01_238

【釋文】

☐□□上典Q02_01_239

【釋文】

☐此律[①]Q02_01_240

【匯釋】

①此，**有兩說：一、釋爲“此”**。陳偉主編（2016：102）釋出。云：簡183有“此令”，《二年律令》簡18、簡47、簡235等有“此律”，可佐證。**二、未釋**。整理者（1994：118；1997：43）、再整理者（2001：138）。

【釋文】

☐尉將☐Q02_01_241

【釋文】

☐□【道官】☐Q02_01_242

【釋文】

☐□□□二日□[①]Q02_01_243

【匯釋】

①二日，整理者（1994：圖版貳壹）圖版倒置，因而釋文（1994：118）作“日二”。整理者（1997：42）、再整理者（2001：138）訂正。

“日”字之下，整理者（1997：43）認爲尚有二字未釋。再整理者（2001：138）認爲“日”字之下存一字，疑是“以”，云：本簡乃一殘斷的簡尾，有下編繩痕迹。陳偉主編（2016：102）：編繩上下簡面有污漬，不易確定筆畫，存疑。

【釋文】

☐【鄉】[(一)]□故☐Q02_01_245

【校記】

（一）第一字諸家皆未釋。今按：從原簡照片來看，該字最右部爲“邑”，且殘存字形與簡250中“鄉”相似，或即“鄉”字。

【釋文】

☐道官Q02_01_246

【釋文】

☐□者吏貲[①]☐Q02_01_247

【匯釋】

①“者”上一字，整理者（1994：106；1997：29）釋爲“入”。

【釋文】

☑【道】(一)而☑Q02_01_248

【校記】

(一)“而”前一字，諸家皆未釋。今按：從字形上看，下部爲“辶”字底，右部殘缺筆畫似“首”，應爲“道”字，可參看簡48。

【釋文】

☑中以☑Q02_01_249

【釋文】

☑【鄉】邑上①☑Q02_01_250

【匯釋】

①鄉，再整理者（2001：139）釋出。

鄉邑：**古代的居民聚居區**。再整理者（2001：139）：《周禮·春官·大宗伯》“乃頒祀于邦國都家鄉邑”，孫詒讓疏引李光坡說曰：“鄉邑，鄉遂公邑。鄉邑之中亦有祀，如社、禜、酺之類。”孫案曰：“鄉遂公邑各有所當祀之神，大宗伯則頒其禮與治邑之吏，使奉其祀也。”《史記·商君列傳》：“而集小鄉邑聚爲縣，置令、丞，凡三十一縣。”

【釋文】

☑□治除□①☑Q02_01_251

【匯釋】

①“治”字之下，再整理者（2001：139）疑有重文號。陳偉主編（2016：103）：“治”下有一短横，應是標識符號，具體作用待考。

“除”下一字，**有兩說：一、未釋存疑**。整理者（1994：118；1997：43）未釋。陳偉主編（2016：103）：此字左旁似與“黑”相近，待考。**二、釋爲“敗”**。再整理者（2001：139）釋。

【釋文】

☑旁不可☑Q02_01_252

【釋文】

☑封□☑Q02_01_253

【釋文】

☑勿Q02_01_254

【釋文】

☑道[①]Q02_01_255

【匯釋】

①道，整理者（1997：44）釋爲“□□”。再整理者（2001：139）釋文作“●□□☑”，云：本簡在上編繩之上有一墨色圓點，應表示一條律文的開始，可知這是一簡的端首。陳偉主編（2016：104）：整理者、再整理者均將此殘片倒置，因此再整理者誤以爲是簡首。本簡所存編繩實際可能是下編繩（也有可能是中編繩）。編繩之上現存一比較清晰的字，顯然是“道”。編繩之下有墨迹［即再整理者（2001：139）所謂表示律文起始的墨點］，性質不明。

【釋文】

☑宇【其】[①]☑Q02_01_256

【匯釋】

①整理者（1994：圖版貳叁）圖版倒置，釋文作“其皆”。整理者（1997：44）釋作“宇其皆”。再整理者指出整理者（1994）圖版倒置，僅釋第二字爲“其”，陳偉主編（2016：104）則將第一字釋爲“宇”。

【釋文】

☑□寸[①]☑Q02_01_257

【匯釋】

①“寸”，整理者（1994：118；1997：44）連上字釋爲“符”。再整理者（2001：140）改釋爲“寸”，陳偉主編（2016：104）從之。

【釋文】

☑□宦者☑Q02_01_258

【釋文】

☑□之不如【令】☑Q02_01_259

【釋文】

▨令▨Q02_01_260

【釋文】

▨分□節□□[①]▨Q02_01_261

【匯釋】

①"分"，**有兩說：一、釋爲"分"**。再整理者（2001：140）疑是"分"字。陳偉主編（2016：104）：此字紅外影像比較清晰，釋"分"是。**二、釋爲"小"**。整理者（1994：118；1997：44）釋。

"節"，**有兩說：一、釋爲"節"**。陳偉主編（2016：104）釋出，云：可參看簡214"節"字。**二、未釋**。整理者（1994：118；1997：44）、再整理者（2001：140）。

【釋文】

▨【出】[㈠]Q02_01_262

【校記】

（一）出，再整理者（2001：140）釋爲"止"。陳偉主編（2016：105）：此字形體與龍崗簡"止"不類，待考。今按：或爲"出"，可參看簡230。

【釋文】

▨□□[①]▨Q02_01_263

【匯釋】

①第一字，整理者（1994：117；1997：42）未釋。再整理者（2001：140）釋爲"丘"。

【釋文】

▨不【從令】▨Q02_01_264

【釋文】

▨□賊□□□[①]▨Q02_01_265

【匯釋】

①本簡再整理者（2001：141）釋作"▨□小□□▨"。陳偉主編（2016：105）：結合紅外影像看，本簡殘存五個字。第二字恐是"賊"字，可比照簡18"賊"。第三字或是"入"字。

【釋文】

☑瀍（法）□☑Q02_01_266

【釋文】

☑旦春□[①]☑Q02_01_267

【匯釋】

①"旦春"，再整理者（2001：141）釋出。陳偉主編（2016：105）：看紅外影像，再整理者說可信。

【釋文】

☑牛□[①]☑Q02_01_268

【匯釋】

①"牛"，整理者（1997：43）、再整理者（2001：141）釋出。

整理者（1994：圖版貳貳）圖版倒置。

【釋文】

☑首[①]Q02_01_269

【匯釋】

①整理者（1994：113；1997：38）："首"上或缺"黔"字。該簡和簡126"盜田，一町當遺三程者，□□□……☑"文意可連綴。

【釋文】

☑各善[①]☑Q02_01_270

【匯釋】

①"善"，整理者（1994：117；1997：44）釋爲"書"。再整理者（2001：141）改釋爲"善"。今按：此字爲"善"無疑，可參看簡91。

【釋文】

☑□官【馬】□[①]☑Q02_01_271

【匯釋】

①"馬"，**有兩說：一、釋爲"馬"**。陳偉主編（2016：106）釋出，云：當是"馬"字之殘，可比照簡103"馬"字。**二、未釋**。整理者（1994：115；1997：

40）、再整理者（2001：141）。

【釋文】

▨□□[①]▨Q02_01_272

【匯釋】

①簡上二字，整理者（1994：106；1997：28）、再整理者（2001：141）均釋作“以論”。陳偉主編（2016：106）：第一字殘缺過甚，難以確定是“以”字。第二字左旁从“言”，右旁與“侖”不類，釋“論”亦可疑。

【釋文】

□□[①]□□▨Q02_01_273

【匯釋】

①第二字，再整理者（2001：141）疑爲“苑”。今按：此字與龍崗秦簡中“苑”字不類，具體爲何字待考。

【釋文】

▨□之【其】▨Q02_01_274

【釋文】

▨□其□□▨Q02_01_275

【釋文】

▨挾□[①]▨Q02_01_276

【匯釋】

①“挾”，再整理者（2001：142）釋，但存疑。陳偉主編（2016：107）：此字當可確釋。

【釋文】

▨其□▨Q02_01_277

【釋文】

▨□錢到[①]▨Q02_01_278

【匯釋】

①□：再整理者（2001：142）脫錄，陳偉主編（2016：107）補出。

錢到，再整理者（2001：142）釋出。

【釋文】

☐□□已夬（決）乃[①]☐Q02_01_279

【匯釋】

①“已”，再整理者（2001：142）釋出。

再整理者（2001：142）：本簡與簡198、簡199、簡201、簡202、簡204文有關聯。

【釋文】

☐□具[①]☐Q02_01_280

【匯釋】

①具，**有兩說：一、釋爲“具”**。陳偉主編（2016：108）釋出，云：頗似“具”字之殘，可參看簡197“具”。**二、釋爲“罪”**。再整理者（2001：142）釋。

【釋文】

☐□□[①]☐Q02_01_281

【匯釋】

①第二字，再整理者（2001：142）釋爲“射”。

【釋文】

☐□□傳□□☐Q02_01_282

【釋文】

☐有☐Q02_01_283

【釋文】

☐封□☐Q02_01_284

【釋文】

☐之□□[①]☐Q02_01_285

【匯釋】
①“之”，再整理者（2001：143）釋出。

【釋文】
▨符Q02_01_286

【釋文】
▨或▨Q02_01_287

【釋文】
▨貲一[①]▨Q02_01_288

【匯釋】
①“一”，再整理者（2001：143）釋出。

【釋文】
▨嶤[①]▨Q02_01_289

【匯釋】
①“嶤”，整理者（1997：31）、再整理者（2001：143）釋出。

【釋文】
▨□及▨Q02_01_290

【釋文】
▨官□▨Q02_01_291

【釋文】
▨克[①]▨Q02_01_292

【匯釋】
①“克”，再整理者（2001：143）釋出。

【釋文】
▨□皆□▨Q02_01_293

二、龍崗秦墓木牘匯釋今譯

龍崗秦墓木牘出自棺內墓主腰部，長方形，完整無朽缺，牘面較平，尚可見刀削之痕。出土時字迹清晰，正反兩面皆墨書秦隸文，共計38字，其中正面兩行，右行18字，左行17字；反面僅右上角書有3字。可能是因爲正面書寫未盡而移書反面。長36.5釐米、寬3.2釐米、厚0.5釐米。

【釋文】

·鞫之①：辟死論不當爲城旦②。吏論失者已坐以論③。Ⅰ

九月丙申④，沙羡丞甲、史丙免辟死爲庶人⑤，令Ⅱ（正面）自尚也（背面）⑥。Q02_02_13

【匯釋】

①“鞫”字前有一黑色圓點，表示起始（胡平生，1996）。李學勤（1997）：首行頂端的圓黑點，是全文開頭的標記，在簡帛中習見。

鞫，有兩說：一、動詞，審訊、復審。整理者（1994：119；1997：45）：《尚書·吕刑》正義：“漢世問罪謂之鞫。”李學勤（1997）：“鞫”，意思是審訊。《尚書·吕刑》正義：“漢世問罪謂之鞫。”“鞫”字或作“鞠”。牘文所記，實際是一次乞鞫。按漢制有乞鞫，在獄結宣判後，犯人或其家屬不服，可以乞鞫，即要求復審。秦律也有乞鞫，見睡虎地秦簡《法律答問》：“以乞鞫及爲人乞鞫者，獄已斷乃聽，且未斷猶聽殹（也）？獄斷乃聽之。”表明秦代乞鞫也規定在宣判後進行。整理者（1997：45）：“鞫”謂復審結果。再整理者（2001：144）：鞫，指對已判決的案件的重新調查。秦漢有“乞鞫”制度，初審判決後犯人可稱冤申訴，要求重審。**二、名詞，是記錄審訊案情的文件。**劉國勝（1997）：“鞫”應是“簕”之變體。據《漢書·張湯傳》及張家山漢簡《奏讞書》，秦漢司法審判程序有訊、鞫、論、報。訊，就是訊問案件訴訟雙方及相關當事人的案情口供。訊畢，接下來便是鞫和論、報（論，是指判刑定罪；報，是指在治獄定罪有疑不能自斷的情況下上報，請示上級主管裁决）。鞫是官吏對所訊案情的一種扼要記錄，它與訊問記錄不同，一般較簡潔，所錄案情帶有官方最終認定的意味，主要爲下一步論罪提供清晰的法律依據事實。在司法審判中鞫和論的程序是十分關聯的。秦漢之時，鞫往往就帶有一層論的意思。據《說文》，簕字形聲兼會意，本義應是指罪犯口供，後來兼有論之意，當是該字在司法用詞的使用過程中得以引申之意。牘文以“鞫之”起句，並標識一個圓點，應是起一個提示全文的作用。也就是說，牘文的主要內容，是反映一項案件的判決情況。其中，“九月丙申”前爲鞫，自“九月丙申”至文末爲論。陳偉主編（2016：121）：《周禮・秋官・小司寇》：“以五刑聽萬民之獄訟，附于刑，用情訊之。至于旬，乃弊之，讀書則用法。”鄭玄注引鄭司農云：“讀書則用法，如今時讀鞫已乃論之。”賈公彦疏：“漢時‘讀鞫已乃論之’者，鞫謂劾囚之要辭，行刑之時，讀已，乃論其罪也。”鞫是通過審訊確認犯罪事實的摘要，是論即裁決的前提。據嶽麓書院藏秦簡奏讞類文獻、張家山漢簡《奏讞書》，鞫在審訊和乞鞫引起的覆審中都有出現。這裏是覆審之鞫。

②辟，**有四說：一、釋爲“辟”，人名。**胡平生（1996）釋出。**二、釋作“辭”，判辭。**整理者（1994：119）釋，以“鞫之辭”三字連讀。**三、釋爲“辟”，讀爲“愆”，罪過。**李學勤（1997）釋。**四、疑此字左邊从“君”。**洪燕梅（2000）說。

辟死，**有三說：一、人名。**劉國勝（1997）：“辟死”應爲一詞，僅作人名詞，即名爲“辟死”。羅福頤先生《漢印文字徵補遺》中就錄有一私印，文爲“連辟死”，應是姓“連”名“辟死”。“辟死”與“論不當爲城旦”連讀。整理者（1997：45）、再整理者（2001：144）從之。劉釗（2002）：“辟死”是“論不當爲城旦”之“論”的對象，即“論”之賓語。將“辟死”提前，有突出其人的意思。“辟死論不當爲城旦”即“論辟死不當爲城旦”之意。劉昭瑞（2002）：辟死是墓主之名，與取名“去病”“棄疾”類似。**二、辟，人名。死，死亡。**胡平生（1996）：死上一字當釋“辟”，是死者的名字，“辟死”即辟已死亡，其後點斷。**三、“辟”釋爲“辟”，讀爲“愆”。“愆死”猶云罪死。**李學勤（1997）：“愆死”猶云罪死，指乞鞫的罪犯，隱去姓名。“免愆死爲庶人”，是說九月丙申之日，丞甲、史丙宣布免去該乞鞫者的城旦身份。

③吏：整理者（1994：119）釋爲“事”。黄盛璋（1996）、胡平生（1996）、整理者（1997：45）改釋。

吏論失者已坐以論：**對該句的斷讀有兩說：一、將“吏論失者已坐以論”連讀，其中的“吏論失者”指對“辟死”錯誤判刑的官員。**整理者（1997：45）：秦律引律定罪曰“論”。“已坐以論”謂對辟死誤判的官員已因此受到法律的制裁。李學勤（1997）：論失，判處失當。簡文謂把死者判爲城旦的官吏已經因判處不當受到懲辦，秦律對論獄不直者要判刑。“以”，意思是“而”。劉國勝（1997）：“辟死論不當爲城旦，吏論失者已坐以論”的意思是：辟死陳述不應當判作城旦，理由是對其“論失”之罪已經定罪論處承擔罪責。“吏論失者”是指治獄之吏論罪判刑失誤。劉釗（2002）：“吏論”下不應加冒號。“失者”下也不應加逗號。“辟死論不當爲城旦”中的“論”就相當於“吏論”，也就是張家山漢簡中的“吏當”和“吏議”，即指二審的判決。而“吏論失者已坐以論”應作一句讀，意爲“一審錯誤判處辟死爲城旦的官吏已因此被法辦”。籾山明（2009：104）將“鞫之”至“已坐以論”翻譯爲：“確定罪狀。所下辟死爲城旦的判決不妥當，量刑有誤的官員已受到審判。”陳偉主編（2016：122）：《嶽麓書院藏秦簡（叁）》簡 13—14：“五月甲辰，州陵守綰、丞越、史獲論令癸、瑣等各贖黥。癸、行戍衡山郡各三歲，以當灋（法）；先備贖。不論沛等。監御史康劾以爲不當，錢不處，當更論。更論及論失者言夬（決）。”所謂“論失者”指州陵守綰、丞越、史獲，亦即“吏論失者”。“更論及論失者”，分別與“辟死論不當爲城旦”及“吏論失者已坐以論”大致對應。**二、在“吏論”和“失者”後點斷，釋讀爲“吏論：失者，已坐以論。”**胡平生（1996）：吏論，審案官吏的意見。失者，似指辟以前的過失。“已坐以論”，已經論罪判刑。再整理者（2001：144）：吏論，官吏對犯人的申訴的覆議，重新判罪。參看《奏讞書》案例，“吏論”應相當於《奏讞書》中的“吏當”“吏議”，是覆審案件官吏的意見。或說“吏論失者”應作一句讀，指誤判辟死爲城旦的官吏。失者，指以往的過失、錯誤。已坐，已經承擔罪責。

④九月丙申：**關於簡中所說時間屬於何年存在以下兩種看法：一、認爲在秦始皇統治時期。**李學勤（1997）：“九月丙申”不能確指哪一年。秦自統一以後，九月有丙申日的計有始皇二十九年、三十二年、三十三年、三十五年、三十六年及三十七年，還有二世二年。查《史記・秦楚之際月表》，二世二年九月戰事正酣，秦地方政府未必有平反冤獄的時暇，木牘所記恐怕應該是始皇時的事情，或者年代更早亦未可知。**二、認爲在漢高祖時期。**再整理者（2001：145）：查張培瑜《中國先秦史曆表・秦漢初朔閏表》，如果將“九月丙申”放在秦末漢初曆表中排比，比較適合的年份有如下幾個：秦始皇三十七年、秦二世二年、漢高祖三年、漢高祖六年、漢高祖七年。其中秦二世二年與漢高祖三年可能性最大，又以漢高祖三年的可能性更大。因爲秦二世二年時，雖天下洶洶，土崩瓦解，但畢竟胡亥未死，正朔猶在，除非是加入造反隊伍的人，否則沒有改朝換代的確鑿消息，一般人不敢造次。而漢三年時，秦已亡，楚漢逐鹿勝負未定，小民百姓無所適從，牘文衹好不書年份。

⑤沙羡：**戰國縣名，秦時爲南郡屬縣。**據《漢書・地理志》，漢代沙羡爲江夏郡屬縣。王先謙《漢書補注》云：“沙羡始見《荀子・強國篇》。”《強國篇》文云：“今秦南乃有沙羡與俱，是乃江南也。”（再整理者，2001：144）

史：整理者（1994：119）釋爲“吏”。胡平生（1996）、李學勤（1997）改釋。

丞甲、史丙：**縣丞甲、史丙。**李學勤（1997）：“甲”“丙”均爲代字。劉國勝（1997）：“丞”“史”當爲秦縣一級官吏及其屬吏。牘文中的“史”是指獄史或是令史，不太明確。但從所敘之事看，牘文中的“史”與《奏讞書》“丞昭、史敢、銚、賜論，黥講爲城旦”中的“史”所指同一。史協助丞治獄辦案，縣的丞與史具體負責縣轄區内的司法審判。再整理者（2001：144）：丞，縣丞。《續漢書・百官志》：“（縣）丞各一人。本注曰：丞署文書。”甲，以天干字代人名。史，縣令屬吏，職掌文書等事。丙，以天干字代人名。陳偉主編（2016：123）：據嶽麓秦簡奏讞類文獻、張家山漢簡《奏讞書》，縣廷治獄時，或縣嗇夫（或“守”）、縣丞、史共論，或縣丞、史共論。嶽麓秦簡奏讞類文獻簡 13“州陵守綰、丞越、史獲論令癸、瑣等各贖黥"，簡 61"江陵守感、丞暨、史同論赦猩、敞爲庶【人】"，屬前一種情形。嶽麓秦簡奏讞類文獻簡 140"丞相、史如論令妘贖舂"，張家山漢簡《奏讞書》簡 106"丞昭、史敢、銚、賜論，黥講爲城旦"，屬後一種情形。本牘與後一種同。

免：**刑徒服刑未滿時因某種原因而獲釋免除刑罰**。牘文爲迄今所見免之最早實物。關於免刑之文體，可參蔡邕《獨斷》："策書……其制，長二尺，斷者半之，其次一長一短，兩編，下附篆書，起年月日，稱皇帝曰，以命諸侯王、三公……王公以罪免，亦賜策，文體如上策而隸書，以尺一木兩行，唯此爲異也。"又："制書……其免若得罪，無姓。"牘文免起"九月丙申"，有月日而缺年，繼"沙羨丞甲史丙免"，意爲沙羨丞甲史丙簽署的關於辟死免罪的文書。被免者有名無姓，牘文爲很工整的隸書，分寫兩行，皆與《獨斷》所述有很大程度的相似性（整理者，1997：47）。

爲庶人：**免除辟死的刑徒身份，以爲庶人**。錢大昕《廿二史考異》卷十《光武帝紀下》："凡律言庶人者，對奴婢及有罪者而言。"（再整理者，2001：144）整理者（1997：47）：免去刑徒身份的自由民。《秦律十八種·軍爵律》簡 156"免以爲庶人"、《居延新簡》EPT5：105"以赦令免爲庶人名籍"。李學勤（1997）："免辠死爲庶人"，是說免去該乞鞫者的城旦身份。呂利（2011：191－192）：不管牘文所載事項是事實還是爲了死者的體面和尊嚴而故意編造乞鞫得雪的謊言，此處用"庶人"都是不妥的。辟死本來爲城旦，很可能是刑城旦，刑城旦通過乞鞫能夠獲得的身份衹能是"隱官"。陳偉主編（2016：124）：《二年律令》簡 124："庶人以上，司寇、隸臣妾無城旦舂、鬼薪白粲罪以上，而吏故爲不直及失刑之，皆以爲隱官；女子庶人，毋筭（算）其身，令自尚。"

⑥令自尚：**對這句話理解的分歧主要在"尚"字的解讀上。具體有以下六種看法：一、自主、掌握**。李學勤（1997）：尚，《廣雅·釋詁三》："主也。"庶人是自由人，不受奴役，故云令之自主。劉國勝（1997）："令自尚"的文辭又見於張家山漢簡《奏讞書》，簡文中寫作"令自常"。"尚""常"皆借作"掌"，謂主掌、謀職之意。"令自尚（或常）"即"法令准許自謀職業"。辟死曾爲官吏，免罪後，准許自謀職業。再整理者（2001：145）：意思是使其自由。呂利（2011：190－191）：理論上庶人應具備兩個特徵：第一，自主，即不爲他人權利的客體；第二，自由，人身不受強制。"自尚"即自主。**二、持有**。整理者（1997：47）：《奏讞書》："其除講以爲隱官，令自常"，《漢書·百官公卿表》注引應劭曰："常，典也。""令"謂有關裁決文書，"自常"謂此文書由當事人自持以作法律依據。譚衛元（2004：25）：張家山漢簡《二年律令·具律》簡 124 的"令自尚"指把有關判決文書給當事人持有，以作爲生效的法律證明。**三、管理、經辦**。蔣非非（2004）："尚"字最初有一般性的"管理、經辦"之義。約在秦王政之後，服務於皇帝者加"尚書""尚食""尚方"等才可稱"尚"。但官府文書襲用日久，一時難以全改，《奏讞書》作"常"、《二年律令》與《龍崗秦簡》均作"尚"，"常""尚"相同，原用語應作"尚"。"令自尚"的含義應是國家將處肉刑之隱官排除出正常自由民的行列，不

授予一戶平民最低限的田宅，他們可免除平民擔負的法定徭賦，因肢體、容貌殘損，也從此喪失了出征獲得軍功爵及仕宦的權利。**四、奉、養。**戴世君（2009）："自尚"和張家山漢簡的"自常"是"自奉""自養"之意。**五、婚配。**彭浩（1995）：張家山漢簡《奏讞書》（簡 122）有"自常（尚）"，即自由婚配。籾山明（2009：107－109）："令自尚"一語都出現在釋放刑徒之際。"自尚"之"自"不是"自由"，或許是意味著"與原來配偶在一起"。**六、讀爲"上"。上報。**黄盛璋（1996）："尚"就是"上"，亦即上送告地策。因爲墓主不是庶人身份，所以令他自己上送文書，向地下登報戶籍，邗江胡場漢墓告地策也有"遣自致移詣地"，處理辦法如出一轍。劉昭瑞（2002）："自尚"也就是"自上"，該語也見於與獄事有關的文獻中，如《史記·李將軍列傳》《後漢書·楊厚傳》等。秦牘中的用法，則應與《後漢書·馮緄傳》中的"自上"一語相當，也就是"上書自訟"。人死歸入地下，還必須向地下的有關方面說明情況。

【今譯】

審訊內容：辟死不應當判刑爲城旦。判案有誤的官吏已經承擔了責任，被依法論處。九月丙申，沙羨縣丞甲、史丙宣布免除辟死的刑徒身份，恢復其庶人的地位，使他自由。Q02_02_13

摹本

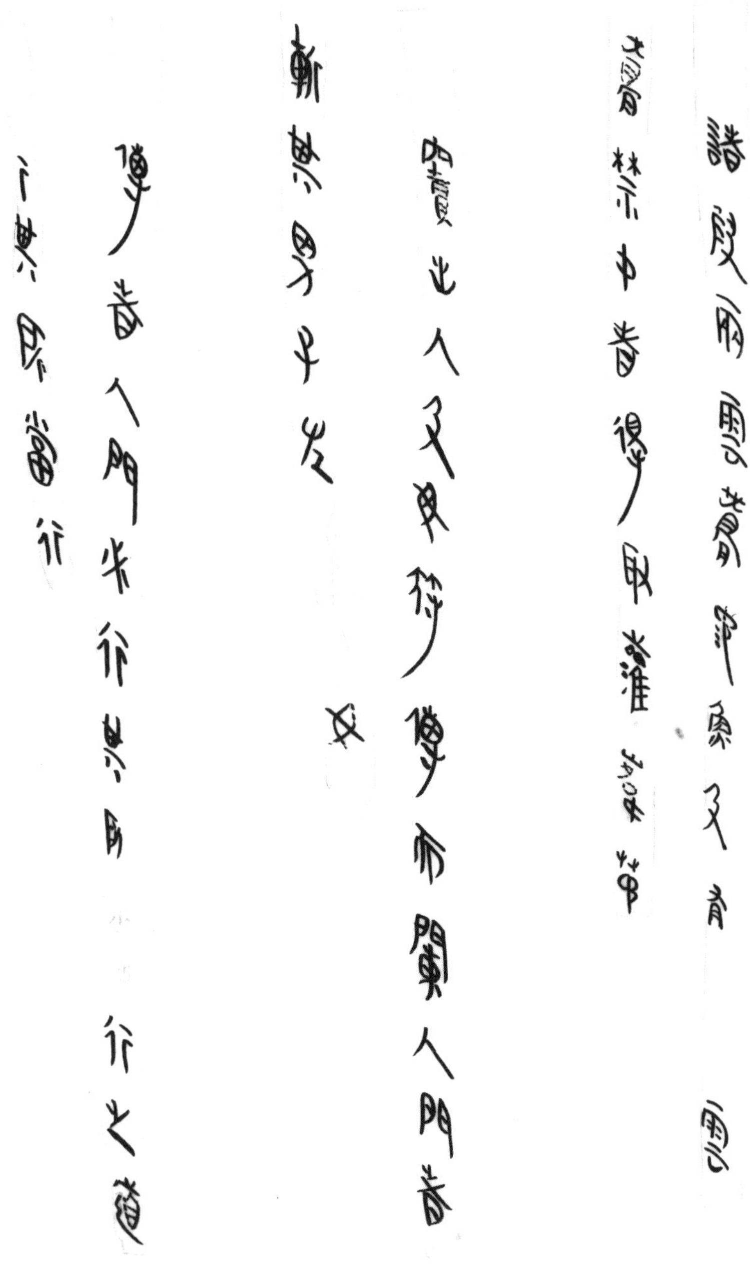

1 2 3

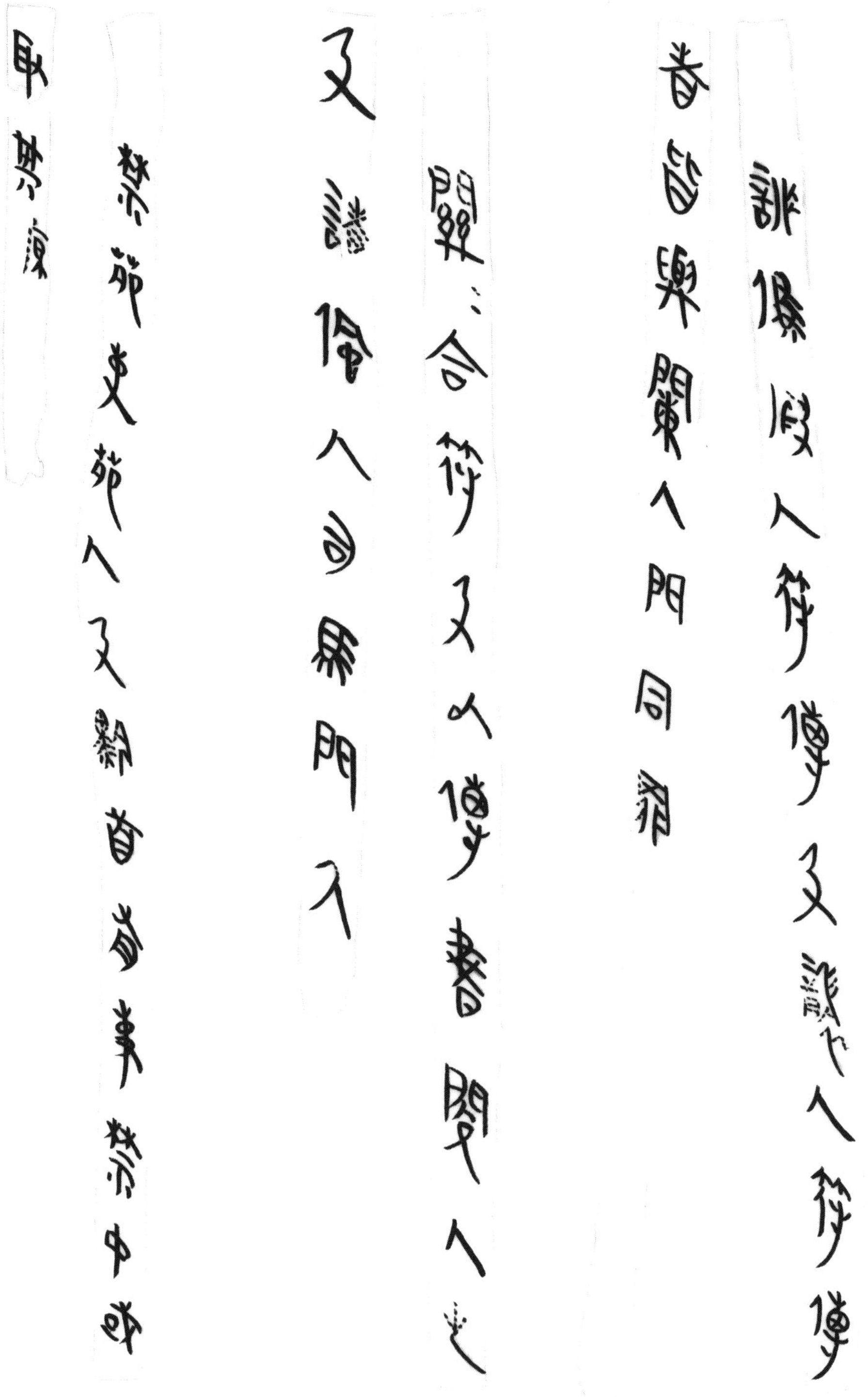

4　5　6A

縣道官職

傳書

所敢縣道官其傳謁之不能

傳書 令〇遣

縣道官其傳謁

縣道官其傳

取〇者鄉部親官其

10A 9 8 7

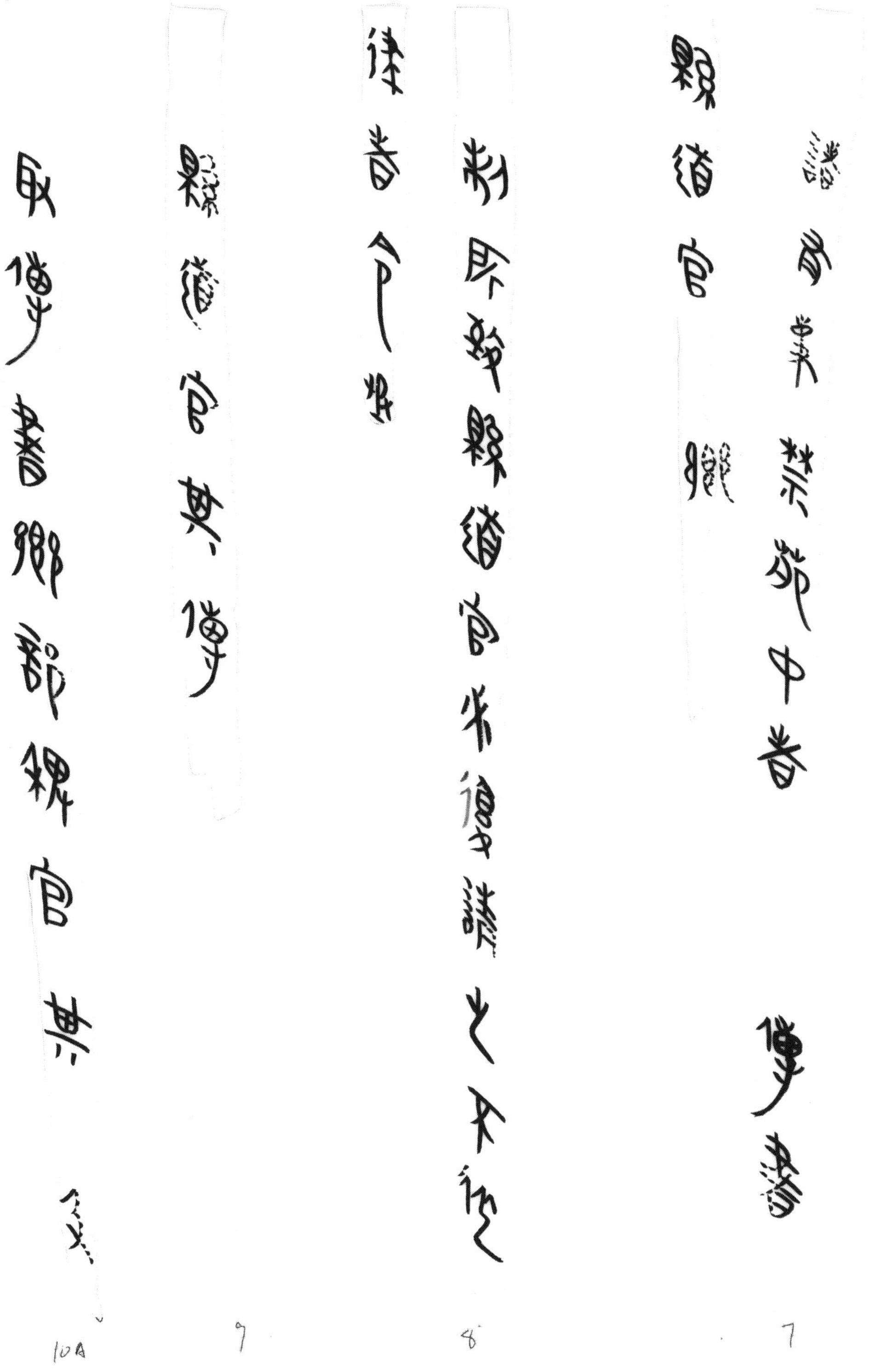

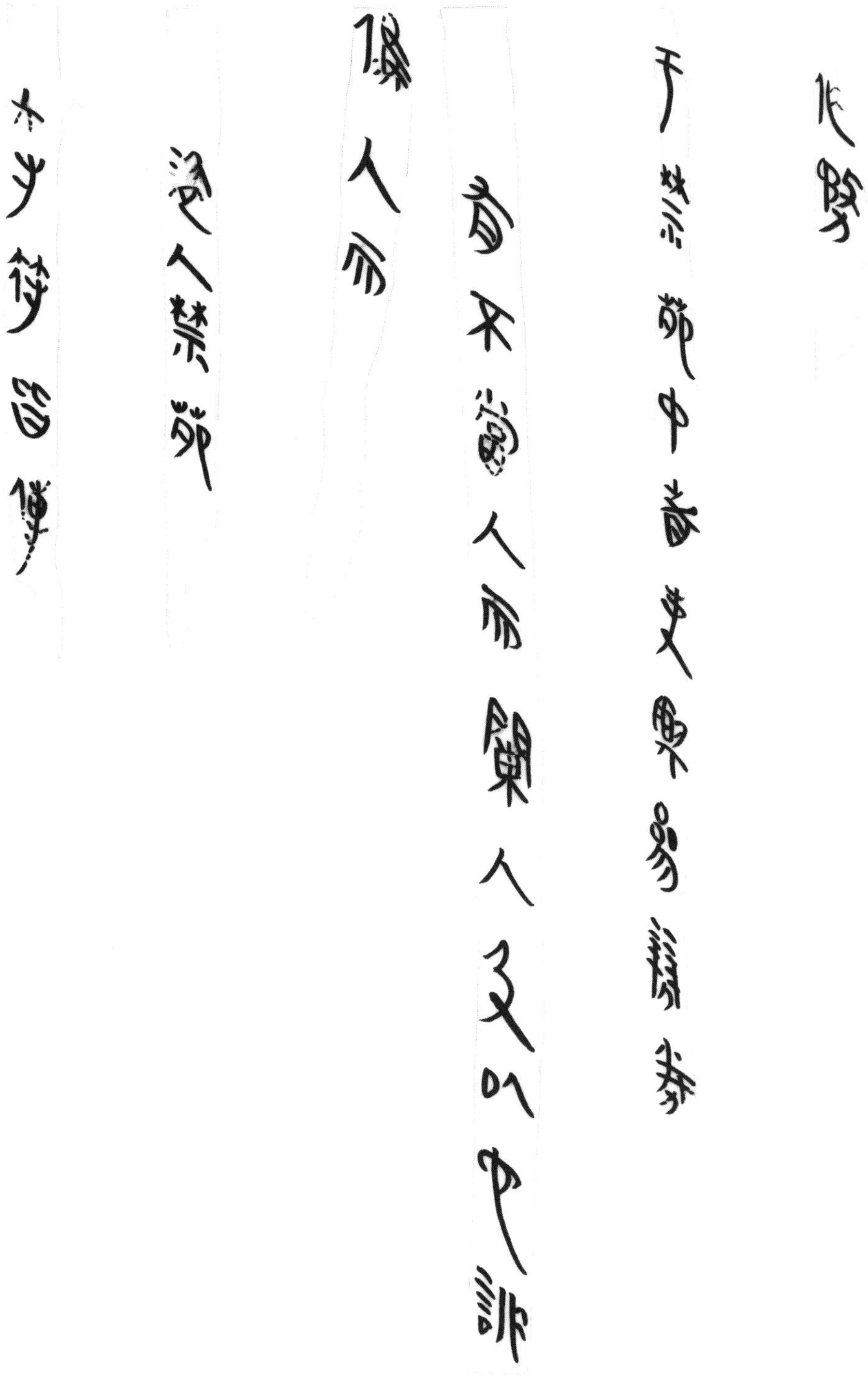

10　11　12　13　14A

16
15B
15A
14C
14B

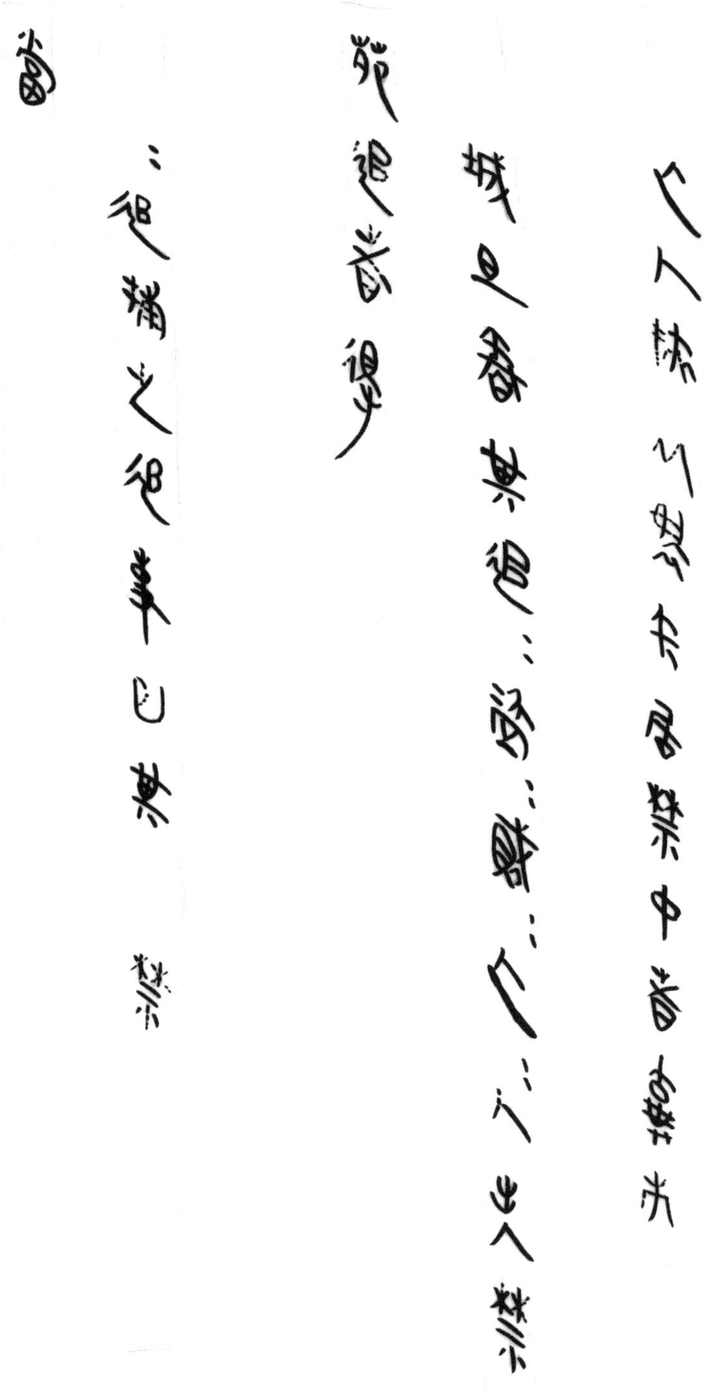

17

18

19

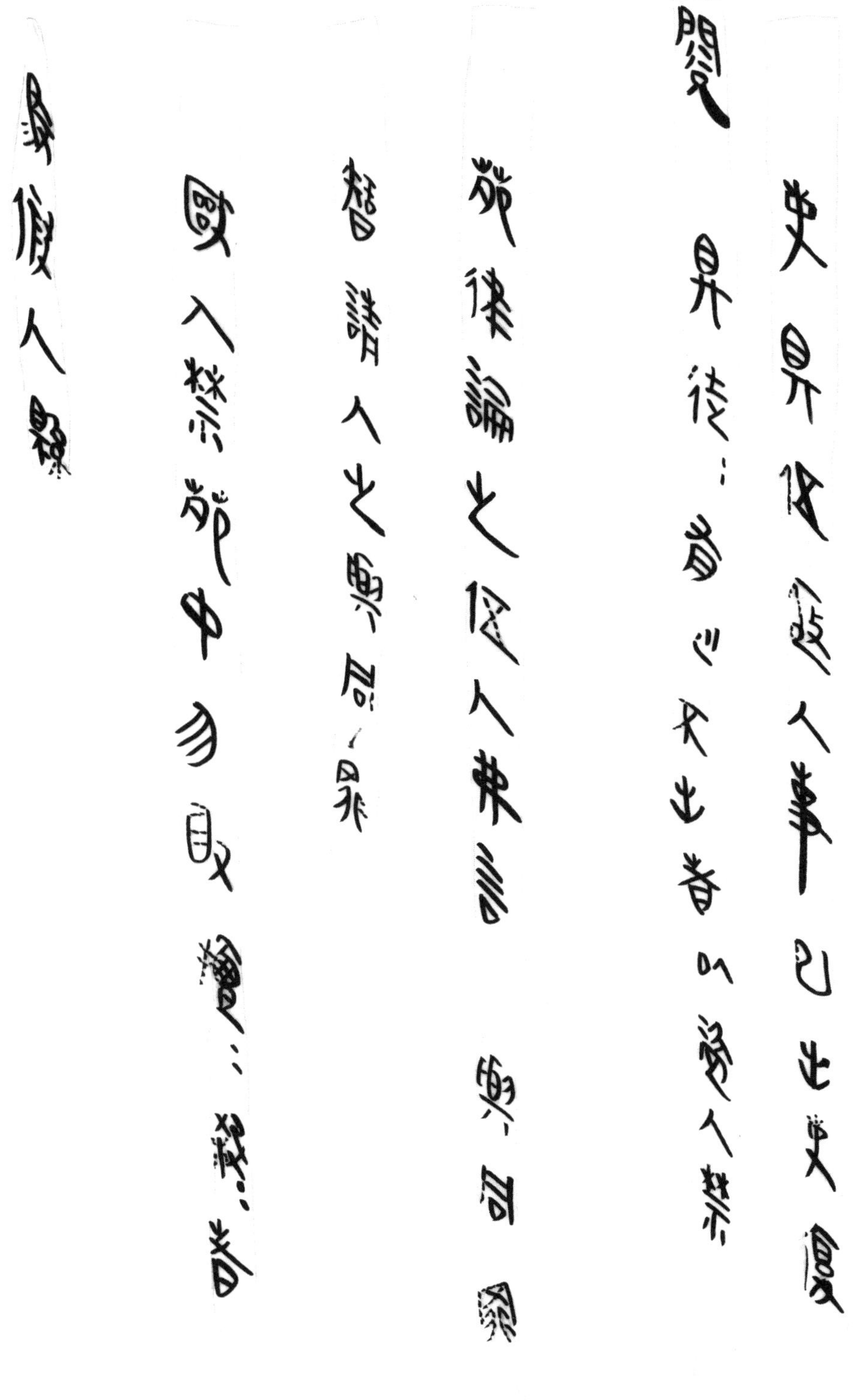

68+181+20　21　22　23

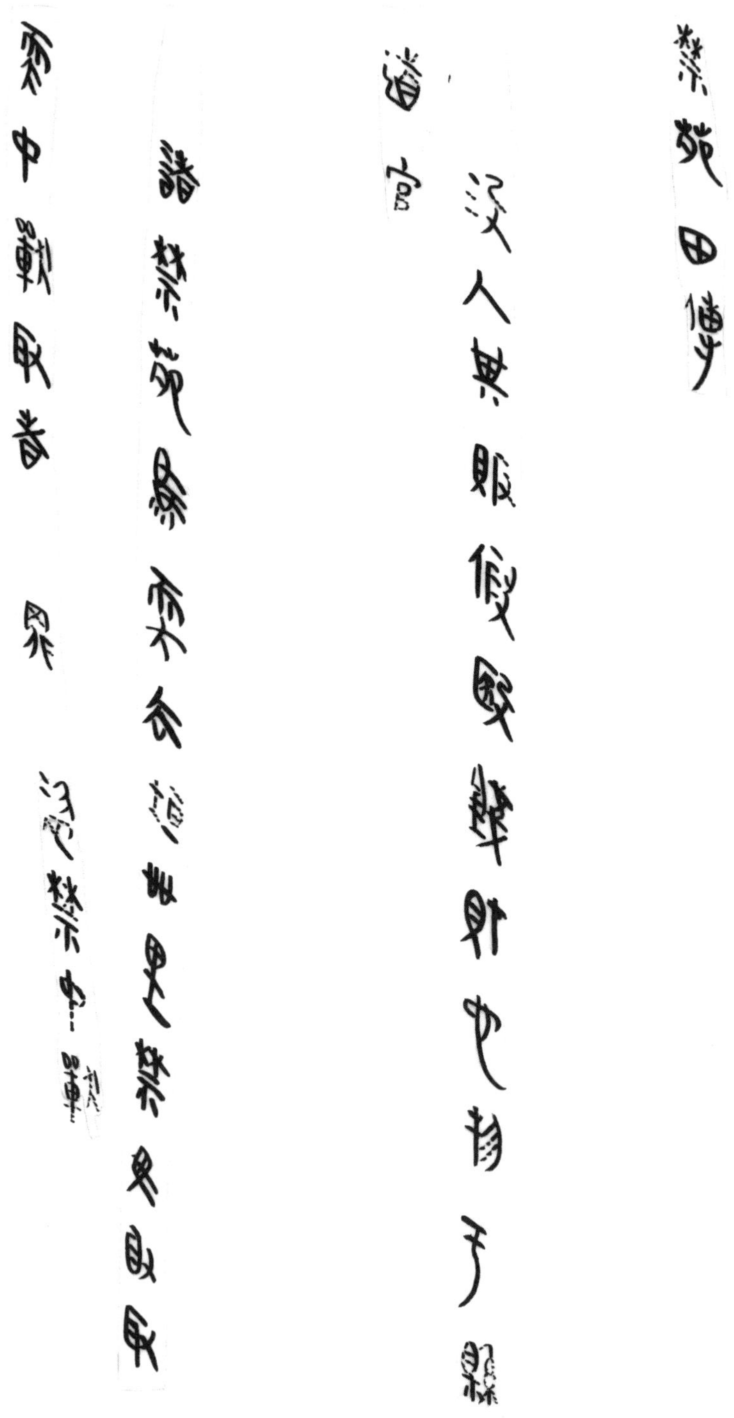

27　26　25

28 29 30

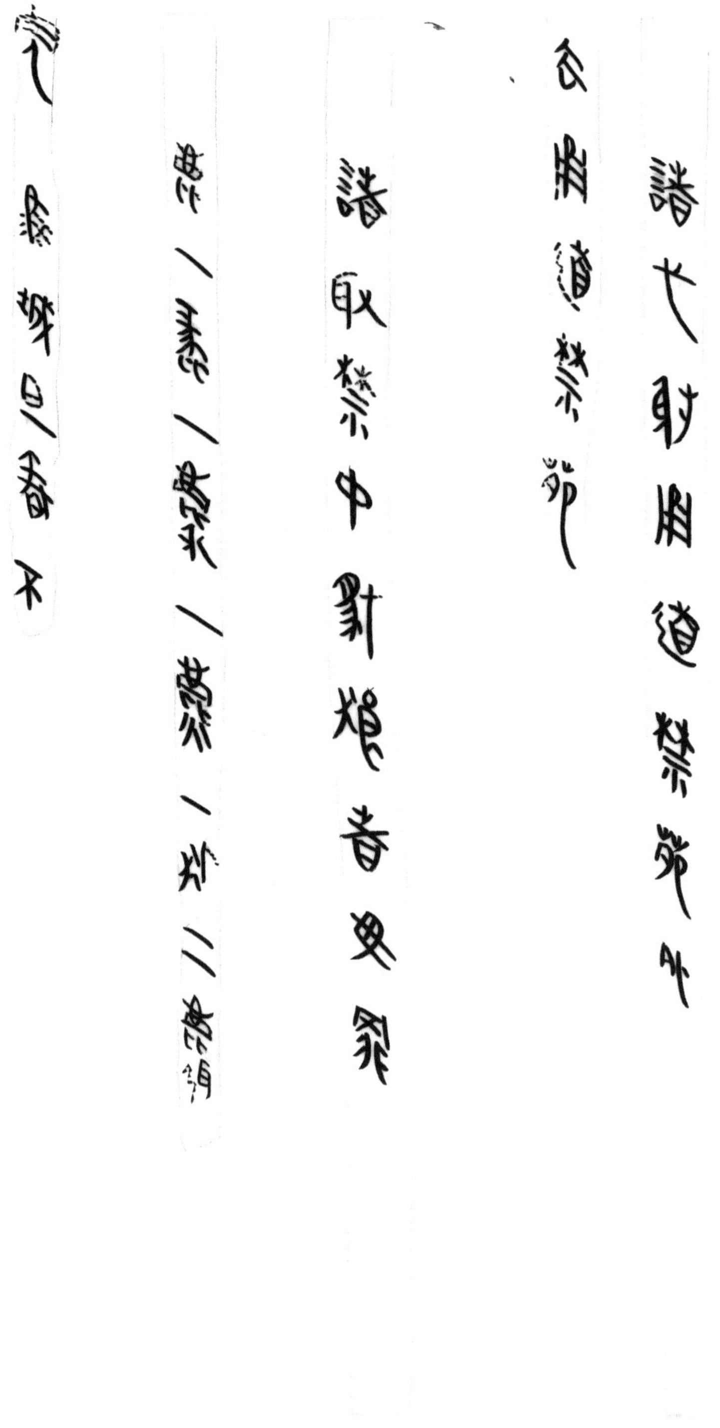

33B　33A　32　31

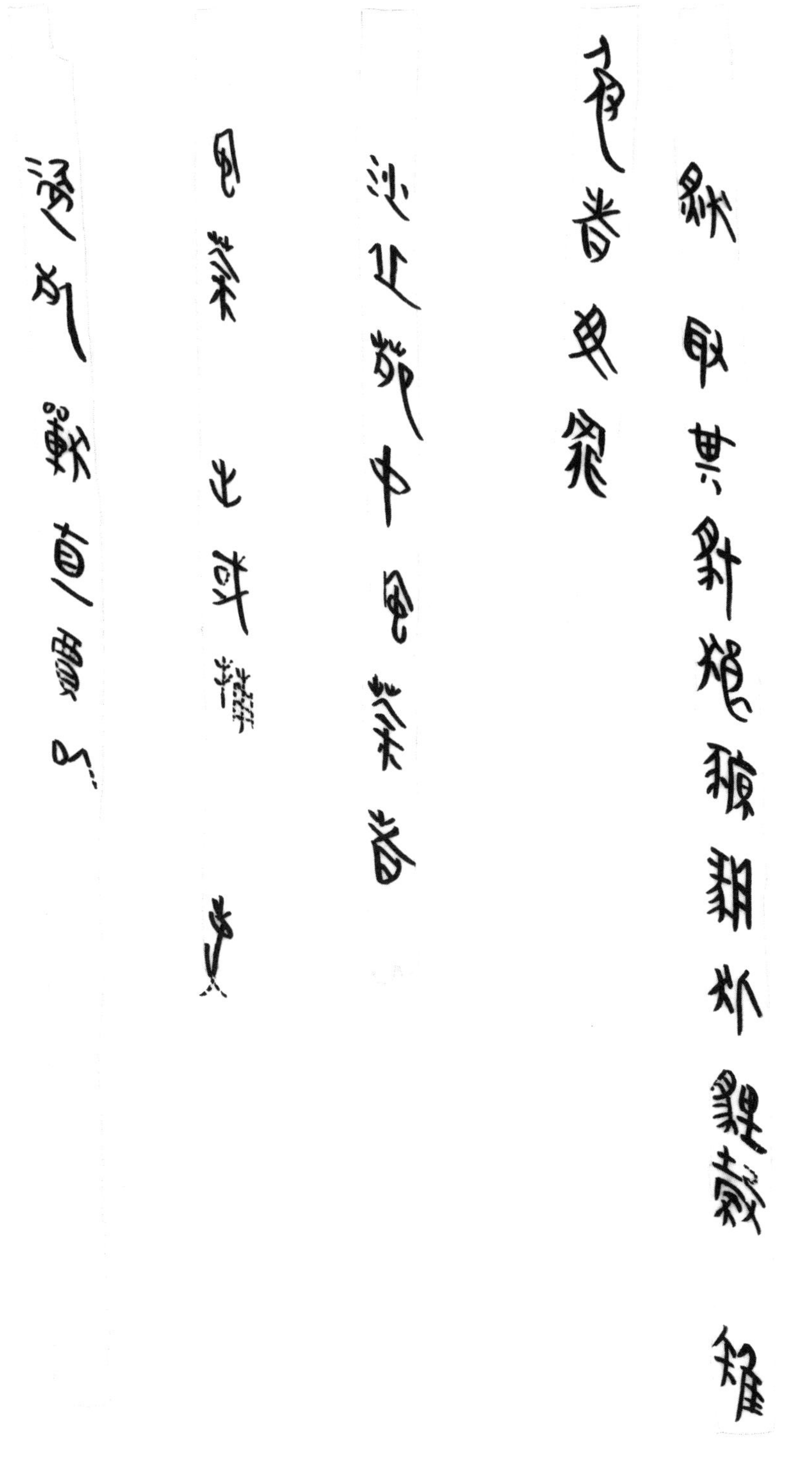

37 36 35 34A

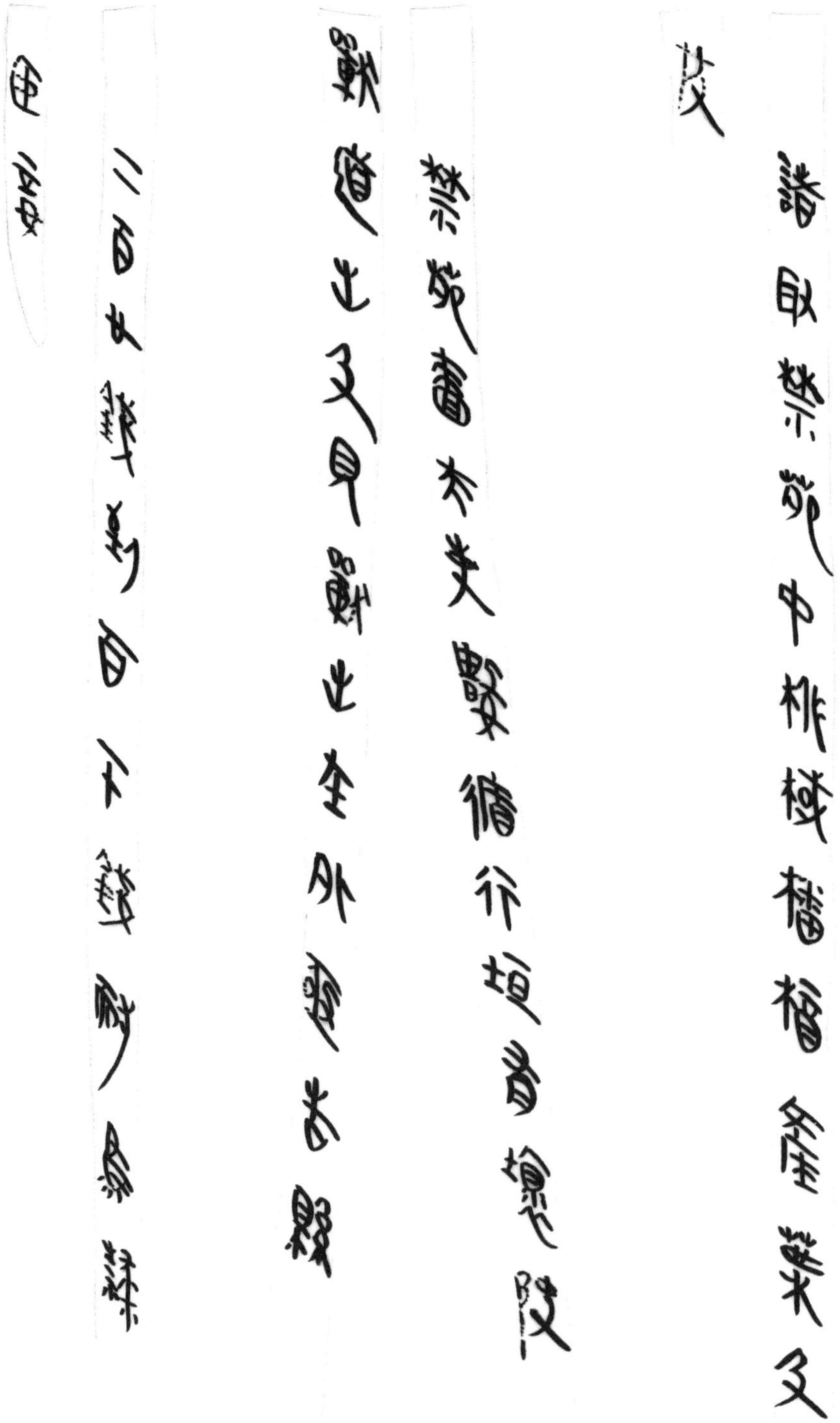

40　39　38

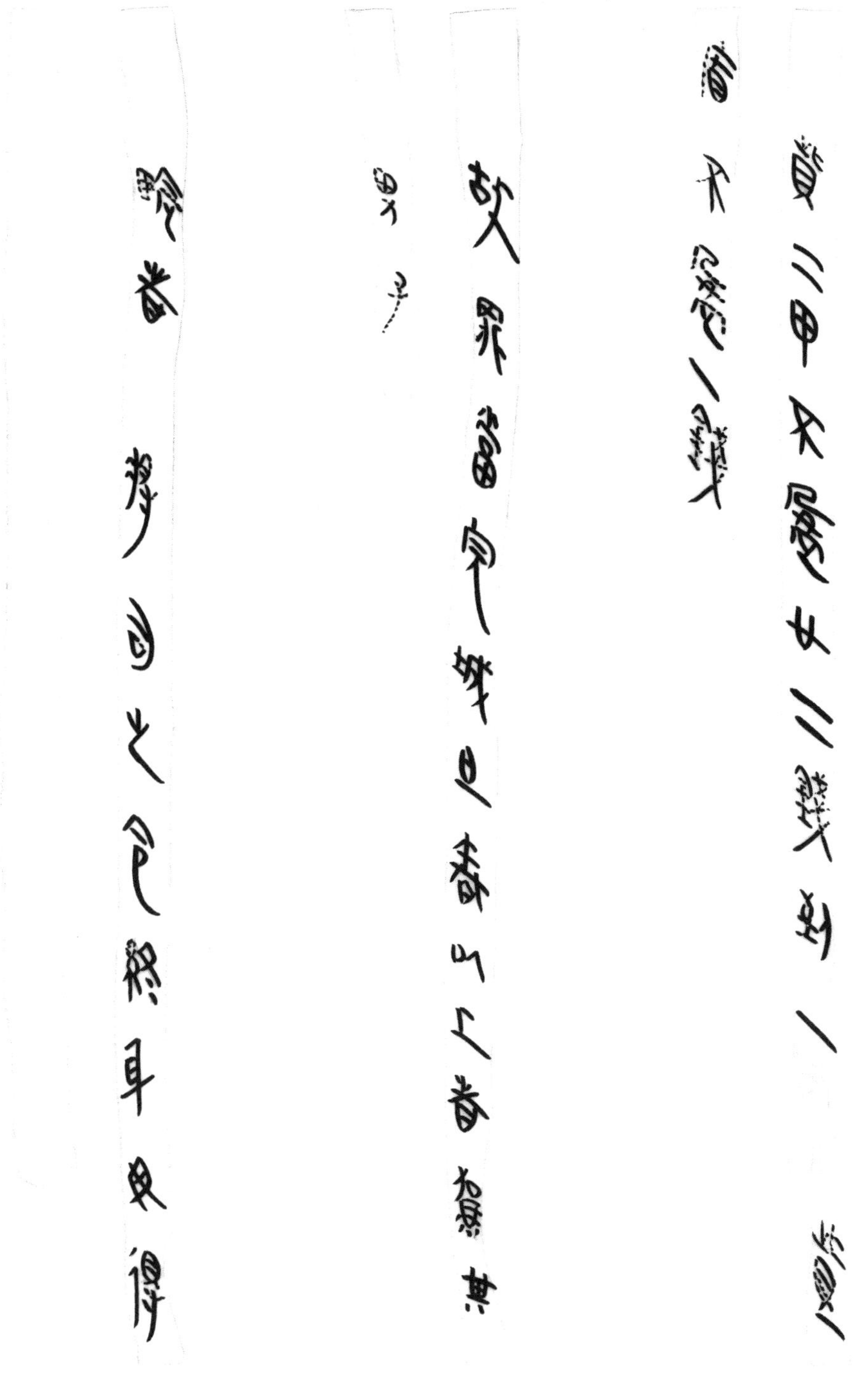

41　42A　43

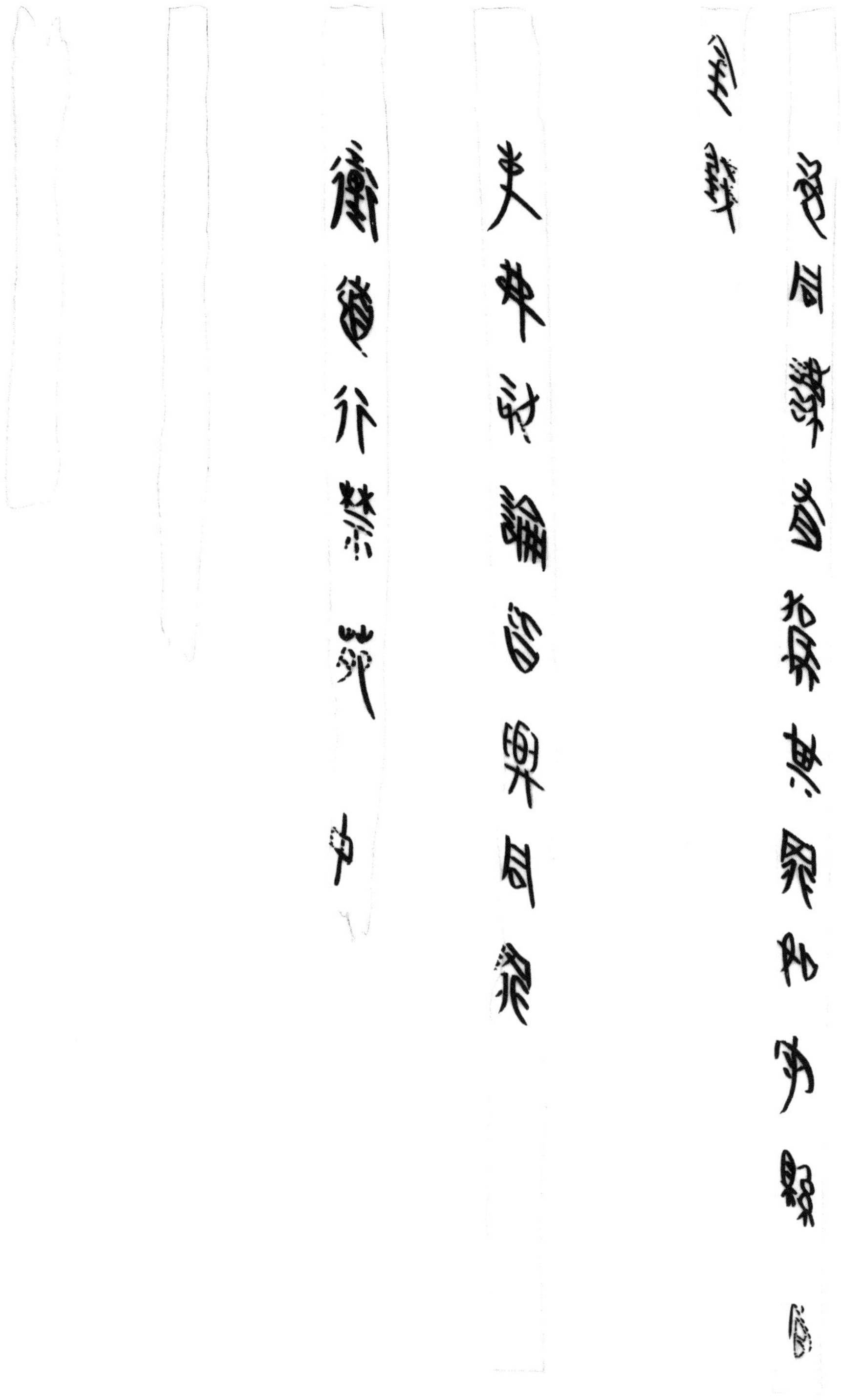

46C 46B 46A 45 44

51 50 49 48 47

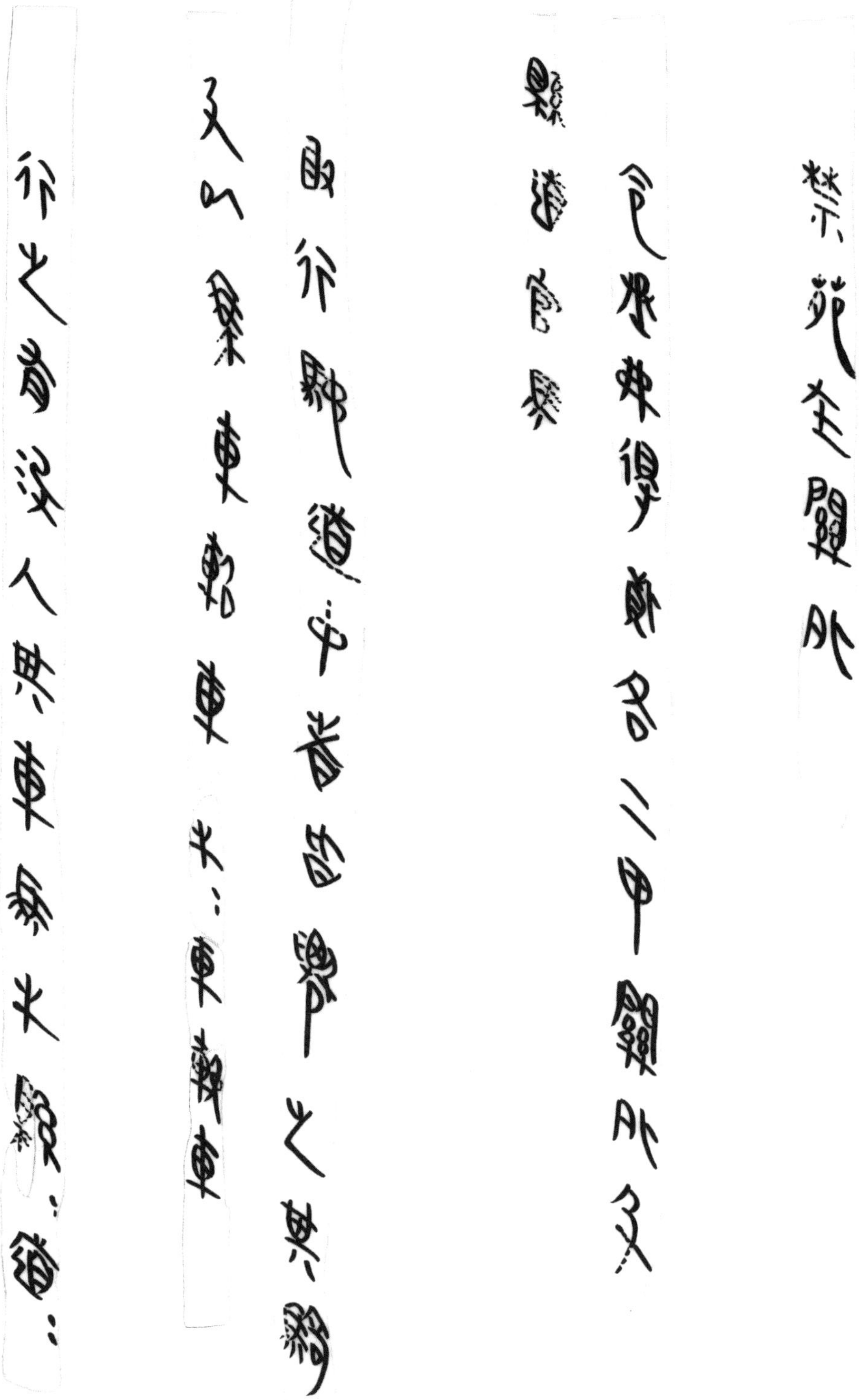

58　54+55+56+57　53　52

61A 60 59

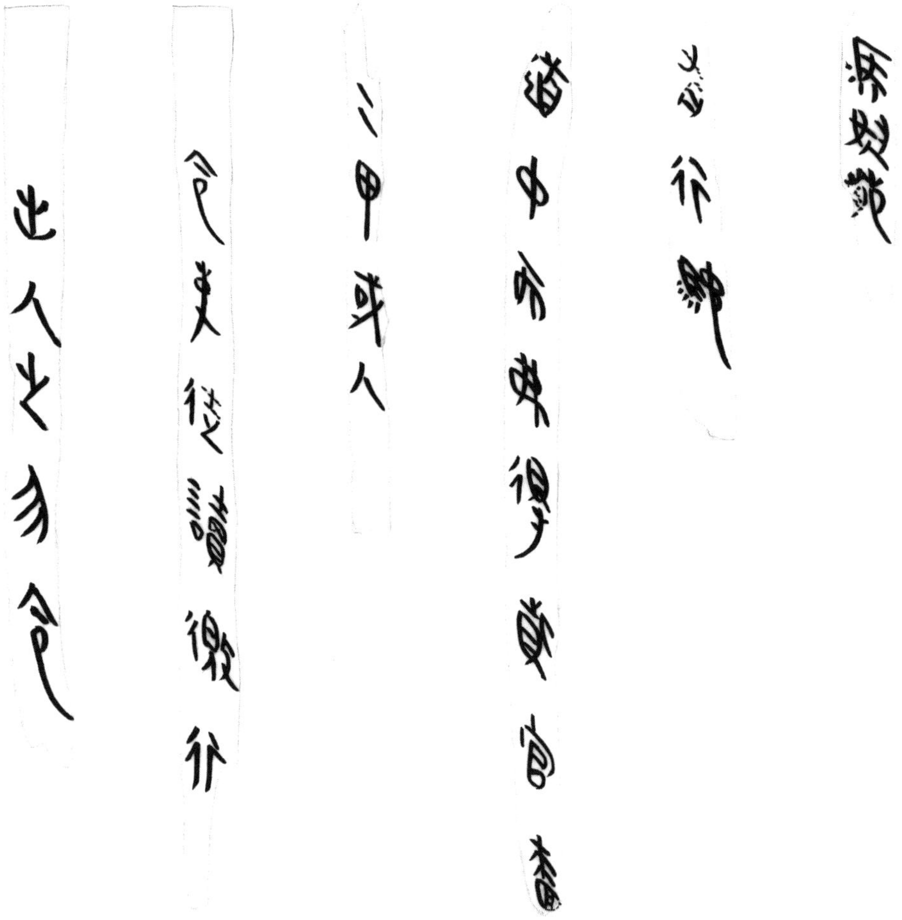

62 63 64 65 66 67A

67B 69 70 71 72 73

74 75 76 77+78+79+80+81

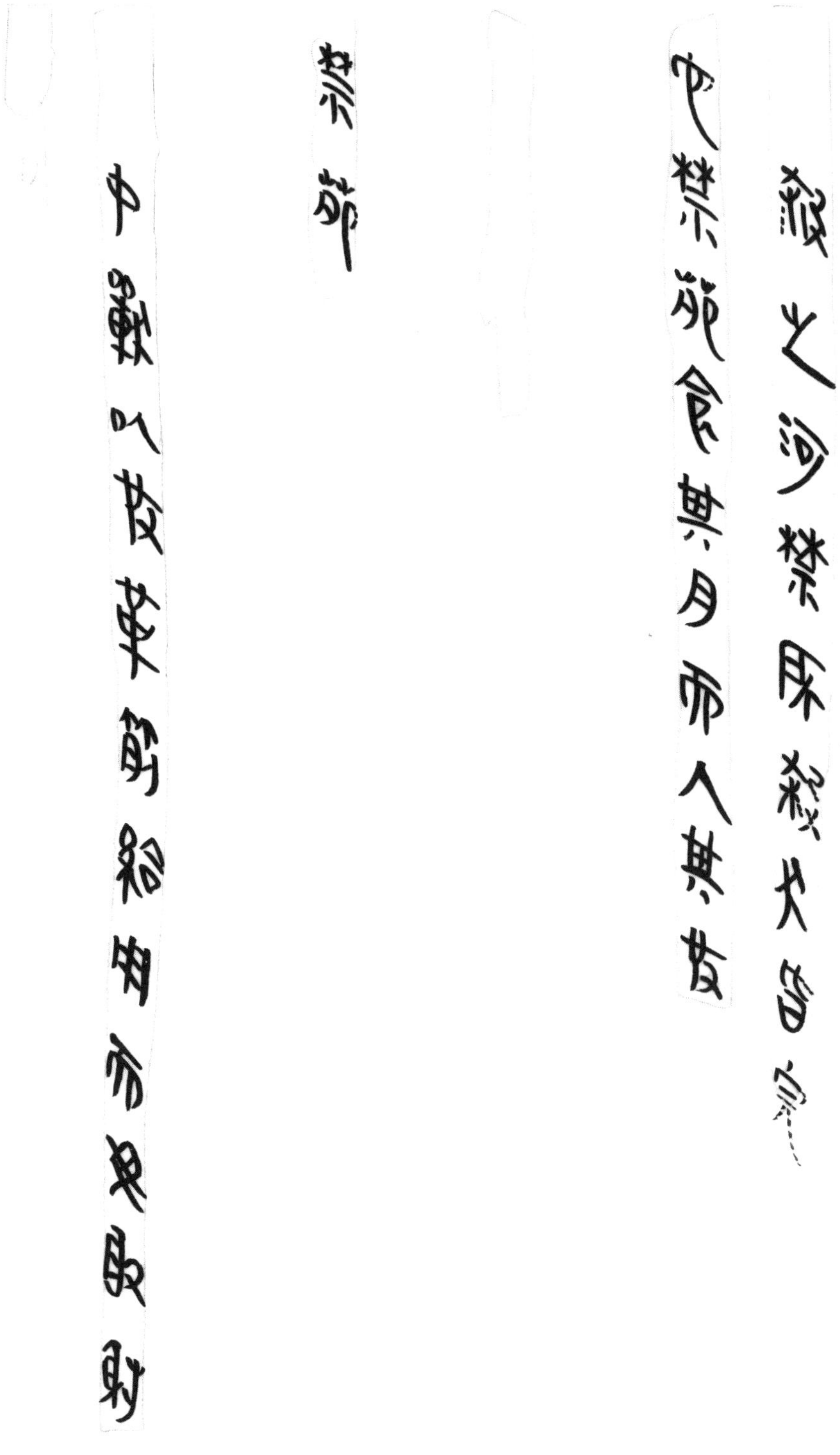

85　84　82B　82A+83

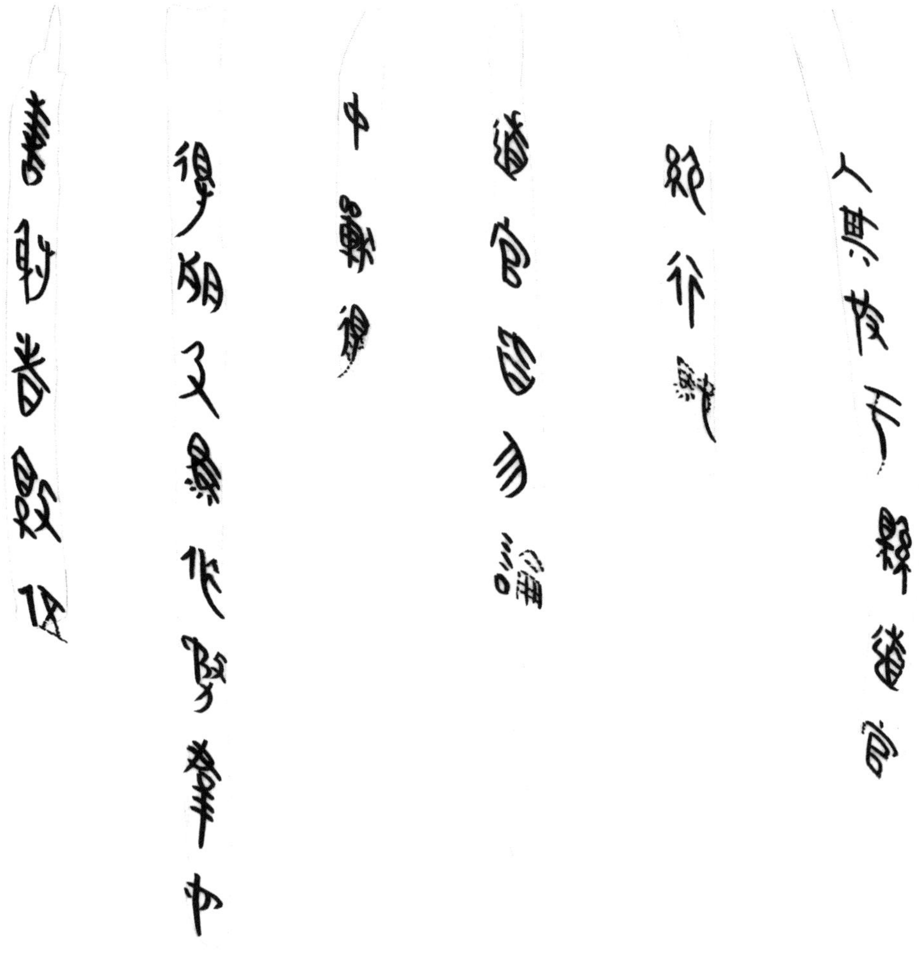

86 87 88 89 90 91

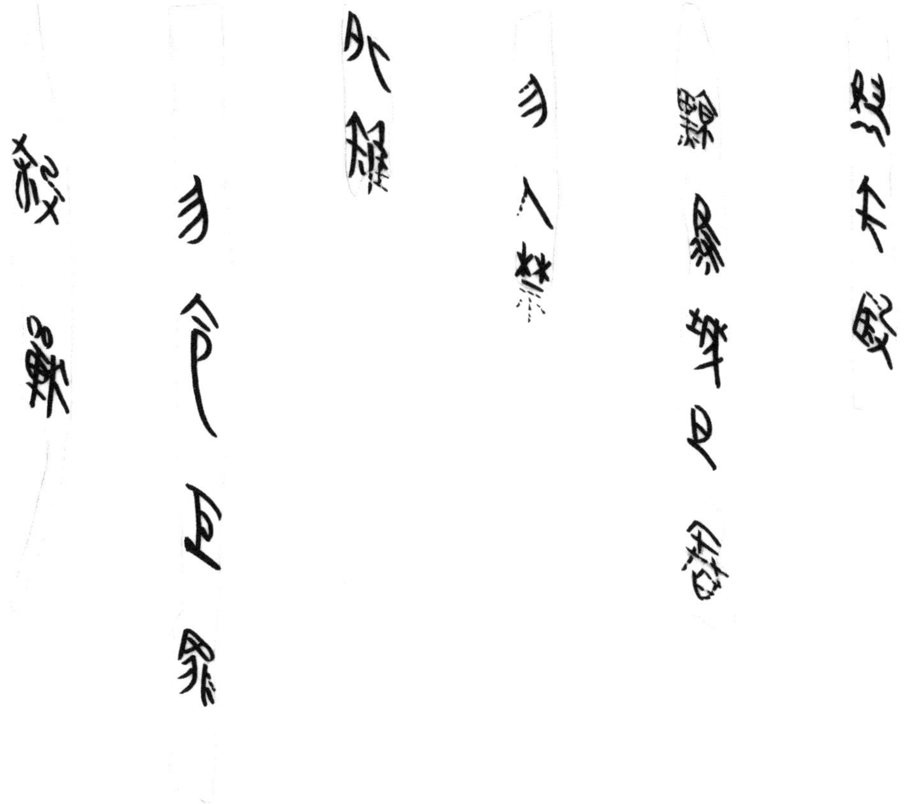

92 93 94 95 96 97

100A　162　99+224　98

101 102 103+104+105

106+110+108

109

107

111

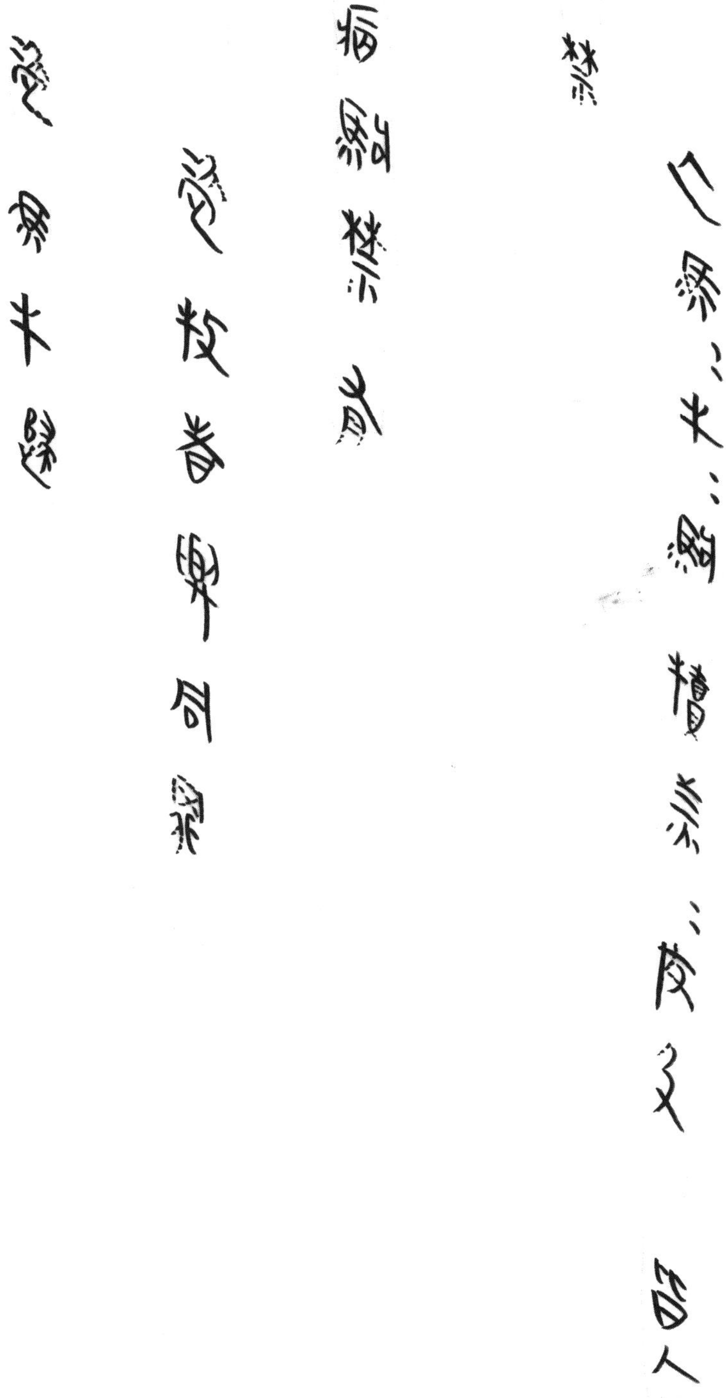

115 114 113 112

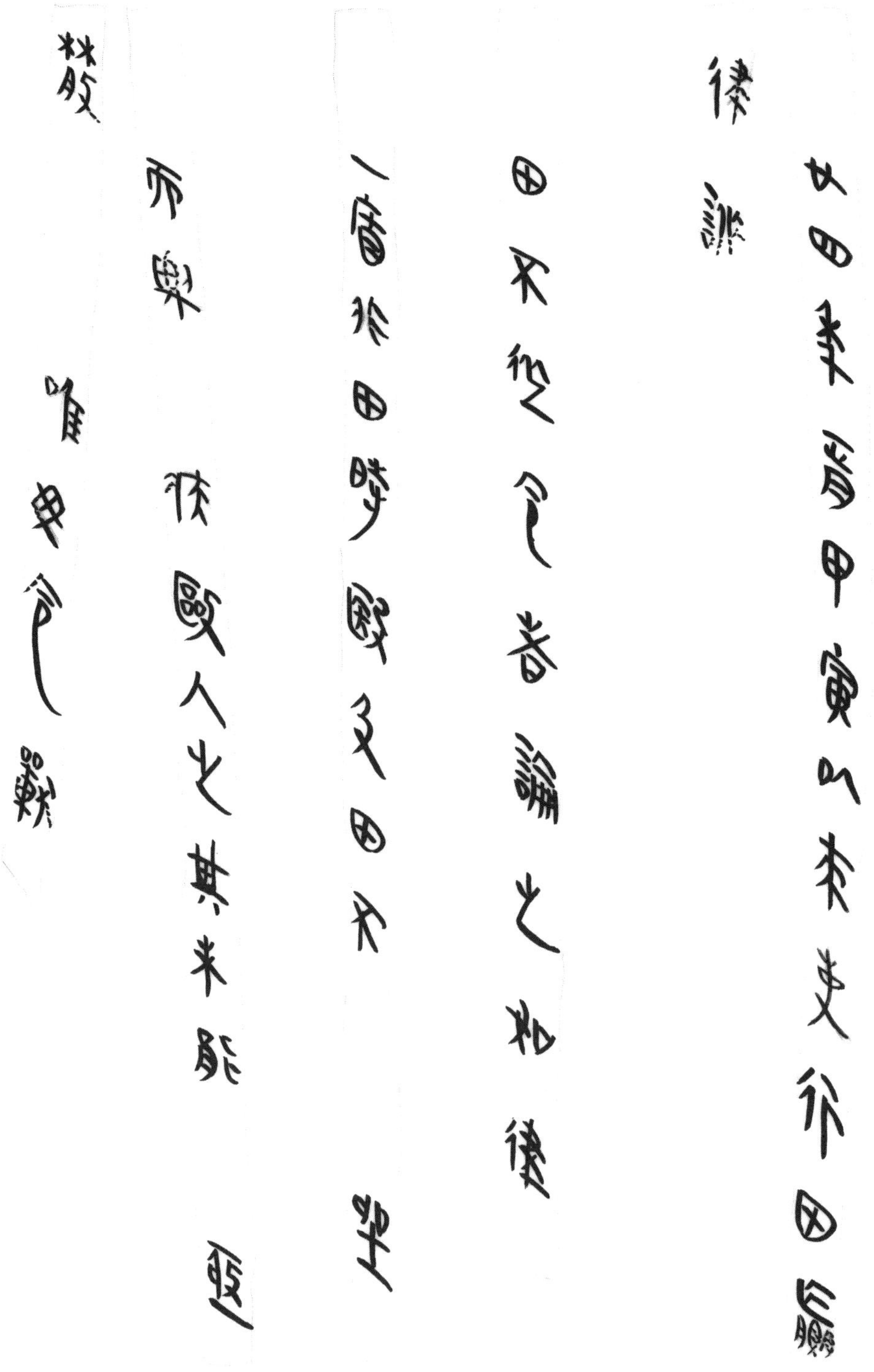

116 117 118 119

120 121 122

123 124 125 126 127A

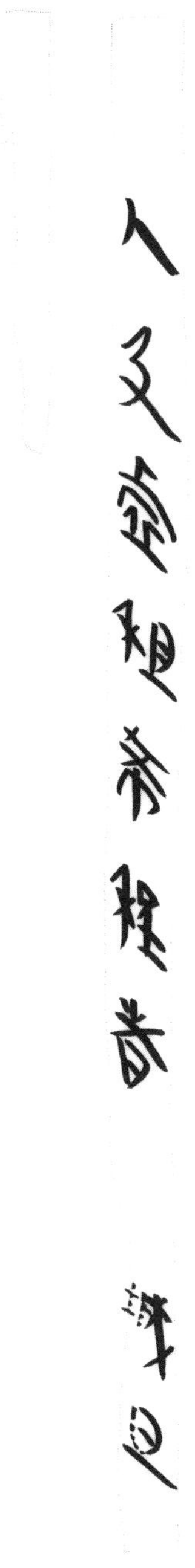

130 129 128B 128A 127B

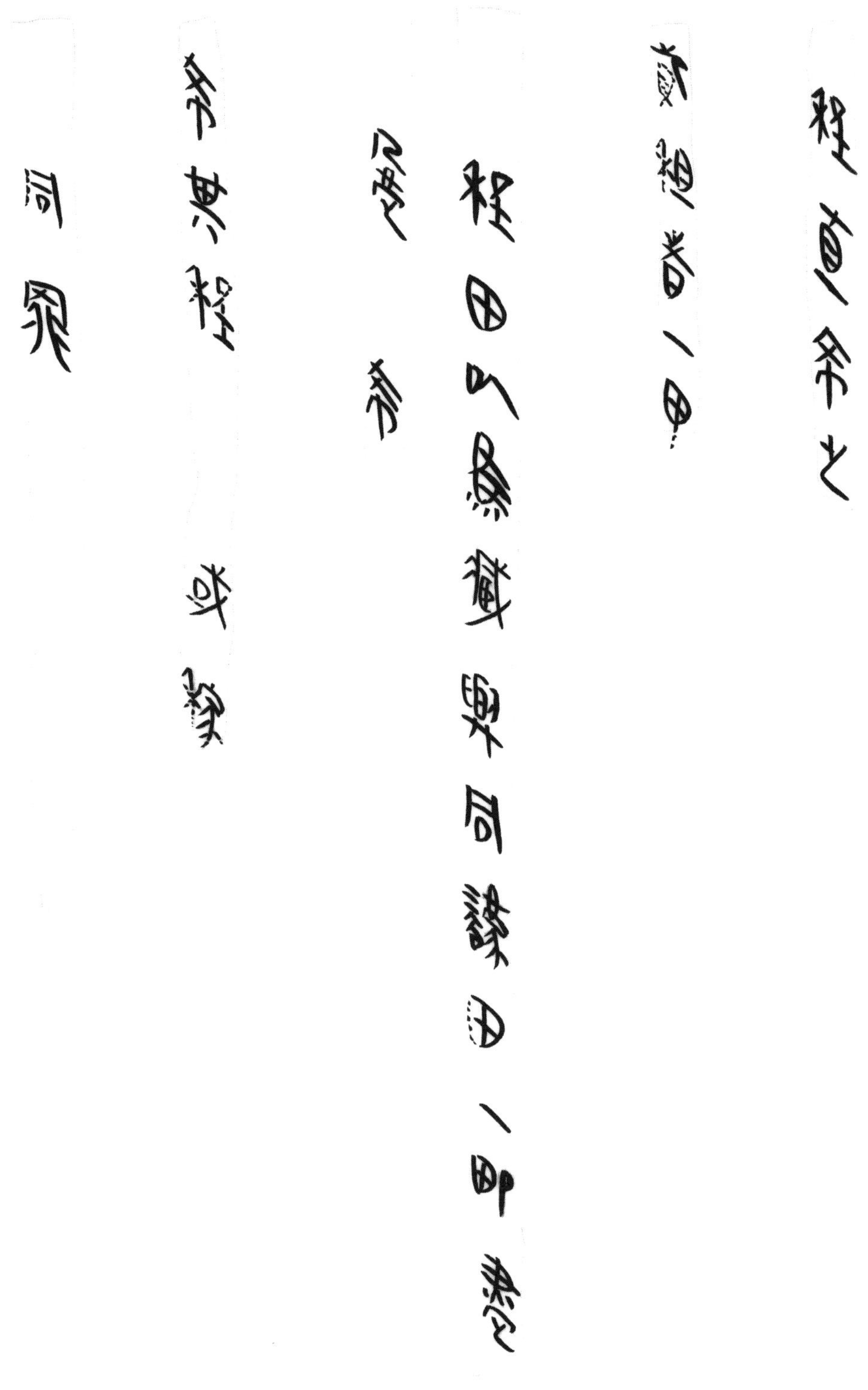

131 132 133 134 135

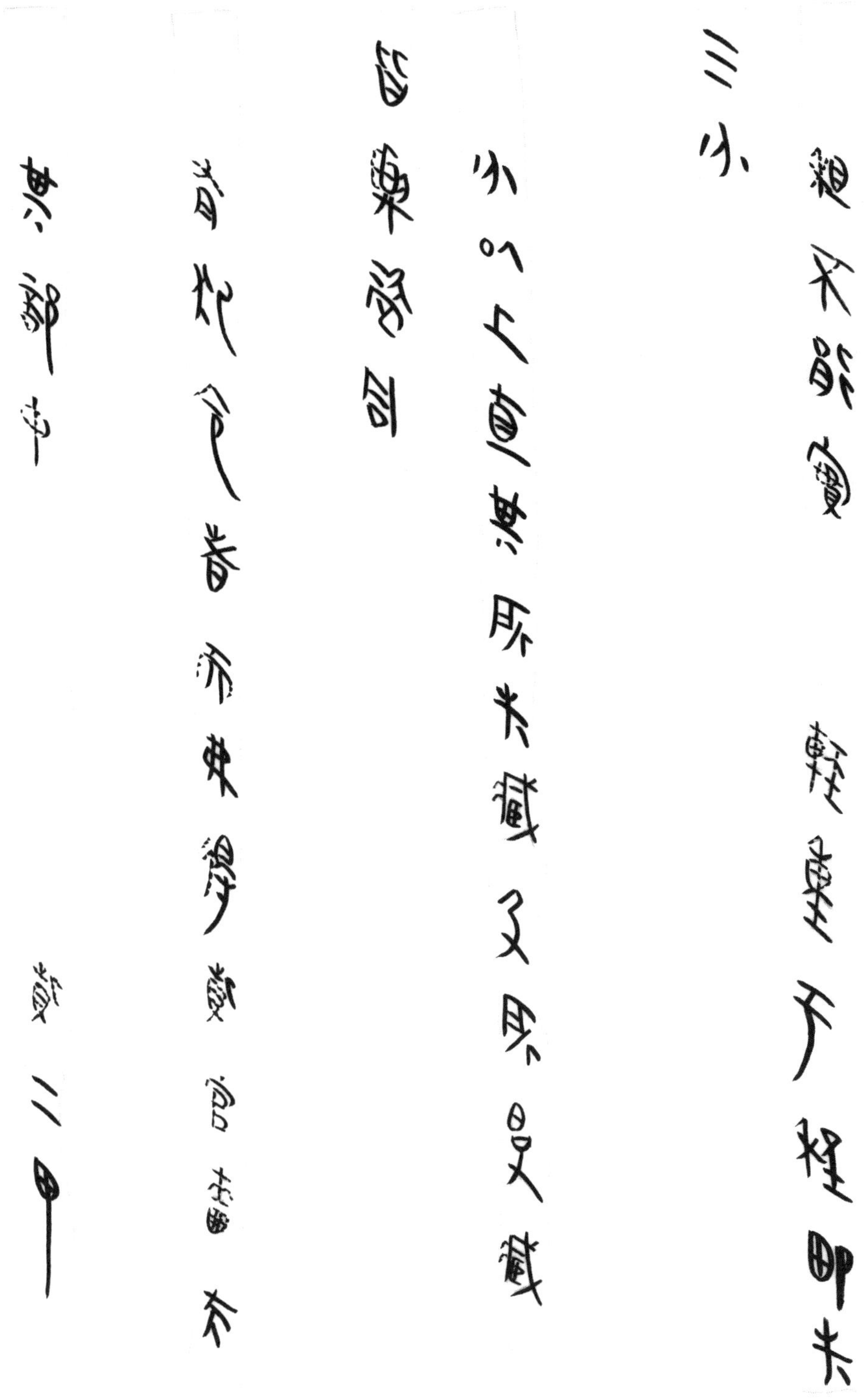

136 137 138A 139

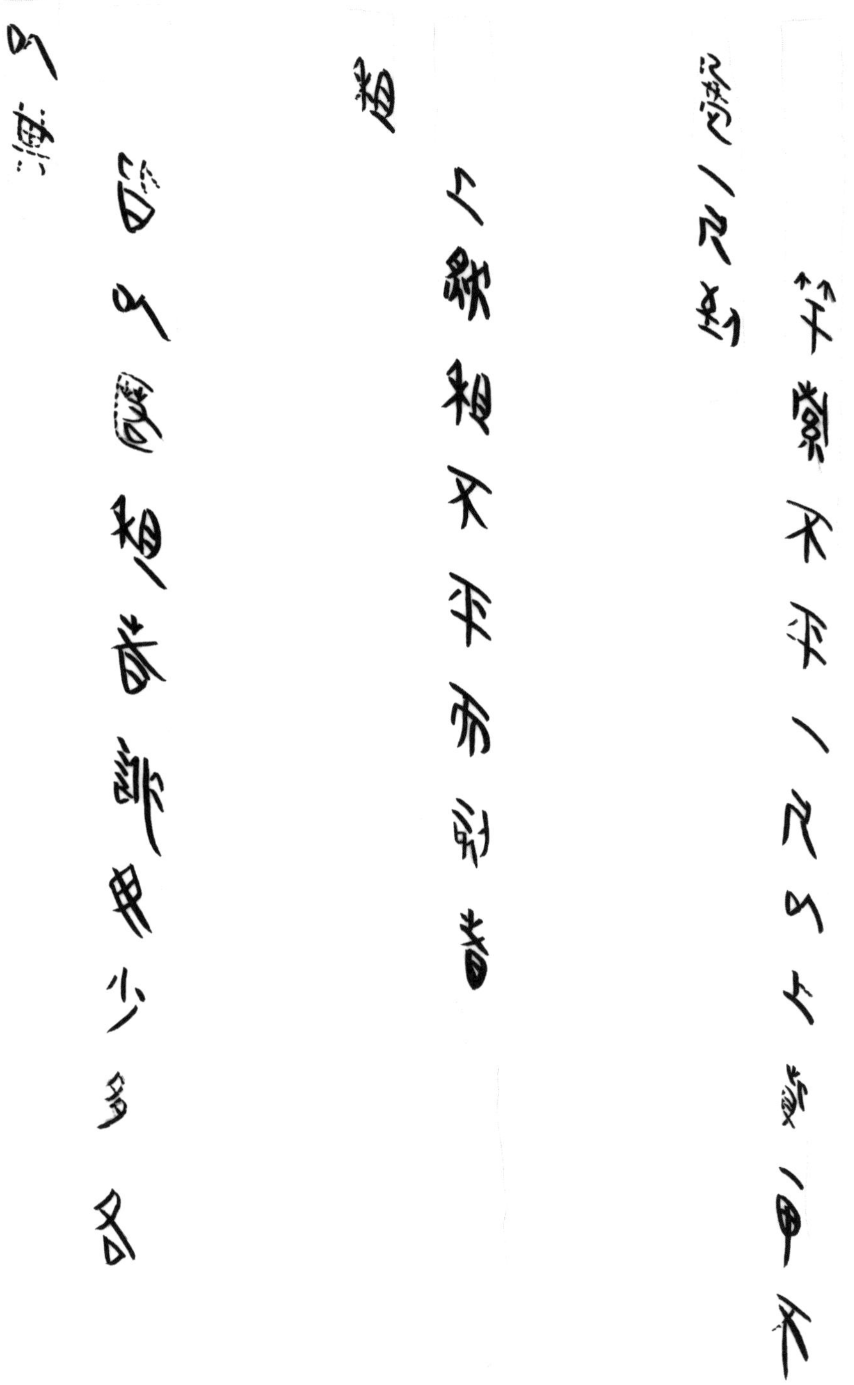

142　141A　140

145 144C 144B 144A 143

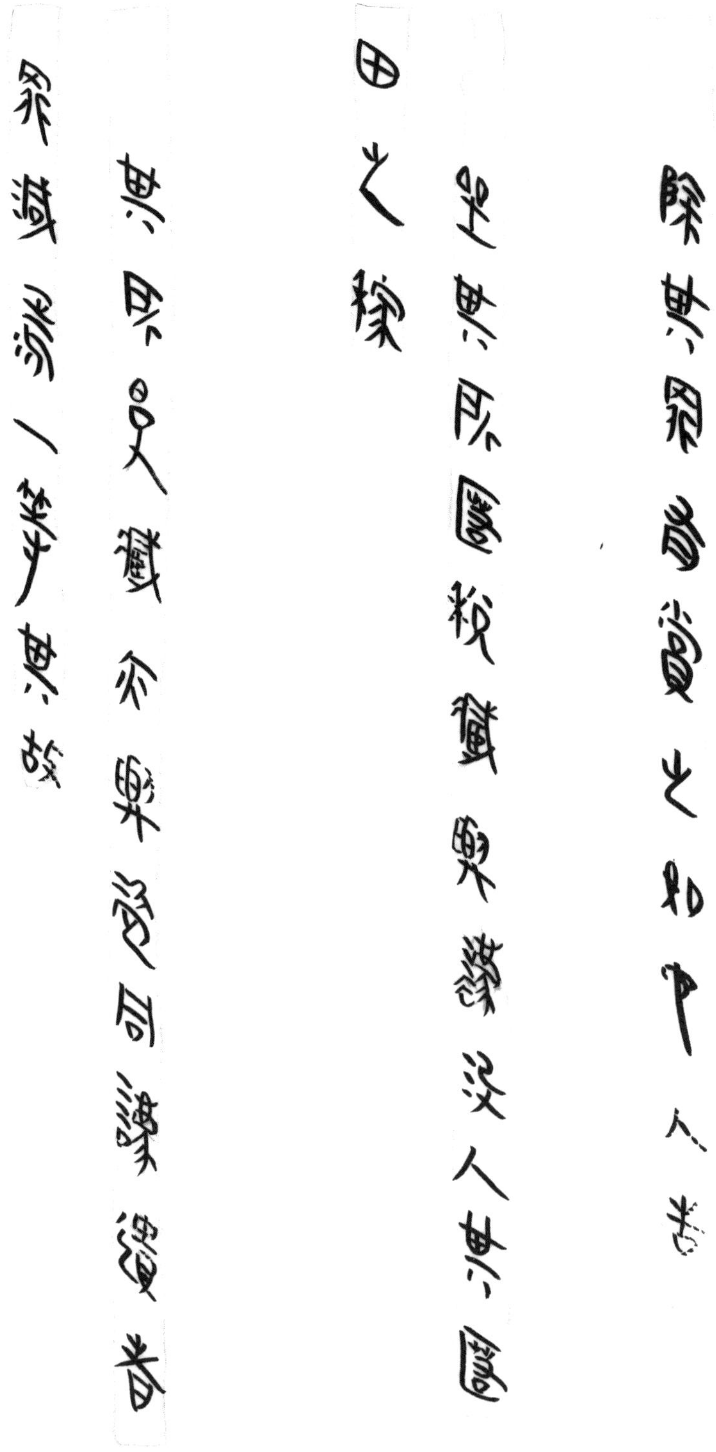

146　147　148+149

150+177

151

152

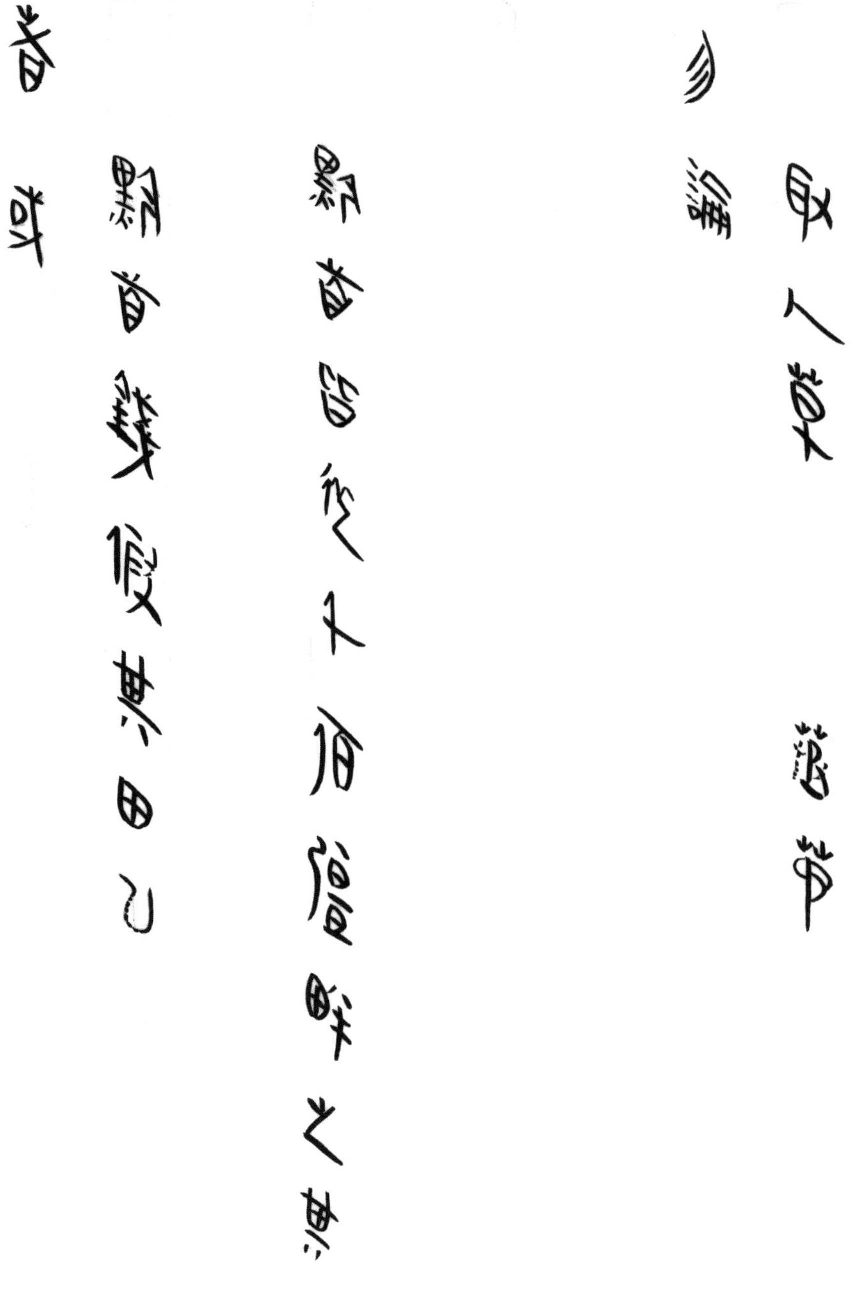

155 154 153B 153A

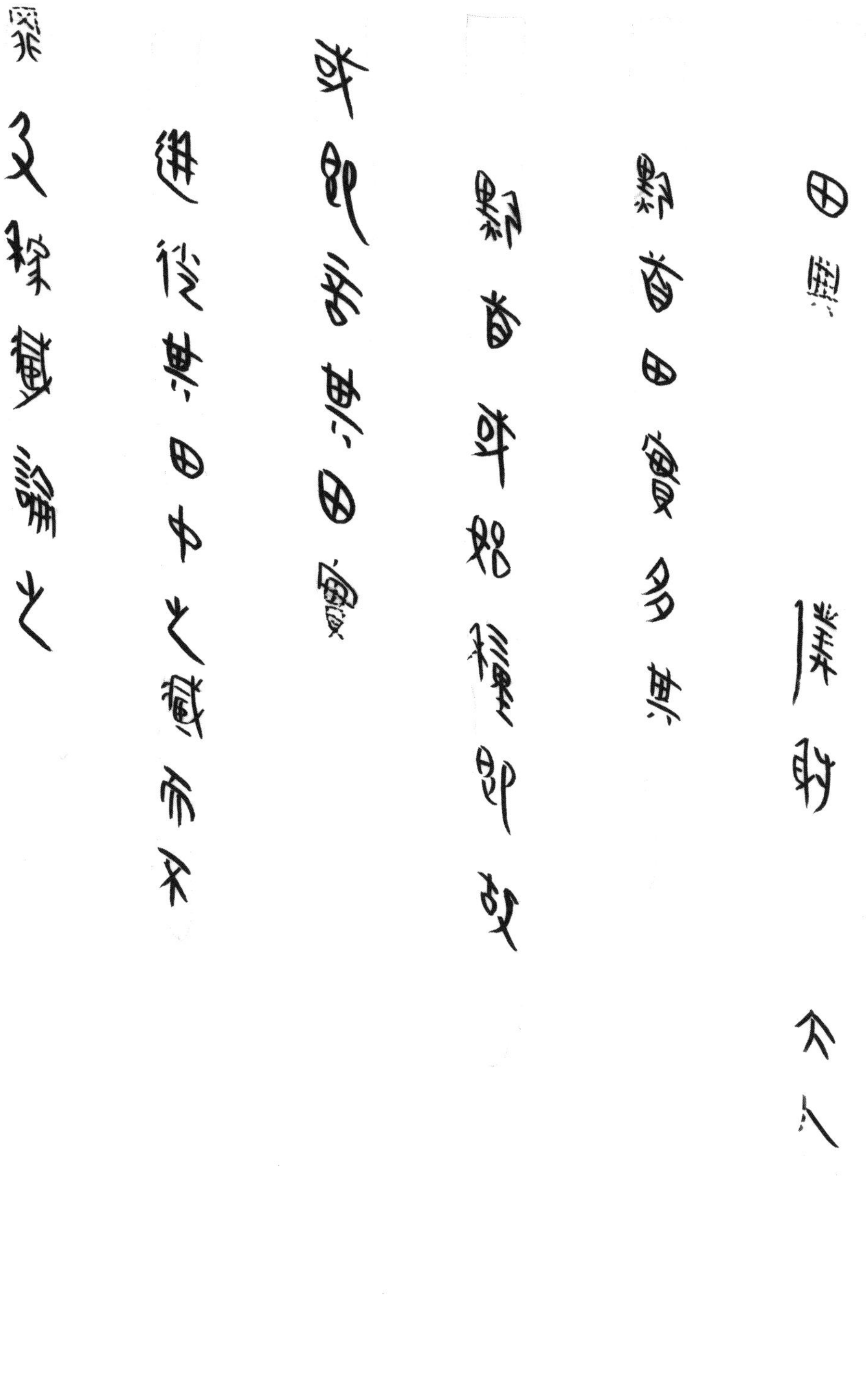

156 157 158 159 160 161

168
167
166
165
164
163

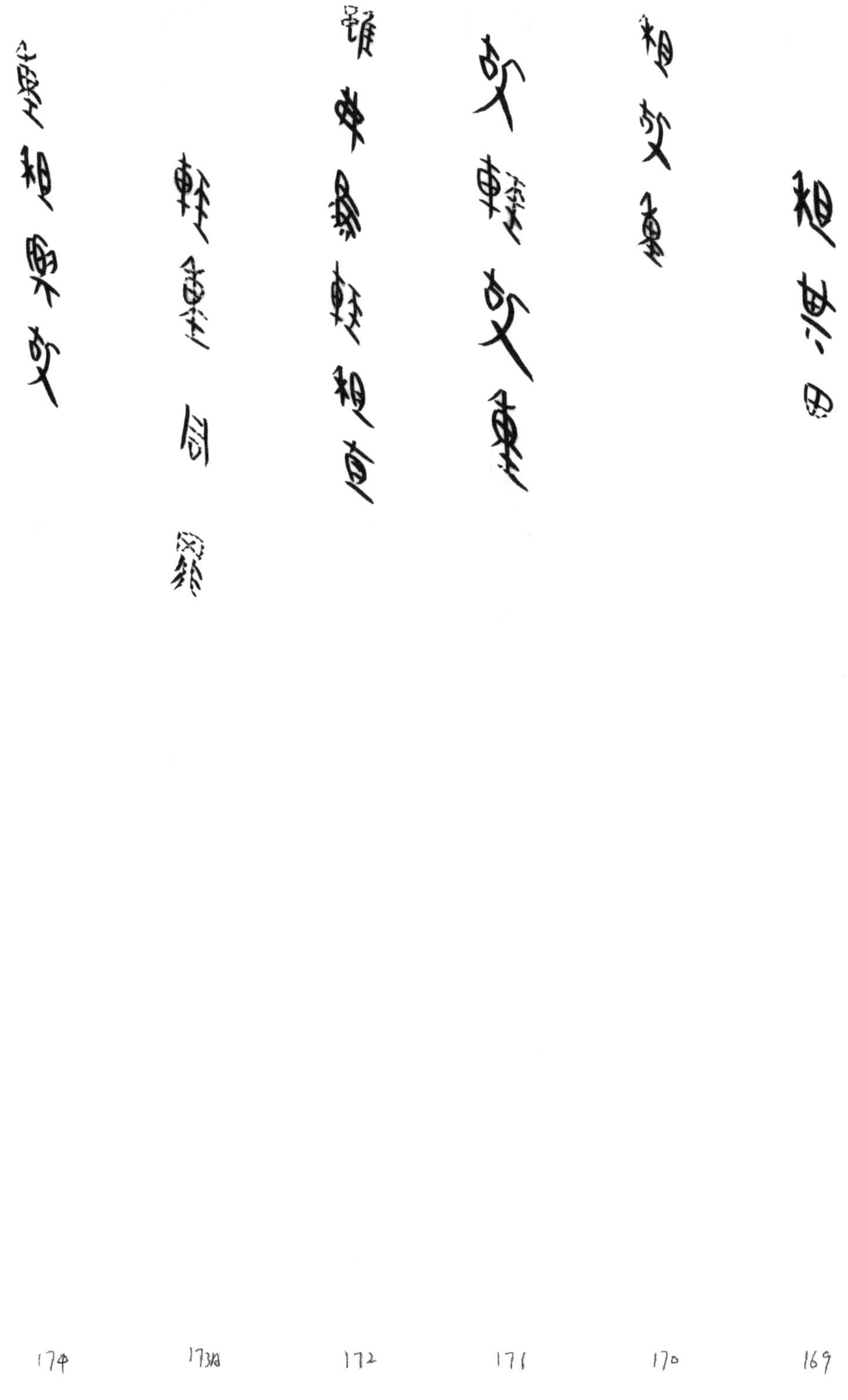
169
170
171
172
173a
174

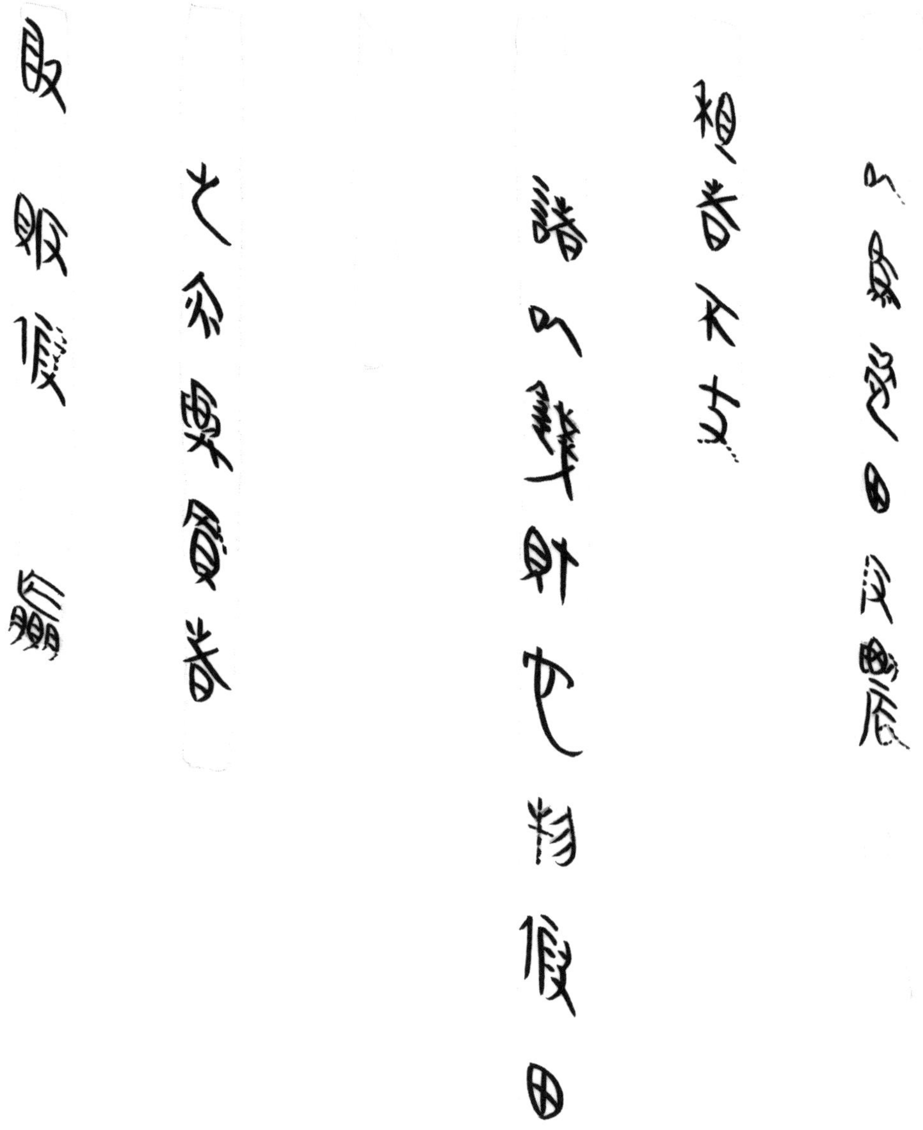

175 176 178A 178B 179 180

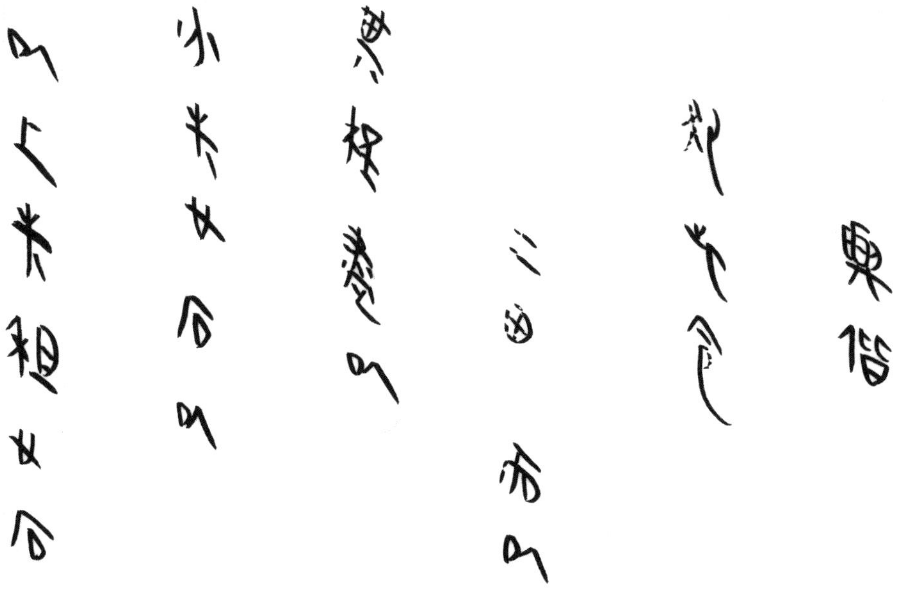

182 183 184 185 186 187.

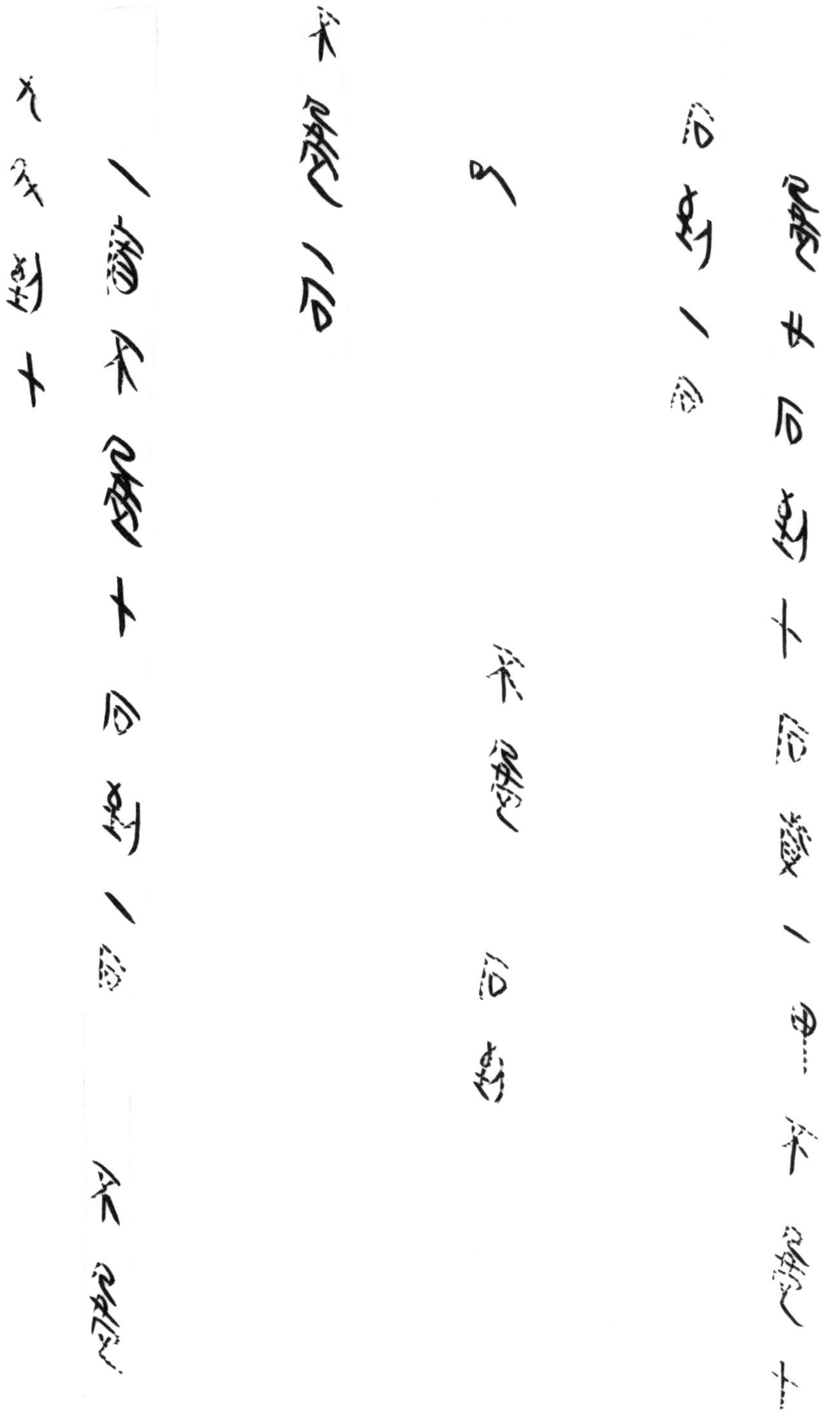

188 189 190 191

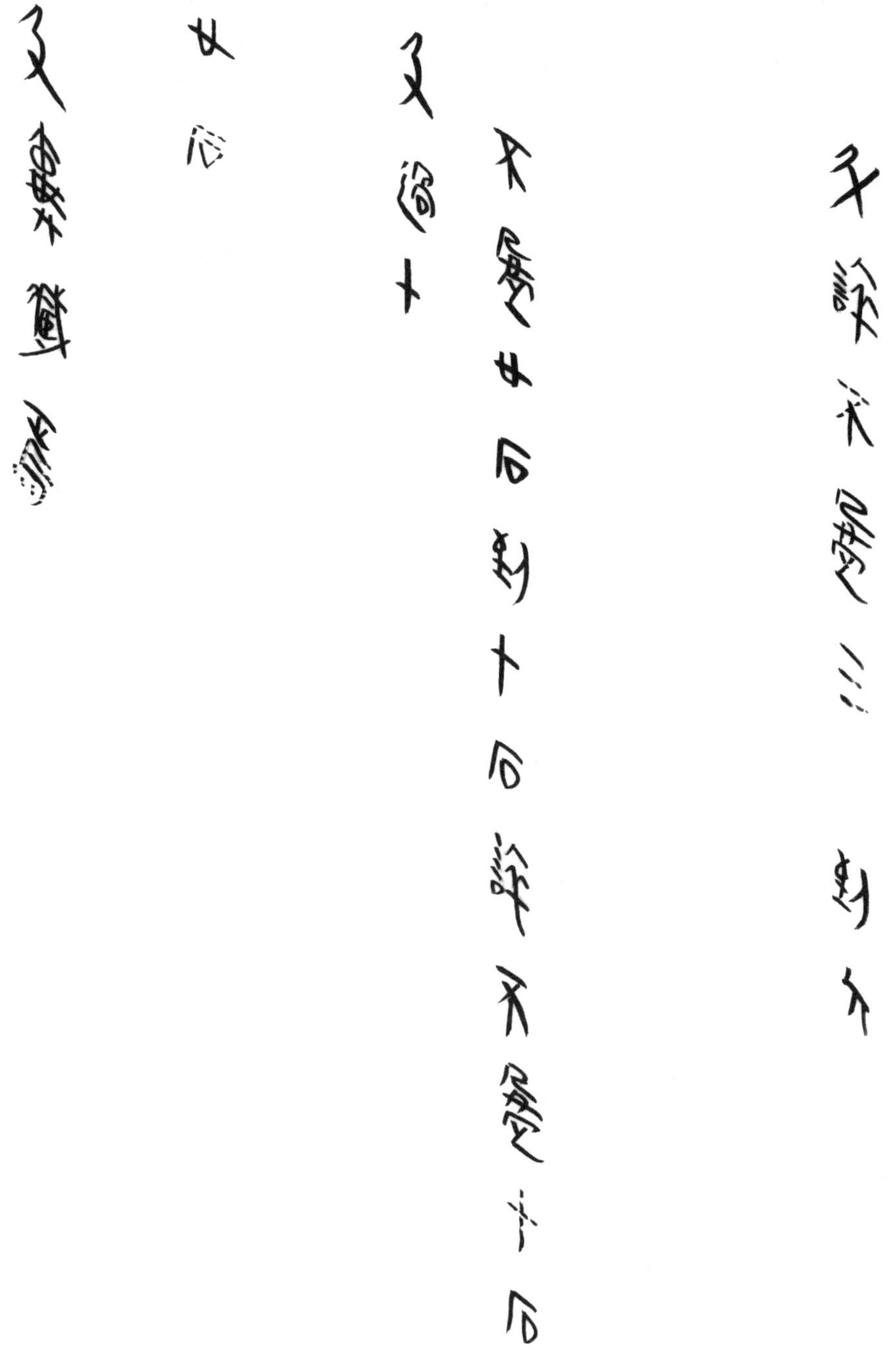

195 194 193 192

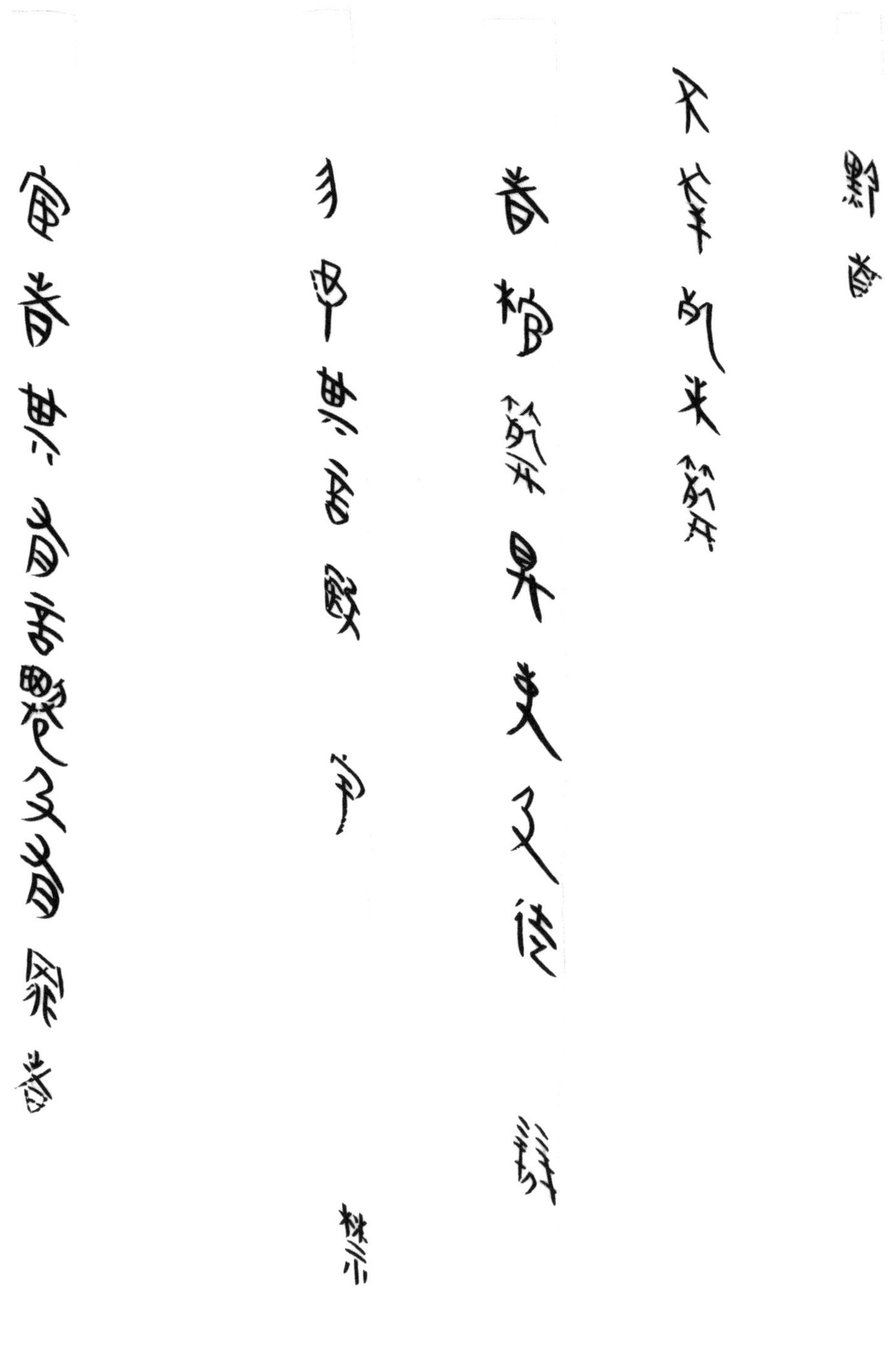

199　198　197　196B　196A

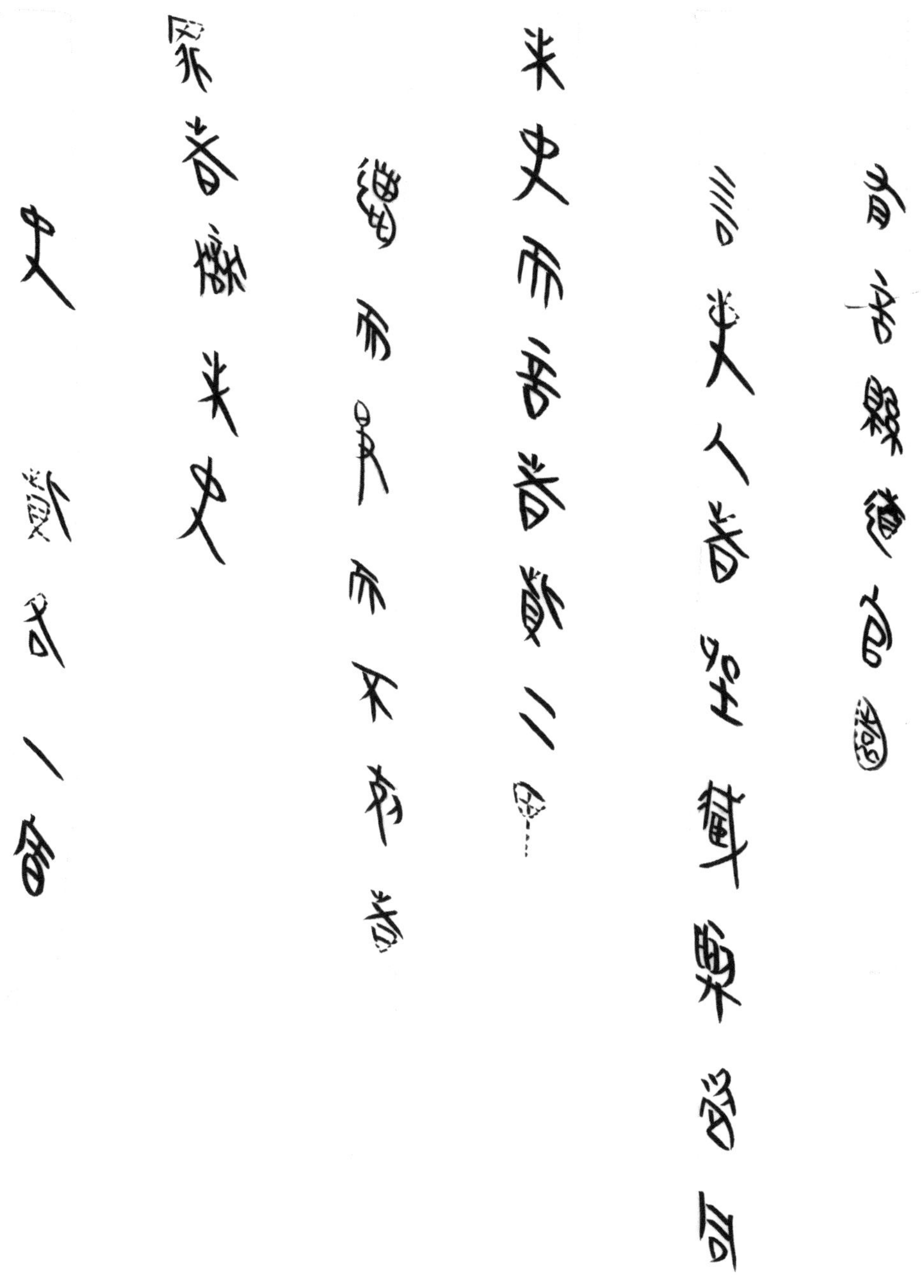

200 201 202 203 204 205A

209
208
207
206
205C
205B

215 214 213 212 211 210

216 217 218 219 220 221

222 223 224 225 226 227

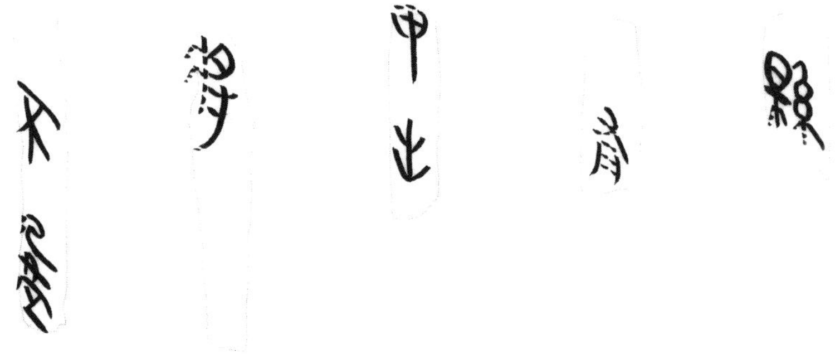

232 231 230 229 228

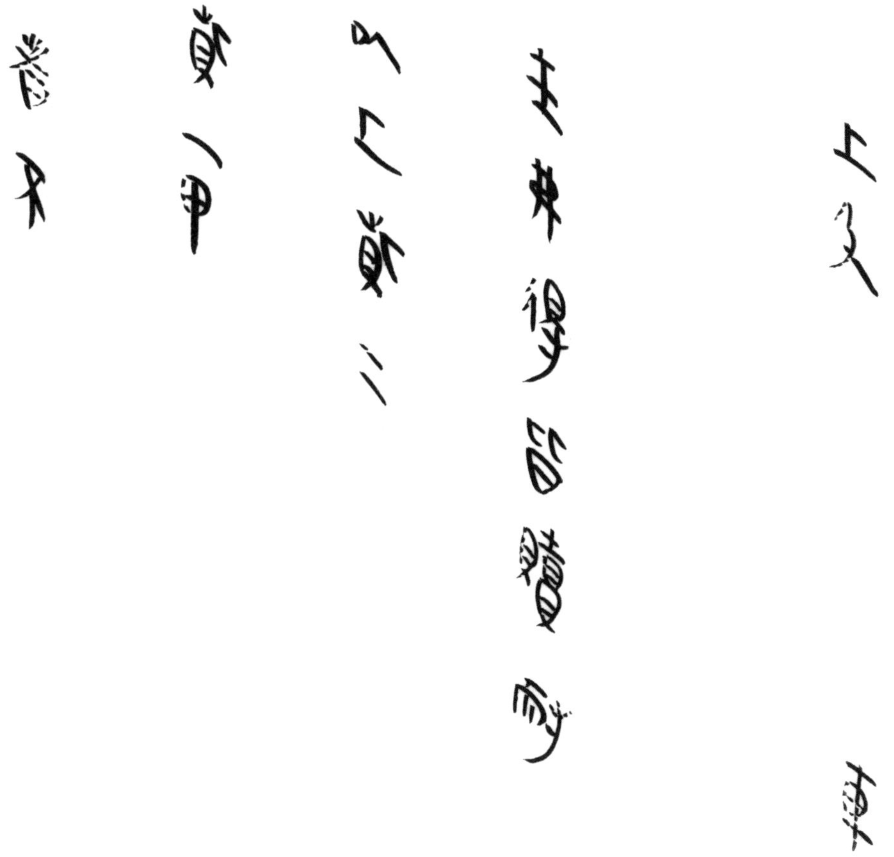

233 234 235 236 237

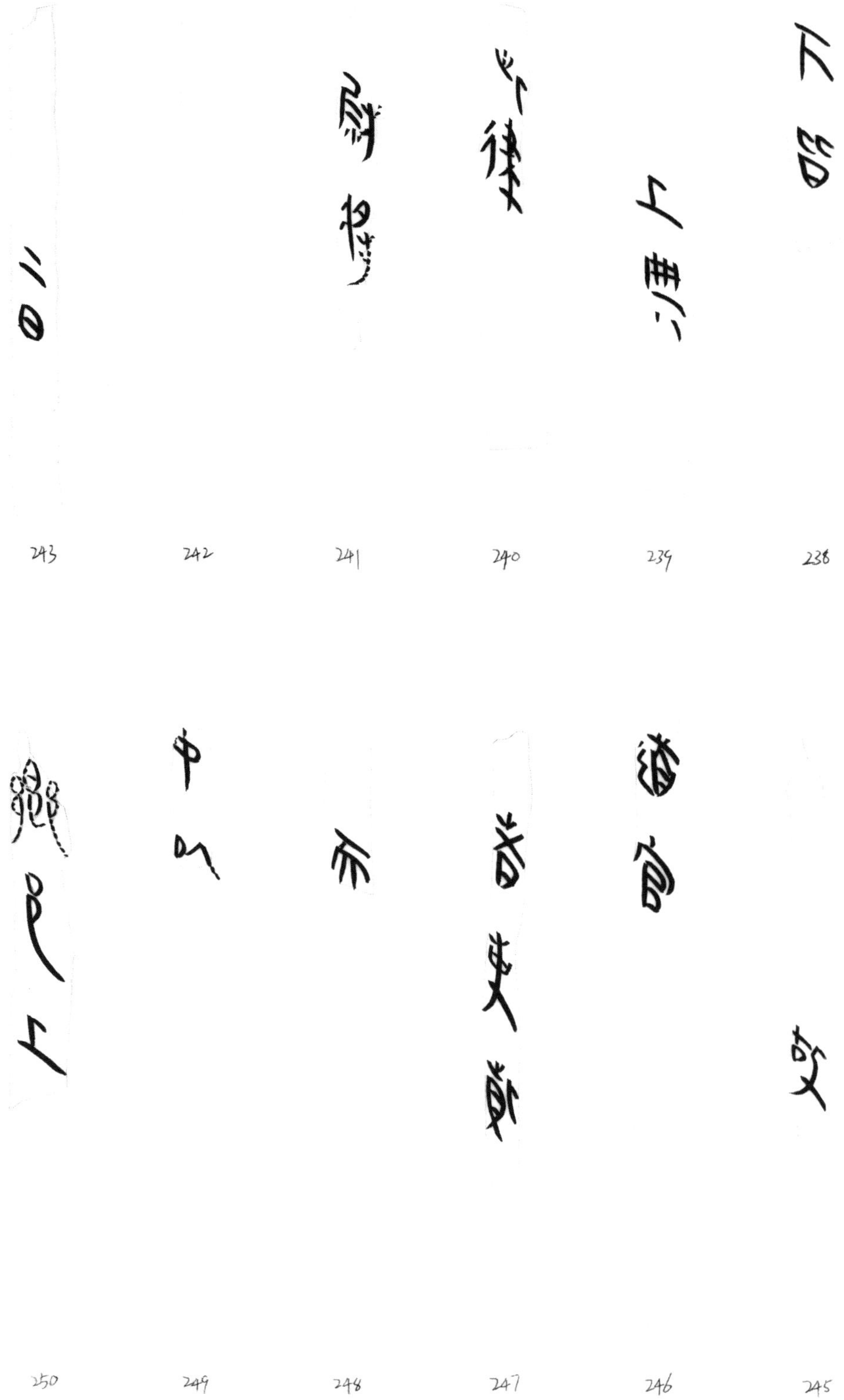
238
239
240
241
242
243
245
246
247
248
249
250

251 252 253 254 255 256

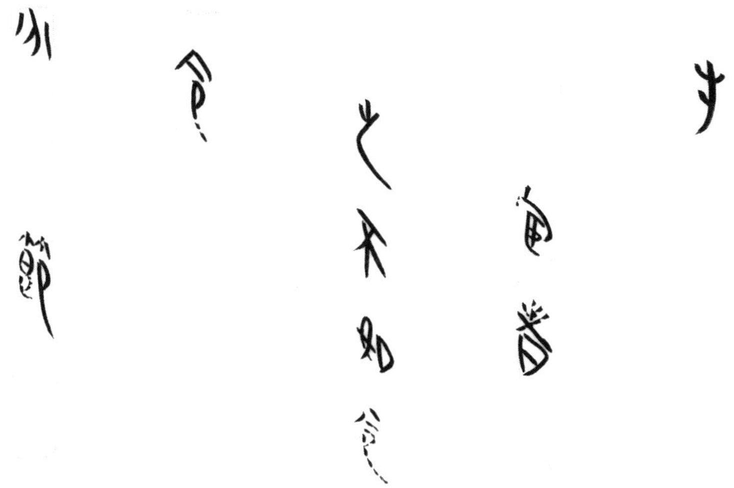

257 258 259 260 261 262

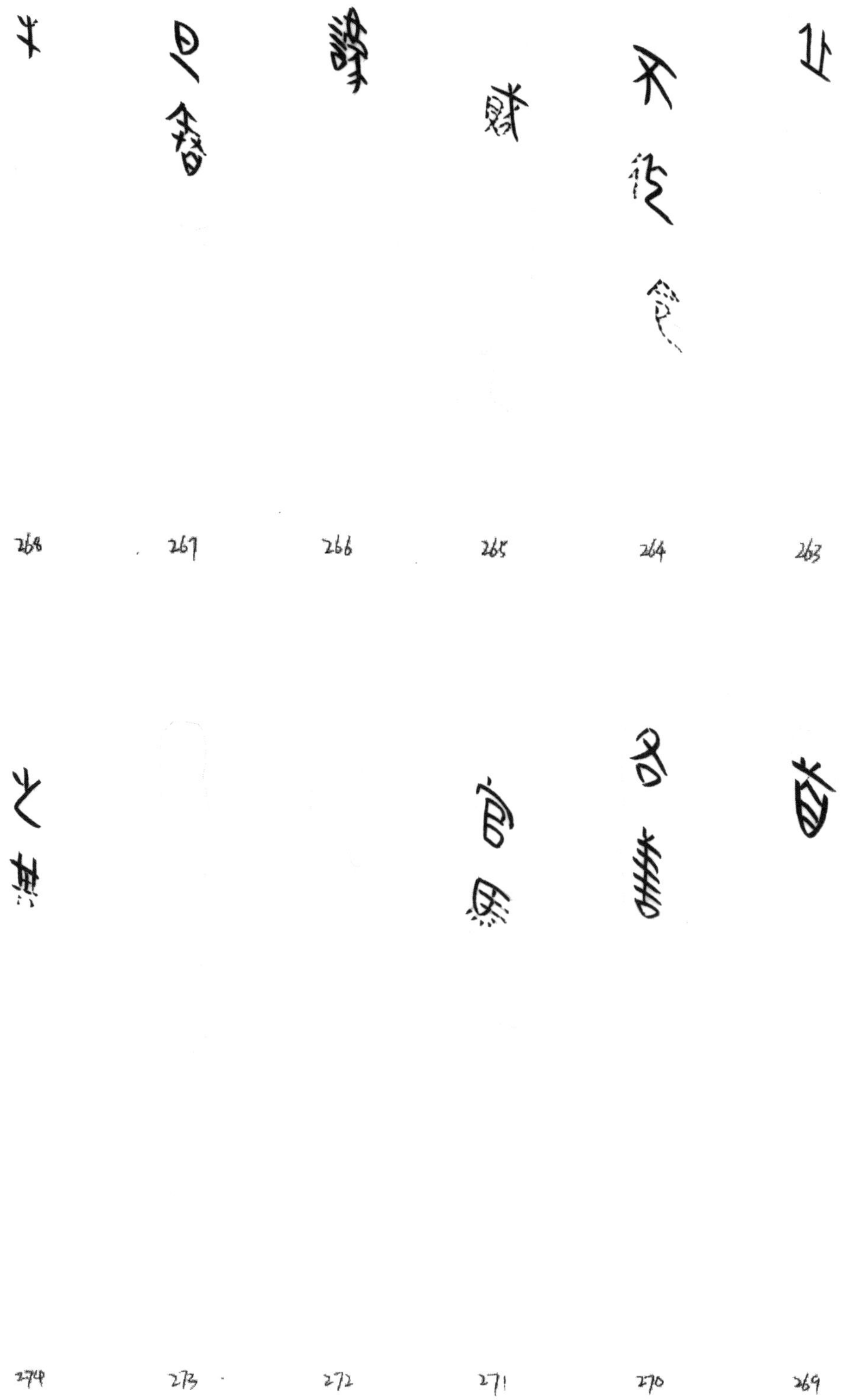
263
264
265
266
267
268
269
270
271
272
273
274

275

276

277

278

279

280

281

282

283

284

285

286

257

288

289

290

291

292

293

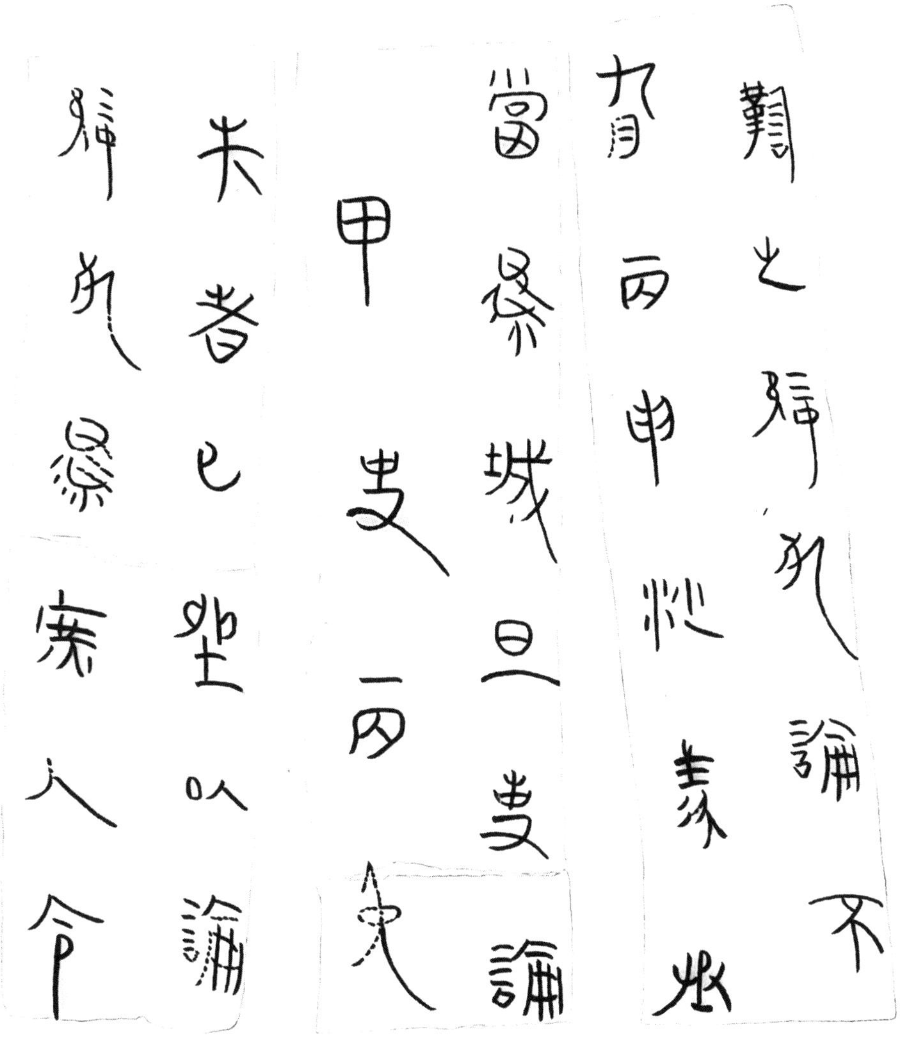

13

13反

參考文獻

A

安作璋、熊鐵基　1984　《秦漢官制史稿》，齊魯書社。

C

曹旅寧　2000　《從天水放馬灘秦簡看秦代的棄市》，《廣東社會科學》第 5 期。

曹旅寧　2002　《秦律新探》，中國社會科學出版社。

陳劍　2008　《“遷”字補釋》，《古文字研究》第 27 輯，中華書局。

陳劍　2013　《馬王堆帛書〈五十二病方〉、〈養生方〉釋文校讀札記》，《出土文獻與古文字研究》第 5 輯，上海古籍出版社。

陳松長　2001　《馬王堆簡帛文字編》，文物出版社。

陳偉　2006　《〈二年律令〉中的“守將”》，《簡帛研究二〇〇四》，廣西師範大學出版社。

陳偉主编　2012　《里耶秦簡牘校釋（第一卷）》，武漢大學出版社。

陳偉主编　2014　《秦簡牘合集（貳）》，武漢大學出版社。

陳偉主编　2016　《秦簡牘合集：釋文注釋修訂本（叁）》，武漢大學出版社

程樹德　2003　《九朝律考》，中華書局。

D

大西克也　1989　《論“毋”“無”》，《古漢語研究》第 4 期。

戴世君　2009　《“自常”和“簒遂”释义》，《语言研究》第 29 卷第 4 期。

F

方勇　2008　《讀秦簡劄記兩則》，復旦大學出土文獻與古文字研究中心，http://www. gwz. fudan. edu. cn/Web/Show/400。

方勇　2012　《秦簡牘文字編》，福建人民出版社。

方勇　2015A　《讀秦簡札記（二）》，武汉大学簡帛研究中心，http：//www. bsm. org. cn/show_article. php? id =2294。

方勇　2015B　《讀秦簡札記（三）》，武汉大学簡帛研究中心，http：//www. bsm. org. cn/show_article. php? id =2299。

冨谷至　2006　《秦漢刑罰制度研究》，柴生芳、朱恒曄譯，廣西師範大學出版社。

傅嘉儀　2007　《秦封泥彙攷》，上海書店出版社。

G

龔延明　2006　《中國歷代職官别名大辭典》，上海辭書出版社。

H

韓劍南　2009　《龍崗秦簡虚詞研究》，《成都紡織高等專科學校學報》第 26 卷第 4 期。

韓樹峰　2007　《耐刑、徒刑關係考》，《史學月刊》第 2 期。

韓樹峰　2011　《漢魏法律與社會：以簡牘、文書爲中心的考察》，社會科學文獻出版社。

洪燕梅　2000　《試論雲夢龍崗 M6 號秦墓及木牘》，第一屆古文字與出土文獻學術研討會論文，“中央研究院歷史語言研究所”。

湖北省文物考古研究所、孝感地區博物館、雲夢縣博物館（整理者）　1994　《雲夢龍崗 6 號秦墓及出土簡牘》，《考古學集刊》第 8 集，科學出版社。

胡平生　1991　《雲夢龍崗秦簡〈禁苑律〉中的“耎”（壖）字及相關制度》，《江漢考古》第 2 期。

胡平生　1996　《雲夢龍崗六號秦墓墓主考》，《文物》第 8 期。

胡平生　1997　《雲夢龍崗秦簡考釋校證》，《簡牘學研究》第 1 輯，甘肅人民出版社。

胡平生　2009　《里耶秦簡 8－455 號木方性質芻議》，《簡帛》第 4 輯，上海古籍出版社。

黄愛梅　1997　《睡虎地秦簡與龍崗秦簡的比較》，《華東師範大學學報（哲學社會科學版）》第 4 期。

黄盛璋　1996　《雲夢龍崗六號秦墓木牘與告地策》，《中國文物報》，1996 年 7 月 14 日。

黄盛璋　1997　《龍崗秦墓簡牘“事”、“吏”、“史”與告地策定名及其引起的問題》，《中國文物報》，1997 年 12 月 14 日。

J

蔣非非　2004　《〈史記〉中“隱宫徒刑”應爲“隱官、徒刑”及“隱官”原義辨》，《出土文獻研究》第 6 輯，上海古籍出版社。

晉文　2018　《睡虎地秦簡與授田制研究的若干問題》，《歷史研究》第 1 期。

L

雷銘、王彥輝　2017　《從〈龍崗秦簡〉看秦的禁苑構成及相關問題》，《西安財經學院學報》第 6 期。

李豐娟　2011　《秦簡字詞集釋》，西南大學博士學位論文。

李恒全　2018A　《論“稅田”和秦的田稅徵收方式》，武漢大學簡帛研究中心，http：//www. bsm. org. cn/show_article. php？ id =2976。

李恒全　2018B　《從新出簡牘看秦田租的徵收方式》，《中國經濟史研究》第 2 期。

李均明　1999　《尹灣漢墓出土“武庫永始四年兵車器集簿”初探》，《尹灣漢墓簡牘綜論》，科學出版社。

李均明　2003A　《古代簡牘》，文物出版社。

李均明　2003B　《張家山漢簡所見刑罰等序及相關問題》，《華學》第 6 輯，紫禁城出版社。

李力　2007　《“隸臣妾”身份再研究》，中國法律出版社。

李明曉、趙久湘　2011　《散見戰國秦漢簡帛法律文獻整理與研究》，西南師範大學出版社。

李天虹、曹方向　2015　《龍崗秦簡再整理校記（續）》，《中國文字學報》，2015 年 8 月 31 日。

李偉民　1998　《法學辭海》，藍天出版社 1998 年。

李學勤　1997　《雲夢龍崗木牘釋讀》，《簡牘學研究》第 1 輯，甘肅人民出版社。

廖伯源　2003　《漢初縣吏之秩階及其任命——張家山漢簡研究之一》，《社會科學戰線》第 3 期。

林甘泉　1990　《中國封建土地制度史》第一卷，中國社會科學出版社。

林獻忠　2015　《讀〈龍崗秦簡〉札記二則》，武漢大學簡帛研究中心，http://www. bsm. org. cn/show_article. php？ id =2183。

劉國勝　1997　《雲夢龍崗簡牘考釋補正及其相關問題的探討》，《江漢考古》第 1 期。

劉海年　1978　《秦漢“士伍”的身份與階級地位》，《文物》第 2 期。

劉海年　1982　《云夢秦簡的發現與秦律研究》，《法學研究》第 1 期。

劉金華　2002　《〈雲夢龍崗秦簡〉所見之秦代苑政》，《文博》第 1 期。

劉進有　2016　《先秦盜賊問題論述》，《洛陽理工學院學報（社會科學版）》第 1 期。

劉信芳　1996　《龍崗秦簡“事”、“吏”二字及所謂“告地策”》，《中國文物報》，1996 年 8 月 25 日。

劉信芳　1997　《關於雲夢龍崗秦牘“沙羨”的地望問題》，《文物》第 11 期。

劉信芳、梁柱　1990　《雲夢龍崗秦簡綜述》，《江漢考古》第 3 期。

劉信芳、梁柱　1997　《雲夢龍崗秦簡》，科學出版社。

劉釗　2002　《讀〈龍崗秦簡〉札記》，《簡帛語言文字研究》第 1 輯，巴蜀書社。

劉昭瑞　2002　《記兩件出土的刑獄木牘》，《古文字研究》第 24 輯，中華書局。

柳建鈺　2015　《從“音”得聲字初探》，《國學期刊》第 3 期。

呂利　2011　《律簡身份法考論——秦漢初期國家秩序中的身份》，法律出版社。

呂名中　1982　《秦律貲罰制述論》，《中南民族學院學報》第 3 期。

M

馬彪　2006　《禁中不獨爲宮中考——龍崗秦簡“禁中”新史料的啟示》，《周秦漢唐文化研究》第 4 輯，三秦出版社。

馬彪　2013　《秦帝國の領土経営—雲夢龍崗秦簡と始皇帝の禁苑》，京都大學學術出版會。

慕容浩　2017　《新出簡牘所見秦與漢初的田租制度及相關問題》，《社會科學研究》第 2 期。

N

南玉泉　2001A　《龍崗秦簡所見程田制度及其相關問題》，《簡帛研究二〇〇一》，廣西師範大學出版社。

南玉泉　2001B　《雲夢龍崗秦簡的法律形式內容》，《中國古代法律文獻研究》第 2 輯，中國政法大學出版社。

南玉泉　2005　《中華法律文明探賾》，華齡出版社。

籾山明　2009　《中國古代訴訟制度研究》，李力譯，上海古籍出版社。

P

彭浩　2011　《談秦漢數書中的“輿田”及相關問題》，《簡帛》第 6 輯，上海古籍出版社。

彭浩、陳偉、工藤元男　2007　《二年律令與秦讞書——張家山二四七號漢墓出土法律文獻釋讀》，上海古籍出版社。

彭文芳　2015　《古代刑名詮考》，武漢大學出版社。

Q

仇潤喜　2014　《信韵：品味書信》，天津社會科學院出版社。

裘錫圭　1981　《嗇夫初探》，中華書局編輯部編：《雲夢秦簡研究》，中華書局。

裘錫圭　1992　《古文字論集》，中華書局。
裘錫圭　2000　《嗇夫初探》，《古代文史研究新探》，江蘇古籍出版社。

R

任仲爀　2008《秦漢律中的罰金刑》，《湖南大學學報（社會科學版）》第22卷第3期。

S

沈家本　1985　《歷代刑法考》，中華書局。
睡虎地秦墓竹簡整理小組　1990　《睡虎地秦墓竹簡》，文物出版社。
孫銘　2014　《簡牘秦律中的田租徵收事務》，《農業考古》第6期。

T

湯志彪　2012　《秦簡文字札記兩則》，《甘肅省第二屆簡牘學國際學術研討會論文集》，上海古籍出版社。
湯志彪、孫德軍　2011　《秦簡文字瑣記（三則），《西華大學學報（哲學社會科學版）》第1期。
唐莉莉、黄金貴　2008　《說“縣官”、“官”的天子義》，《西南交通大學學報（社會科學版）》第3期。
陶安　2009　《秦漢刑罰體系の研究》，（東京）創文社。

W

汪雪　2015　《讀龍崗秦簡札記二則》，武漢大學簡帛研究中心，http://www.bsm.org.cn/show_article.php? id =2306。
王貴元　2001　《秦簡字詞考釋四則》，《中國語文》第4期。
王輝　2008　《高山鼓乘集——王輝學術文存（二）》，中華書局。
王輝、程學華　1999　《秦文字集證》，（臺北）藝文印書館。
王三峽　2005　《雲夢秦簡“久刻職（識）物”相關文字的討論》，《雲夢睡虎地秦簡出土三十周年紀念文集》，中共雲夢縣宣傳部、雲夢秦漢文化研究會。
王三峽　2006　《秦簡“久刻職物”相關文字的解讀》，《江漢考古》第1期。
王甜　2007　《〈龍崗秦簡〉詞彙語法研究》，天津師範大學碩士學位論文。
王甜　2011　《龍崗秦簡複音詞研究》，《文學界（理論版）》第4期。
王戰闊　2013　《再論秦簡中貲甲盾等級問題》，武漢大學簡帛研究中心，http://www.bsm.org.cn/show_article.php? id =1818。
吳美嬌　2015　《秦漢田律考論》，湖南大學碩士學位論文。
魏德勝　2003　《〈睡虎地秦墓竹簡〉詞彙研究》，華夏出版社。

X

夏利亞　2011　《秦簡文字集釋》，華東師範大學博士學位論文。

夏利亞　2019　《睡虎地秦簡文字集釋》，上海交通大學出版社。

謝瑞東　2015　《張家山漢簡法律文獻與漢初社會控制》，社會科學文獻出版社。

邢義田　2016　《再論三辨券——讀嶽麓書院藏秦簡札記之四》，武漢大學簡帛研究中心，http：//www.bsm.org.cn/show_article.php？id＝2579。

熊昌華　2010　《龍崗秦簡語法研究》，西南大學碩士學位論文。

Y

閻步克　2009　《從爵本位到官本位：秦漢官僚品位結構研究》，生活·讀書·新知三聯書店。

楊懷源、孫銀瓊　2010　《〈龍崗秦簡〉句讀獻疑》，《簡帛語言文字研究》第5輯，巴蜀書社。

楊建　2010　《西漢初期津關制度研究》，上海古籍出版社。

楊振紅　2006　《龍崗秦簡諸“田”、“租”簡釋義補正——結合張家山漢簡看名田宅制的土地管理與田租徵收》，《簡帛研究二〇〇四》，廣西師範大學出版社。

楊振紅　2008　《從新出土簡牘看秦漢時期的田租徵收》，《簡帛》第3輯，上海古籍出版社。

楊振紅　2009　《出土簡牘與秦漢社會》，廣西師範大學出版社。

楊振紅　2015　《出土簡牘與秦漢社會（續編）》，廣西師範大學出版社。

游逸飛　2011　《里耶秦簡8－455號木方選釋》，《簡帛》第6輯，上海古籍出版社。

于翠平、高靜　2008　《析〈龍崗秦簡〉中的行政法規和行政管理制度》，《湖南醫科大學學報（社會科學版）》第4期。

于豪亮　1985　《于豪亮學術文存》，中華書局。

于青明　2007　《龍崗秦簡禁苑律研究》，上海師範大學碩士學位論文。

于振波　2004　《簡牘所見秦名田制蠡測》，《湖南大學學報（社會科學版）》第18卷第2期。

于振波　2010　《秦律中的甲盾比價及其相關問題》，《史學集刊》第5期。

于振波　2012　《秦簡所見田租的徵收》，《湖南大學學報（社會科學版）》第26卷第5期。

袁林　1987　《“使黔首自實田”新解》，《天津師大學報》第5期。

Z

臧知非　2006　《簡牘所見漢代鄉部的建制與職能》，《史學月刊》第5期。

臧知非　2007　《龍崗秦簡“行田”解——兼談龍崗秦簡所反映的田制問題》，

《秦漢研究》第1輯，三秦出版社。

張伯元　2005　《出土法律文獻研究》，商務印書館。

張春龍　2007　《里耶秦簡先農、祠窨和祠隄校券》，《簡帛》第2輯，上海古籍出版社。

張家山二四七號漢墓竹簡整理小組　2001　《張家山漢墓竹簡〔二四七號墓〕》，文物出版社。

張家山二四七號漢墓竹簡整理小組　2006　《張家山漢墓竹簡〔二四七號墓〕（釋文修訂本）》，文物出版社。

張建國　1996　《秦漢棄市非斬刑辨》，《北京大學學報（哲學社會科學版）》第5期。

張建國　2002　《論西漢初的贖刑》，《政法論壇》2002年第5期。

張金光　2004　《秦制研究》，上海古籍出版社。

張俊民　2008　《懸泉漢簡傳馬病死爰書及其他》，《簡帛》第3輯，上海古籍出版社。

張培瑜　1987　《中國先秦史曆表》，齊魯書社。

張顯成　2010　《秦簡逐字索引》，四川大學出版社。

張顯成、周羣麗　2011　《尹灣漢墓簡牘校理》，天津古籍出版社。

趙久湘　2011　《秦漢簡牘法律用語研究》，西南大學博士學位論文。

趙平安　1999　《雲夢龍崗秦簡釋文注釋訂補》，《江漢考古》第3期。

趙岩、張世超　2010　《論秦漢簡牘中的稗官》，《古籍整理研究學刊》第3期。

中國文物研究所、湖北省文物考古研究所（再整理者）　2001　《龍崗秦墓》，中華書局。

周曉陸、路東之　2000　《秦封泥集》，三秦出版社。

周振鶴　1995　《從漢代“部”的概念釋縣鄉亭里制度》，《歷史研究》第5期。

朱德貴　2004　《漢代商業和財政經濟論稿》，中國財政經濟出版社。

朱漢民、陳松長主编　2010　《嶽麓書院藏秦簡（壹）》，上海辭書出版社。

朱漢民、陳松長主编　2011　《嶽麓書院藏秦簡（貳）》，上海辭書出版社。

朱漢民、陳松長主编　2013　《嶽麓書院藏秦簡（叁）》，上海辭書出版社。

朱紅林　2008　《張家山漢簡〈二年律令〉研究》，黑龍江人民出版社。

朱湘蓉　2006　《龍崗秦簡“桀”字再考》，《青海師專學報（教育科學版）》第4期。

專修大學《二年律令》研究會（專修大學）　2003　《張家山漢簡二年律令譯注（一）》，《專修史學》第35號。

鄒水傑、李斯、陳克標　2014　《國家與社會視角下的秦漢鄉里秩序》，湖南師範大學出版社。